新业态下公共图书馆创新发展研究

安英浩 著

 吉林大学出版社

·长春·

图书在版编目（ＣＩＰ）数据

新业态下公共图书馆创新发展研究 / 安英浩著 . --

长春 : 吉林大学出版社 , 2022.3

ISBN 978-7-5768-0170-5

Ⅰ . ①新… Ⅱ . ①安… Ⅲ . ①公共图书馆—图书馆发

展—研究—中国 Ⅳ . ① G259.252

中国版本图书馆 CIP 数据核字 (2022) 第 141720 号

书 名	新业态下公共图书馆创新发展研究	
	XINYETAI XIA GONGGONG TUSHUGUAN CHUANGXIN FAZHAN YANJIU	
作 者	安英浩 著	
策划编辑	董贵山	
责任编辑	董贵山	
责任校对	张宏亮	
装帧设计	王 斌	
出版发行	吉林大学出版社	
社 址	长春市人民大街 4059 号	
邮政编码	130021	
发行电话	0431-89580028/29/21	
网 址	http://www.jlup.com.cn	
电子邮箱	jldxcbs@sina.com	
印 刷	天津和萱印刷有限公司	
开 本	787mm×1092mm 1/16	
印 张	12.5	
字 数	230 千字	
版 次	2022 年 3 月 第 1 版	
印 次	2022 年 3 月 第 1 次	
书 号	ISBN 978-7-5768-0170-5	
定 价	72.00 元	

前　言

近年来，在大数据、人工智能、移动互联网等现代信息技术普及的大背景下，公共图书馆经历了从"传统"到"智慧"的转型升级与变革发展，将公共图书馆面向社会开展创新服务嵌入公共图书馆转型发展全过程，将有力地带动公共图书馆创新发展，推动新业态下公共图书馆高质量发展。

本书第一章为公共图书馆的发展概述，分别介绍了公共图书馆的发展历程、公共图书馆的特征和职能以及公共图书馆的发展方向三方面内容；第二章为公共图书馆管理工作探析，分别介绍了公共图书馆管理工作概述、公共图书馆管理方式改革、公共图书馆知识管理三方面内容；第三章为新形势下公共图书馆的服务创新，分别介绍了公共图书馆服务工作的发展历程、公共图书馆服务工作与公共文化传播和公共图书馆服务模式的构建三方面内容；第四章为公共图书馆社区服务探索，分别介绍了公共图书馆社区服务现状、公共图书馆社区服务类型和公共图书馆社区服务机制三方面内容；第五章为大数据时代公共图书馆知识服务，分别介绍了大数据时代公共图书馆知识服务体系、大数据时代公共图书馆知识服务的问题和对策和大数据时代公共图书馆知识服务能力评价三方面内容；第六章为信息化背景下公共图书馆的创新发展，分别介绍了公共图书馆信息化建设变革、公共图书馆自动化网络化建设、公共图书馆手机服务体系建设、公共图书馆数字资源建设与推广四方面内容；第七章为公共图书馆地方文献创新管理，分别介绍了公共图书馆地方文献概述、公共图书馆地方文献的搜集工作、公共图书馆地方文献的整理工作和公共图书馆地方文献创新服务四方面内容；第八章为公共图书馆文旅融合实践探析，分别介绍了文旅融合的时代背景和理论内涵、公共图书馆文旅融合的发展路径和对公共图书馆文旅深度融合的思考三方面内容；第九章为新业态下公共图书馆创新发展趋势，分别介绍了公共图书馆新业态的发展特征、公共图书馆的创新发展呈多维状态和中国特色公共图书馆新型智库建设的定位与发展三方面内容。

在撰写本书的过程中，作者得到了许多专家学者的帮助和指导，参考了大量的学术文献，在此表示真诚的感谢。本书内容系统全面，论述条理清晰、深入浅出，但由于作者水平有限，书中难免会有疏漏之处，希望广大同行及时指正。

作者

2021 年 9 月

目录

第一章　公共图书馆的发展概述

本章主要论述公共图书馆的发展概述，分别介绍了公共图书馆的发展历程、公共图书馆的特征和职能以及公共图书馆的发展方向三方面内容。

第一节　公共图书馆的发展历程

一、公共图书馆的产生

相对其他类型的图书馆，公共图书馆起源比较早。中国图书馆是进入近现代才兴建创办的，是社会进步和文明发展的产物。也可以说是民众有这个需求，大批社会有识之士、先贤名士积极倡导促进、达成共识，方才兴建起一个个服务于民的公共图书馆。中国历史上是封建半封建的社会，能掌握知识文化是极奢侈的，知识文化、图书文献、技术资讯信息等等这些东西都是为皇家所有、士大夫家族和达官贵族独享、独传的，一直到了近代，也就是 20 世纪初，真正的文明之光——知识文化普惠民众之光才照进了社会民间，一大批先贤名士觉醒，为了民族、国家兴亡、图强求存，才有了倡导兴办设立公办、普惠民众的公共图书馆，将历史上一些书院藏书汇集到一起，购置收藏各类图书典籍、现代知识文献读物，以图书馆来提供惠及社会民众的学习、教育服务，才有了发展到今天的面向广大人民群众服务的各级各类图书馆。

根据《中华人民共和国图书馆法》，公共图书馆指的是国家或者区域性政府部门予以资助与管理的公共文化性质的设备设施，承担着为社会大众提供免费服务等多项职能。因此，公共图书馆的核心特征包括政府的综合管理和领导、社会的公益性、归属于国有资产、归于事业单位的定义范畴，承担履行社会文化与社会教育功能的综合性社会服务组织。

公共图书馆是由地方行政机构税收支持的，设立和经营具有法律依据，并免费为所有居民服务的图书馆。公共图书馆的服务对象从儿童到老人，从普通居民、工人、农民到专家学者，服务各年龄段、各种不同职业市民需求，提供各种图书、期刊、报纸、数字信息等资源，提供阅览服务、参考咨询、文化活动等服务。公共图书馆是保障公民文化权益的基础阵地，是开展社会教育活动的终身课堂，是城市文明进步的显著标志，是现代公共文化服务体系的重要组成部分。

二、公共图书馆的发展阶段

公共图书馆在 21 世纪开始有了新目标，即实现图书馆现代化，以使公共图书馆能够反映社会发展需要，而这个目标在 20 世纪八九十年代已经初现端倪。40 年弹指一挥间，公共图书馆在改革开放之后发生了巨大变化。

如果将 19 世纪末 20 世纪初的中国图书馆称为封建式图书馆，那么，20 世纪末 21 世纪初的中国图书馆就是现代性的图书馆，这是图书馆进行转型的时间转折点。公共图书馆事业的发展受到经济、社会和文化发展水平的制约，不同国家对图书馆事业的整体建设既相同又不同。发展公共图书馆事业应当适应科学文化教育以及国民经济的整体发展水平。经济基础决定上层建筑，根据这一原理，可知图书馆的发展水平也受到经济基础发展水平的制约。

《公共图书馆宣言》称："公共图书馆是地区的信息中心，是传播教育、文化和信息的一支有生力量，是促使人们寻找和平和精神幸福的基本资源。"因此，公共图书馆的发展和人类社会文明的发展密不可分。随着社会的进步，公共图书馆已经由传统的封闭型转为现代的开放型，由单一的藏书楼形式演变为集收藏、使用、宣传、教育等多种职能于一体的文化服务机构。从古至今，公共图书馆的发展历程大致可分为三个阶段。

（一）第一代图书馆

第一代图书馆是统治者和知识贵族、士绅私有。其主要作用是典藏。图书馆具有保存文化载体的功能，人类为了使自己的文化永久并有效地保存，发明了文字与载体，由此产生了文献。文献是由记录符号、知识内容和记录载体三个要素组成的。文献的大量产生就必须建立专门的场所收藏和专门的文献管理人员，因此，图书馆从产生起的职能就是人类记忆的工具。世界上现已发掘的古文明遗址中时间最早、规模最宏大、保存最完整的图书馆，约在公元前 3000 年前两河流域的美索不达米亚。古代亚述国王亚述拔尼拔，在王城尼尼微建立了有着 2.5 万"册"泥板书的图书馆。书吏用方头铁笔在湿泥板上刻写楔形文字，然后焙干。

这座图书馆中的藏书门类齐全，包括数学、哲学、占星学、语言学、文学以及医学等各类著作，几乎包括了当时的全部知识。从图书馆的这些藏书分类来看，当时的亚述人已懂得图书需要分类和编目。这也反映当时已经形成了一套比较完整的目录体系。

我国的图书馆也有着悠久的历史。但是在古代并不称作"图书馆"，而是称为堂、府、阁、观、台、殿、院、楼。如宋朝的崇文院、西周的盟府、隋朝的观文殿、两汉的石渠阁、四库全书七阁、东观和兰台、明代的澹生堂等等。公元前13世纪时，我国的殷代王室保存的典籍是刻写在兽骨和龟甲上的甲骨文。殷墟出土的甲骨窖藏（YH127坑17096片），被视为图书馆的萌芽。《史记》记载，老子曾担任周朝"守藏室之史"，掌管国家文物典籍，守藏室是周朝典籍收藏的地方，可见早在西周时期，中国就建立了图书馆。

（二）第二代图书馆

第二代图书馆变为社会公有，其作用在基本的典藏基础上增加了借阅流通功能。纽约皇后区公共图书馆建立于1858年，位于法拉盛区域，其鼓励用书而非藏书，19世纪末，一些地方图书馆在皇后区西部的斯坦威、长岛市和阿斯托利亚成立。1896年这些图书馆合并成为长岛市公共图书馆，皇后区1901年被划分于纽约市管辖，之后经纽约市政府提议七个图书馆合并成为皇后区公共图书馆。

一般认为，中国最早以图书馆命名的公共图书馆在武汉。1902年，湖广总督张之洞、湖北巡抚端方联合奏请清廷设立湖北省图书馆，获准筹备，并于1904年8月27日开馆。1909年（宣统元年）初，清政府颁布《京师及各省图书馆通行章程》，标志着我国公共图书馆事业的开端。1910年京师图书馆成立，历经几番更名，至1998年正式命名为国家图书馆。新中国成立初期我国图书馆的数量约为55个，因当时国家的经济能力有限，图书馆的数量增长极为缓慢，在新中国成立后的一段时间里，公共图书馆的运行是由行政指令推动的，目的是满足政治需要。1960年至1970年，受国内政治因素的影响，图书馆的数量增长率一度为负。改革开放后，公共图书馆发展逐渐回到正轨。之后，图书馆事业得以迅速恢复和发展，截至1987年底，县以上的图书馆数量达到了2440个。20世纪90年代中期，全国已有公共图书馆2615所，县级以上公共图书馆格局基本建成，很多街道、农村、乡镇都建立了公共图书馆。2004年，随着"百年图书馆精神"系列纪念活动以及"21世纪新图书馆运动"的兴起，加之国家政策逐渐注重以人为本和普遍均衡，图书馆理念研究的热潮出现，一些公共图书馆的改革成功实现了"公益、自由、平等"的公共图书馆思想。据文化部数据统计，2017 年我国公共图书馆数量达到 3174 个。十几年来，我国公共图书馆的数量逐年增加，已经基本达到了全行政区域覆盖。随着我国经济实力的增强和科学技术的发展，以及在构建和谐社会、构建学习型社会、实现全民阅读等多方面的政策推动下，公共图书馆的发展更加受到社会各界重视。通过实施文化信息资源共享工程等重大文化项目和国家的支持，全国公共图书馆设施条件不断改善，公共文化产品日益丰富，服务能力有所提高，社会效益显著增强。

随着信息时代的到来和现代科学技术的发展，特别是计算机技术在图书馆领域的应用，公共图书馆在管理模式和馆藏模式等方面发生了很大的变化，自助借还机、自助办证机、自助检索机等的产生，使图书馆从早期的手工管理服务模式向以缩微技术、计算机技术、声像技术为标志的现代化模式发展。

（三）第三代图书馆

第三代图书馆为社会公有，其作用已经变得越来越多样化，除了具有典藏、借阅流通功能外，已经变成了满足大众多样化需求的公共空间。公共图书馆探索通过组织研讨活动、讲座、书评、展览等，挖掘公共图书馆作为公共空间的价值，来吸引更多的读者到公共图书馆。

1. 阅读推广服务

世界各国尤其是发达国家，都非常重视阅读推广。我国的阅读推广工作最早服务于儿童领域，推动全民阅读最为迫切的是解决好缺乏阅读意愿人群、缺乏阅读能力人群的阅读，阅读推广人既是一个平台，也是一个阐释者、选择者和陪伴者。全国每年出版四五十万种图书，需要公正的、专业的、极富亲和力的推荐。但是如今很多中国人都比较浮躁，很难坐下来安静地读书，在地铁、火车及其他交通工具上，人们要么是在高谈阔论，要么是在看手机，鲜有人看书，由此可知我国的阅读推广工作还任重道远。

2. 总分馆服务模式

随着城市规模的不断扩大，一座城只有一个公共图书馆已经不能满足人们的精神文化需求，公共图书馆建设实行总分馆制是国际图书馆界的基本经验。克利夫兰市，城市人口 40 万，其公共图书馆设施体系组成为：一个总馆、一个资源保障中心、28 个分馆、35 辆流通服务车。平均一个图书馆覆盖面积 7.4 平方公里，服务半径为 1500 米，覆盖人口 1.4 万人。总分馆制能让许多分散、独立、封闭运作的图书馆变为一个整体，实现城乡一体、资源共享的目的。总分馆之间的地域分布应该合理，覆盖范围太大或太小都不能发挥共建共享的作用。在我国以县为地域单元最为合适。十三五时期我国公共图书馆总分馆制走向普及深化，到 2020 年底，全国已有 2397 个县建立县域公共图书馆总分馆制，分馆数量超过 2 万个。其中较为突出的是嘉兴市，图书馆已建成 1 个总馆、2 个区分馆、18 个乡镇级分馆、32 个社区级分馆、20 个智慧图书馆、1 个汽车图书馆及 300 多个图书流通站、农家书屋，全面开放、免费借阅、一卡通行的现代化多功能公共图书馆系统，形成了横向到边、纵向到底的服务网络，平均 3 万人有一个图书馆，已经接近发达国家的水准。

3. 特色服务百花齐放

郑州图书馆闭馆后，每晚 18：00—24：00 读者阅览区和自习室实行错时开放，由夜间值班馆员轮流值守，保安人员协助维持秩序，满足了市民夜晚需要阅读和学习的需求。开封市图书馆"三余读书会"2016 年创办，是读者交流阅读经验的平台，至今共举办 120 期，参与读者累计 4000 余人次，以名家解读、配音表演、茶事体验等新颖形式增强和读者之间的交流性、互动性。其"萤光小剧社"创办于 2019 年 7 月，演出以儿童绘本故事会、经典童话、古诗词等为蓝本，精心设计，编排成面向亲子家庭的故事情景演绎剧。已开展系列活动 42 场，大型舞台剧演出 4 场，参与活动儿童达 1300 余人。"你读书·我买单"是全国首个实现软件系统管理的项目，2018 年 7 月启动，读者可在中心书城挑选喜欢的图书借阅，归还至市图书馆。把购书权交给读者，最大程度的实现了文化便民、文化惠民。

温州城市书房每年开展读书沙龙、展览、亲子绘本阅读等各类活动近 200 场次，参与市民近万人，比一个建筑面积 2 万平方米的大图书馆的服务效能还高。北部湾经济区公共图书馆联盟联合建设项目、国家公共文化服务体系示范项目"高铁读书驿站"，由铁路部门与当地公共图书馆合作建设，为旅客提供电子书借阅一体机、智能城市借还书柜以及全自助借阅的图书。读者可现场阅读并归还，或将书籍带到旅途中阅读，下车后在另一个联盟读书驿站还回，也可事后还回到任一个北部湾经济区图书馆联盟馆。目前，该驿站的联盟馆已涵盖防城港、南宁、钦州、崇左、北海、玉林 6 座城市的 8 个图书馆。

从古代的藏书馆到现在具有多功能的复合型图书馆，公共图书馆的发展变化与人类社会文明相互推进、密不可分，20 世纪初期，融合了西方近代公共图书馆办馆理念并开始进行开架借阅的藏书阁是我国公共图书馆的原型，经过了几代爱国志士和图书馆学者的努力，公共图书馆理论逐渐发展和完善，在政府等方面的支持下，公共图书馆如雨后春笋般建立起来。在经历了战乱的破坏后，终于从 20 世纪 80 年代进入了稳步发展的时代。公共图书馆逐渐实现了全面免费开放，在信息技术飞速发展以及人民日益丰富的精神文化需求的影响下，公共图书馆应及时转变观念、改善管理、积极运用新技术、创新读者服务，为广大读者提供更方便、更多样化的服务，并推动全民阅读，引领社会文化风潮。

公共图书馆建设方面仍然任重道远，相信经过中国图书馆人的不懈追求与努力，会把公共图书馆建设得更好。未来的公共图书馆，将有更多的数字技术和智能技术运用于管理和服务，并与其他行业和领域合作，创新场馆建设，提高管理能力，推动多形式、全领域的读者服务，在社会公共文化中扮演更权威更重要的角色。

三、公共图书馆未来发展趋势

（一）人性化、大众化的服务

人性化、大众化的服务是公共图书馆未来发展的必然趋势，随着时代的发展公共图书馆面向对象的文化层次、文化需求、个性特点也会随之发生改变，年轻一代的读者获取图书相关信息的渠道不再是传统广告宣传、口碑宣传渠道，读者可能会因为看了一部电影、玩了一款游戏就会产生读书兴趣，因此公共图书馆可以通过网络线上平台或手机 APP 的开发，针对不同用户的年龄层次、文化水平、性格爱好等来进行相关的图书资源推荐，并且还能通过在网络平台中开放图书预约、图书签售会等信息查询服务窗口，以充分满足图书馆用户的多元化需求。此外，公共图书馆也应对自身服务项目进行优化升级使服务内容能够涵盖所有年龄层的用户，智能模糊查询、大数据精准化投放等功能应用来降低读者用户图书查询和选择难度。

（二）建立完善的图书馆管理制度

为了更好地顺应社会未来发展公共图书馆还应对内部管理结构体系进行优化完善，引入全新的服务理念和科学化的管理模式，在图书馆管理工作的改善提升下才能推动公共图书馆事业向前发展。一方面，在图书馆工作人员的管理上应采取扁平化的管理工作模式，积极收取工作人员的想法意见，使工作人员也能参与到图书馆的建设发展中，在图书馆工作人员的想法得到反馈响应后，工作人员在后续工作中将更具积极性。另一方面，在图书馆管理工作中应合理利用信息化管理设备来提高自身工作效率，以更好应对不同读者用户在图书馆中遇到的问题。随着公共图书馆管理制度的完善，公共图书馆的服务质量、整体运营水平将会大大提升。

（三）更具社区文化属性的图书馆建设

新一轮文化体制改革中对公共图书馆的建设发展提出了明确的要求，公共图书馆需要为社区不同层面人群提供图书借阅、信息查询、信息记录保存等服务。因此，未来的公共图书馆将更具社区文化属性，并能结合人文关怀能够为年轻人提供学习提升、为成年人提供进修学习、为老年人提供消遣娱乐，接纳和服务不同年龄、职业、信仰的人群使公共图书馆具备综合性服务功能。此外，公共图书馆也应与同一区域下博物馆、艺术馆、文化广场等场所形成关联性，形成极具社区文化特色的服务设施和文化项目，这不仅能够提高人们的生活质量，还能通过文化宣传，向外吸引更多的人群共同参与到文化事业之中使社会公民的文化素质水平得到进一步提升。

第二节　公共图书馆的特征和职能

公共图书馆提供的产品和服务属于具有较强公共性的准公共产品。在此，明确公共图书馆提供产品和服务的准公共产品属性，有助于在新业态环境下公共图书馆更好地顺应图书馆收藏社会化和资源共建共享的趋势，注重收藏数量的激增化、收藏门类的扩大化和收藏载体的多样化等特性，实现全国甚至是世界范围内资源共建共享联盟，尽最大努力促使所提供的公共产品和服务向纯公共产品的特性漂移，将产品或服务的消费竞争性和受益排他性最小化，让更多社会公众在公共图书馆获取知识、信息和服务，保障公共图书馆综合社会职能的有效发挥。

一、公共图书馆的特征

（一）公共图书馆具有社会性

我们通常把社会理解为社会形态，社会形态是由经济基础和上层建筑两部分共同构成的。公共图书馆的社会性就是指公共图书馆是人们创造的社会产物，是一定社会形态的体现。公共图书馆是人们共同使用的一种社会机构和组织，是人类精神价值的集中体现。

（二）公共图书馆具有公益性

公共图书馆作为最重要的公益性文化服务机构之一，是国家为满足人民群众的精神文化需求，为其提供多样化的文化服务，落实其文化权益的重要纽带，肩负着传承文明、传播知识，提升国民素质，促进社会文明与进步的重任。随着时代的进步与发展，在我国社会主义文化大发展大繁荣的背景下，社会已进入知识经济和信息经济时代，人们的信息意识和文化需求不断提高，公共图书馆承担的文化服务职能也越来越重要，应该科学认识并充分承担起在新的时代背景下其具备的社会责任。

公益性的理论基础主要由以下几方面组成：

1. 公共产品理论

公共产品理论正式形成是在 20 世纪中期，萨缪尔森对公共产品作了定论，他认为，当一个个体消费这种产品不会导致其他个体对该种产品的消耗，只有满足这个条件的产品才能被称之为公共产品。公共产品具有三个特点：效用全民化、消费无竞争和受益不排他。因为这些特性与私人产品截然不同，导致政府和公共部门是公共产品的主要提供者，市场及私人部门无法做到无私地提供这种产品及服务。而随着公共产品理论的不断发展，经济学家们对私人供给公共产品进行深刻探索，对其是否可行进行研究。在 1974 年，科斯结合历史经验，打破了这种由政府主要提供公共产品的理论，提出公共产品的供给可以由多个体提供。德姆塞茨用技术的视角分析私人提供公共产品的可能性。通过消费者对产品的不同喜好，使用不统一的价格标准对待消费者。公共产品理论为政府和私人可以共同供给公共产品提供了理论支持。公共图书馆在改革与升级中，逐步探索出政府引导、市场化运作、第三方合作等多样化服务供给模式。尤其在公共图书馆建设过程中，物联网、大数据等现代信息技术的应用均需要第三方数据与管理信息机构的合作。公共图书馆文化服务满足公共产品的一般属性。

2. 新公共管理理论

新公共管理的概念是在 20 世纪 90 年代初最早出现，英国学者胡德提出，新公共管理是一种用分权结构管理公共部门的新方式，它以行政单位为主，又引进私营单位的管理模式，包括技术和工具等，并且引入市场机制来改善竞争，更加重视确切的责任制和绩效评估，那个时期的政府改革运动被称为新公共管理运动。从那以后，西方国家开始摒弃一些单一、僵硬的管理模式，比如推进了政府职能的转换，政府从一个公共服务的提供者转变为决策者，不再大包大揽，把所有的工作全部承担起来，而是充分发挥私营企业和非营利性机构的功能，他们的专业性和针对性更强，把具体的服务性工作承包给他们效率更高，实现政府向社会还权等。同时，分权使得组织层次减少，防止权力的腐败。新公共管理认为顾客是第一位，政府是提供服务的主体，公民是顾客，提倡政府内部管理可以合理利用私营单位的管理理论，以此达到管理改革，提高政府运行效率。新公共管理理论在西方的政府管理革新中发挥了很大的作用。我国行政改革也深受其影响，政府尽量避免干预微观经济，让市场在资源配置方面充分发挥其作用，由社会组织承担原来的部分职能，并提出了建立服务型政府的目标；社会市场化进度越来越快，公共部门都参与市场竞争，以此来提高公共服务供给的效率和质量；政府的内部管理更多地借鉴企业管理方法，例如绩效评估等，这些科学且有效的管理办法，使得政府管理更加重视效率、更加科学化，也更加注重反馈，有利于提高服务满意度，从而实现了政府内部管理的创新，提高了我国政府运行和管理效能。新公共管理理论虽然在西方政府革新中发挥了很大作用，取得不少成效，但也面临很多质疑，比如混淆公私部门的界限及市场化的管理模式，偏颇的顾客导向等。

3. 新公共服务理论

Denhardt.R.B. 和 Denhardt.J.V. 基于新公共管理理论体系对公共服务的理论进行了阐述。新公共服务理论认为新公共管理将"3E"作为其核心理论基础，在一定程度上忽略了公民对公平的需求，而基于新公共理论为基础的政府公共事务管理和服务供给过程中也无法充分承担起维护民主与公平的职能。这也推动着新公共服务理论对应不同层面核心工作原则的有效明确，即服务供给应当以服务为主，保护公民利益和公共服务需求为主，而非对整体社会的控制或驾驭；政府公共服务供给的责任多元化，包括社会价值、政治行为的准则、服务供给行业的相关标准以及全体公民的核心利益。随着我国图书馆服务供给体系的不断完善和发展，政府在图书馆优化创新领域内的公共服务供给模式和整体能力亟待加强。根据新公共服务理论，政府作为图书馆发展的领导主体应当强调图书馆所承担的公共文化服务供给职能。在公共图书馆建设发展过程中，应当以人为本，构建起基于为公民服务的公共图书馆发展理念，并在建设过程中强调服务型政府职能的转变，并创新图书馆供给模式与管理方法。

4. 服务创新与四维度模型

"创新"最早由国外经济学家熊彼特提出，他指出，创新就是重新组合生产要素，就是要把以前没有的生产要素和条件的"新组合"引入到既有的组合体系中，进而产生一种"新组合"，包括五类情形：一是引入新产品，二是使用新方法，三是拓展新市场，四是获取新供应来源，五是实现一种新组织。而服务创新就是通过生产要素的变革及生产要素间关系的变化来实现服务对象的动态化的新需求，提高服务质量，创造新的市场价值。公共图书馆作为公共文化服务提供者，满足读者需求是其服务不变的主题。重视服务，也更加重视服务质量，为了满足读者多元化的文化需求，需要对其服务进行创新，让读者享受更高质量的文化服务。

服务创新四维度模型是 Bilderbeek 等人在 1998 年共同提出的创新整合模型。四个维度分别是"新服务概念""新顾客界面""新传递系统"以及"技术"。"新服务概念"换言之就是新的服务理念，服务团体通过用户需求来发现创新来源，它与其他三个维度都有密切的关联。"新顾客界面"指的是服务方法，与顾客交流的方式。"新传递系统"主要是指提供服务的组织，侧重于组织内部建设和管理。"技术"维度不是服务创新的必要维度，却发挥着重要作用，技术应用能够为服务创新提供支持和保障。

5. 图书馆学五定律

图书馆学五定律，早在 1930 年由印度图书馆学家阮冈纳赞 S.R.Ranganathan 首次提出来。20 世纪 90 年代，该定律得到了快速发展，美国学家 Walt Crawfbrd 和 Michael Gorman 在原定律基础上归纳出新五学定律，将新型通信与信息化技术融入定律中，实现了其内涵定义和外在延伸应用的进一步完善，其中便包括软件图书馆五定律、儿童图书馆五定律、网络五定律、知识五定律等。最早的"阮氏五定律"对图书馆特征及相关管理内容的进行了系统界定，共分成五个定律。第一律为"书籍是为了使用"，打破传统藏书观念，图书馆的核心职责并非收藏和保存书籍，而是面向公众开放，使知识与书籍得以充分传播，该定律也是其他定律的基础。第二律为"每位读者都有他的书"，该定律要求图书馆是面向一切公众开放的，不能因阶级或其他特权所垄断。第三律为"每本书都有他的读者"，在图书馆实践应用过程中，主要采用了咨询与检索等多元化的模式助力图书馆内部藏书资源整体利用率水平的全面提高。第四为"节约读者时间"，该定律强调图书馆在经营管理过程中应当采取开架借阅，通过统筹安排书架陈列、目录检索、人员服务咨询、图书馆选址等，节约读者图书选取和搜寻的时间。第五律为"图书馆是不断成长发展的有机体"，图书馆是馆藏书籍、公民、读者以及图书馆管理人员共同组成的有机主体，是动态发展并不断完善的，会随不同地域文化需求以及未来科学技术发展形势而发展。

公共图书馆的建设和公共服务供给便是基于图书馆学五定律，是现代化信息技术与数据管理信息服务技术和图书馆传统服务相结合的产物。在图书馆的定位与职能上，依托五定律面向所在城市地区公民文化阅读需求进行合理规划，实现信息资源共享、流程服务简化、设施建设完备与服务供给多元化等目标。

（三）公共图书馆具有公共性

1. 服务的某些特殊性

从公共图书馆服务消费上来看，在某一特定时间，对于一本唯一的特定图书来说，某个读者借阅了则其他读者在同一时间就不能再借阅了，这个特征在一定的程度上具有竞用性。但是这个竞用性与私人物品的竞用性具有不同的性质，因为私人物品被个人消费之后就不能再重复使用了，但是公共图书馆服务不一样，它只在特定的时候具有竞用性，只要该读者归还了该图书，就不会影响以后的读者使用该图书。

2. 投资收益的特殊性

要建立一个公共图书馆，除了公共图书馆的建筑以及各种电子设备等是固定投资，公共图书馆的服务的持续还需要源源不断地追加投资，如不断地增加各类新书和期刊、电子数据库、书架等。并且这些源源不断的投资追加进去之后，要收回成本这是一个很漫长的过程，甚至是趋于无穷远的过程。公共图书馆作为一个公共的藏书机构，而藏书又是一个持续不断的过程，它需要持续不断地收藏新书进入图书馆。收藏新书就需要不断地追加投资，公共图书馆作为一个社会公益机构，不以营利为目的，公共图书馆的目的是满足读者对文献信息的需求，不断地提高他们的文化素质技能等。私人一般是不会投资图书馆的，所以公共图书馆大都是由国家和社会集资兴办的。

二、公共图书馆的社会职能

如今，社会经济高速发展，知识和信息已经成为十分重要的资源，进行信息和知识管理十分重要，而公共图书馆是社会信息资源管理机制中十分重要的一个环节，在社会发展过程中有着不可替代的作用。公共图书馆属于社会信息资源的管理场所，在信息高速发展的时代，为信息保存和整理做出了巨大贡献。

在社会结构中，公共图书馆是不可或缺的一部分，它将社会中的文化教育和科学组成到一起，为社会储存文献，对继承和发扬知识成果做出贡献。如今，社会面临众多文化和经济任务，公共图书馆的职能可以帮助人们完成这些任务。机构、事物和人在社会中所起到的作用，被称为职能。其中，人能够承担的职位或职责任务的能力，被称为人的职能；在社会中，公共图书馆起到的作用以及拥有的职能，就是公共图书馆的社会职能。

（一）引导阅读

读书可以提高个人品德修养、促进社会发展进步，公共图书馆有责任通过形式多样的阅读推广活动来倡导全民阅读。公共图书馆应该想方设法满足公众的公共文化需求，调动公众的阅读热情。公共图书馆可以通过微信、微博、网站等线上方式大力推广数字资源服务，让广大读者足不出户仍能享受到丰富的文化大餐。公共图书馆也可以开展了线上打卡阅读的活动，充分调动读者的阅读兴趣。

（二）文化保存

公共图书馆承担着保存人类精神财富的职责，在社会系统中占据着其他文化机构所不能代替的重要地位。公共图书馆具有保存传统文化的功能，对于保护保存历史文献、古书文集和延续人类文明发挥了极大的作用，同时也兼具文化传播的功能。公共图书馆拥有收集、整理、保存文献信息的职能，是城市记忆的存储器，是人民历史的保存者。各公共图书馆都应当收集、整理、保存和开发利用本地区的地方文献，形成地区记忆，更好地为社会服务。

（三）智库参考

公共图书馆拥有海量的信息资源和各领域显著的专家学者成果，应当建立智库服务，加强与政府部门的合作，为政府决策提供参考依据。各级公共图书馆应当利用自身的专业信息资源为政府制定相关政策提供信息保障。公共图书馆应当加强与政府的合作，通过专业的情报收集手段，为政府制定应急预案提供专业建议。

（四）社会教育

公共图书馆是民众进行终身自我教育的绝佳场所。公共图书馆应当依据当前社会教育现状及发展，不断调整、完善自身功能，将服务中心逐渐从提供资料转变到为民众提供素质教育及终身教育中来。公共图书馆应从自身的社会教育职能出发，把关不良观念的读物，给公众提供一个健康向上的阅读环境。图书馆工作人员有义务帮助公众挑选，指导大众读书，为公众提供符合社会发展需求的精神食粮。

（五）创新思维

民众的文化需求随着社会的发展不断变化，这也就要求公共图书馆紧跟需求的变化不断创新变革自身服务。公众对公共图书馆的服务内容及方式提出新的需求。构建新的服务项目，产生新的服务模式，是公共图书馆创新的途径。伴随着5G 时代的到来，网络将变得唾手可得，图书馆提供云服务变得越来越容易实现。如通过虚拟现实的手段，让读者足不出户却能身临其境体验图书馆服务。各地区共享对接数字资源数据库，建立共享平台，为公众提供海量电子资源。

（六）扩大知识范围

公共图书馆的社会教育职能有非常明显的优势，它具有公益性、免费性、大众性等特点。公共图书馆能够提升自身修养，增强知识文化水平，它以全民教育为根本出发点，不限制人民群众的职业、性别、年龄等，实现人人都有书可读。图书馆陈列的书籍种类多、范围广，人们可以有多种选择来满足自身的文化需求。公共图书馆的服务包括文献外借、阅览服务、参考咨询、文献展览、报告会以及为老人和儿童提供专门服务等。公共图书馆可以弥补在学校学习过程中的不足，比学校更具有优势，种类齐全，可选择性高，获取的知识比在学校更为广泛。

（七）增强文化道德修养

公共图书馆的社会职能能够增强公民的文化道德修养，公民利用丰富的图书资源和知识信息，可以增加自身文化知识，提高自身文化素养，提高自身价值。公共图书馆的性质是对公众全面普及书籍的，也要重视边远地区的书籍普及，让边远地区也能感受到精神文化的熏陶，提供平等的学习知识的平台，提升他们的知识文化水平，构建和谐、平等、互助的社会。公共图书馆同时也是城市景点，在闲暇时期，可以去图书馆里面阅读书籍，丰富精神世界，图书馆环境清幽、学习氛围浓郁，有各种各样的知识讲座和文化鉴赏等服务，向人民群众传播新知识，新思想，积极的文化。

（八）提供公共文化服务

Richards.Rubin 提出，公共图书馆的价值和意义就是满足社会大众的基本需求，为人们提供文化服务，人们可以通过公共图书馆获取各种社会信息资源。不管外界环境怎样改变，公共图书馆的最终目标和存在意义就是为公民提供公共文化服务，是绝对的非营利性公益组织。公共文化服务是指由政府主导、社会力量参与，以满足公民基本文化需求为主要目的而提供的公共文化设施、文化产品、文化活动以及其他相关服务。随着科技的进步与时代的发展，新兴媒体占据了大量的文化市场，公共图书馆可以从以下三点改变其功能模式，一是知识模式，即不再仅仅依靠馆藏资源，而是提供多种形式的知识资源；二是信息构建模式，图书馆为用户搜集整理信息，起到一个信息媒介的作用；三是多元模式，借助网络信息资源，提供多元文化服务。

许多学者创新提出公共图书馆的个性化服务，比如，Lambs.等认为，公共图书馆的网站是展示形象的重要载体，可以利用 HTML5 和 CSS3 来增强公共图书馆网站的内容管理系统，运用社交技术和移动工具来满足读者更多的文化需求。GrayburnJ.等人提出公共图书馆可以使用三维（3D）和虚拟现实（VR）技术吸引读者，为其提供更优质的文化服务。在特殊群体服务方面，Virginia.Walter 针对面向青少年的公共图书馆服务，提出建立实施国家性的研究计划，以此来提高青少年对公共图书馆的利用率。为了公共图书馆能为更偏远的农村地区人民服务。受新公共管理及公共服务市场化理论的影响，美国的图书馆学专家 Roberta.Stuart 和 John Tay or East lick 在 1977 年出版的《图书馆管理》指出，公共图书馆可以借鉴管理科学及其他行业管理的理论与方法，利用市场化工具实现对图书馆的治理。ANGHELESCU，HERMINAG.B. 和 CHIABURU，ELENA 指出社会基金的大量财政援助能够使公共图书馆为社区提供更加多样化的公共文化服务。

第三节　公共图书馆的发展方向

一、公共图书馆服务的泛在化

"泛在图书馆"这一新兴的理念最早兴起于国外。"泛在图书馆"的意思就是指任何用户均可在任何地点以及时间内，得到图书馆提供的任何语言、类型、格式以及时期的信息资源。无所不在以及泛在化是"泛在图书馆"的主要表现，它的显著特征为：于用户而言图书馆服务如影随形，无论何时何地用户均能获得图书馆服务，有时可能是在无意识的情况下，利用图书馆资源或是取得馆员的帮助。其中，相对典型的案例有中科院文献情报中心采用的服务模式——"资源到所，服务到人"，借助公共集成服务平台，完成网络化信息服务以及数字化文献资源向科研现场的推送。无论在任何时间和地点，科研人员都可以及时获取所需信息。

二、公共图书馆工作的网络化

借助网络提供图书馆的全部资源以及服务，是图书馆工作网络化的具体展现。简单来讲，在未来图书馆中，一切服务和资源均可在网络上呈现。

图书馆"一切都可以在网上"至少有两方面含义。

（1）对资源进行深度整合，实现图书馆之间共建共享。未来世界中，无论大小图书馆都会由云环境进行互相连接，成为一个整体，进行不同的工作、服务以及资源建设，不同图书馆之间是相互包含的关系，互不分离。

（2）公共图书馆已经具备了参与出版数字化读物的基础条件，信息资源的生产有了新业态。随着互联网的普及，图书馆不再只是一个提供信息资源的机构，也不再被局限于信息资源传递的下游，网络上的资源越来越呈现出开放化的趋势，图书馆也将成为一种数字化信息资源的出版机构。

三、公共图书馆资源的数据化

随着信息技术的迅猛发展，信息资源可以被转化成数字版本，成为可利用的数据。公共图书馆系统可以对这些资源和数据进行数字化和信息化的管理。数据管理系统可以对数据进行组织和检索，为读者提供查询服务，还可以控制数据的整个生命周期。公共图书馆的各类文献及信息资源开始趋于网络化。有了通畅的网络联系，图书馆之间可以联合对文献进行编目、采访，可以互相分享馆藏资源，还能对互联网上的资源进行联合利用。借助网络上先进的通讯功能，图书馆可以向读者提供高效的信息传递服务，比如收发电子邮件、传递电子文献资料、检索情报等。公共图书馆还可以借助网络资源，利用已有的强大搜索引擎功能，将用户所需信息资源快速地提供给他们，用户并不需要亲自前往图书馆实地查询，仅通过网络即可获得更加全面、准确、及时的信息服务。

对于信息研究者来说，过去只能在传统图书馆中利用人工查找相关资料，难以获得全面和完善的资料，影响研究的准确性和深入性。自从图书馆建立起数字化平台，图书馆、读者以及信息系统被有机地结合在了一起，用户可以从中获取更加规范、高效、个性化的信息服务。应对图书馆的馆藏资源进行信息化建设。为了适应新形势的发展，图书馆应当加快信息化建设的进程，具体做法：一是采购各类电子出版物，建立信息数据库；二是将现有的纸质馆藏资源转化成为电子版。图书馆之间应做好沟通和协调，避免重复性采购。公共图书馆应当积极向读者宣传自己的资源，优化检索办法，扩大专业和学科覆盖面，引导和帮助读者通过电子版系统查询所需资料，以提高电子出版物的利用率。目前，很多公共图书馆已开设了多媒体形式的阅览室，综合利用互联网、计算机技术，读者在此既可以阅读电子版的馆藏资料，还可以通过网络查询其他图书馆的海量信息。公共图书馆在数据库建设过程中要有全局观念，应遵循国家相关规定，对馆藏文献进行标准化、规范化的整理与加工，突出馆藏特色，全面考虑教学需要、科研需要和市场需要，建立各具特色的数据库。

现阶段，各公共图书馆面临着新的机遇和挑战，各种馆藏资源开始趋于多媒体化，各项服务开始趋于信息化，信息资源开始趋于网络化、共享化，这就要求公共图书馆要跟紧时代发展步伐，在图书馆管理中推行自动化。随着信息化时代的到来，公共图书馆的文献载体也变得更加多元化，需要公共图书馆全面推行计算机化的管理方式，切实提高公共图书馆的工作效率，一方面不仅提高了公共图书馆服务的效能，另一方面，也提高了馆员的效率，能更好地为读者服务。毫无疑问，先进的设施和设备是建设现代化图书馆必不可少的，还要做到管理方法上的科学性，管理组织上的高效性，管理思想上的先进性。从宏观上讲，要有创新性的思想；从微观上讲，要有创新性的方法，在图书馆管理过程中充分体现出现代化和科学化的特点。

随着大数据技术的推广，公共图书馆成为大数据系统的一个组成部分。过去，公共图书馆的任务是收集、整理和记录各种馆藏资源，有了大数据网络后，公共图书馆将工作的重点放在建立各种信息的关联性上，在各种信息间建立起有效的联系，避免出现"信息孤岛"。

四、公共图书馆功能的智慧化

随着科学技术的快速发展，各种移动终端开始普及，信息穿戴设备开始在人们生产和生活中发挥作用，加之大数据采集和分析技术的推广，图书馆管理及服务的智能化水平在不断提高。智慧图书馆就是要将书与书相连，人与书相连，人与人相连，不论何时何地以何种方式，都可以调取和运用馆藏资源。

与传统图书馆相比，智能图书馆最大的特点是能够为读者提供个性化服务，其具有智能化的交互功能。传统图书馆能够提供给读者的是机械性的、被动的服务，信息交流也是单向的，而智能图书馆可以为读者提供全方位的服务与应答。

五、公共图书馆阅读的移动化

近年来，政府不断提倡终身学习和全民阅读，针对这样的情况，各类图书馆大有可为。目前有一种趋势日益明显——通过移动端和网络进行阅读，已经逐渐成为公共图书馆阅读的主要方式。

现代人阅读的方式开始变得多样化，呈现出以下特点：一是阅读渠道更加多元化；二是阅读方式开始趋于移动化；三是阅读过程中呈现出更多社交性元素，数字化的阅读方式开始渗透人们的工作与生活，读者不论何时、何地，运用何种方式，都可以获取所需要的阅读资料，这极大地满足了读者的阅读需求。

数字化阅读方式及载体变得越来越先进、越来越灵活。最初，人们需要通过电子阅览器进行在线阅读，如今手机、平板电脑成为人们日常的必备品，人们的阅读方式开始趋于移动化。在这种形式下，大部分公共图书馆开始致力对移动阅读服务的投入，积极为读者搭建阅读服务平台。平台可以为读者提供大量的电子图书，包括网络文学、中文报纸及期刊，平台还支持平板电脑、智能手机等移动设备的访问。

六、公共图书馆空间的创意化

传统图书馆有三大组成要素：馆藏资源、资料储备空间和为读者提供服务。如果将资源剥离出去，图书馆的价值则需要通过空间进行证明。互联网和信息技术飞速发展，未来的公共图书馆应如何利用空间来吸引读者，对此，国外一些图书馆在这方面进行了有效探索，他们对公共图书馆的空间进行了再造利用。公共图书馆从最初用于信息共享的空间，开始变成可以进行学习共享、研究共享的空间。

近年来，公共图书馆又被改造成创客空间，公共图书馆的空间获得了新的利用。国内图书馆业内人士提出将创新社区同信息共享空间相结合的想法，强调在学术上的创新，提升读者文化素养，提升图书馆的服务效能，将公共图书馆打造成为学术交流、知识加工以及文化传承的中心。

七、公共图书馆用户的自主化

公共图书馆生存的前提与发展的基础是将用户作为工作中心，这也是公共图书馆未来发展的核心。公共图书馆是服务性的公益机构，因此要将为读者提供服务作为工作目标。目前来看，用户可以说是公共图书馆长期可持续发展的基础，公共图书馆在发展过程中必须做到以读者为中心，以满足用户需求为目的，才能在激烈的市场竞争中占有一席之地。公共图书馆传统的管理模式中，读者是没有机会参与图书馆管理的，一切的管理和服务都是图书馆自身来决定。随着图书馆的发展，公共图书馆的管理理念和管理方式也在与时俱进，更加注重读者的主体意识，而读者参与图书馆管理的意识在不断觉醒，在接受公共图书馆服务的过程中，也充分发挥了用户的主体作用。在公共图书馆的发展建设中，我们时时都能看到读者积极参与的身影，比如在图书资源采购过程中鼓励读者参与决策。内蒙古图书馆提出了"读者阅读，图书馆买单"的读者图书馆理念，充分肯定了读者的主体地位。

八、公共图书馆工作的规范化

各行各业要保持持续健康的发展态势，首先要有标准化和规范化的工作模式。未来公共图书馆的发展有两种趋势：一是制定以及执行公共图书馆的各类标准，二是制定公共图书馆内部工作的各类规范。对于现在各类公共图书馆来说，各种资源的管理流程以及加工规范已基本形成，各类公共图书馆还在投入力量研究和制定工作标准及规范，我国公共图书馆正在朝着更加标准化、规范化的方向发展与建设。

九、公共图书馆事业的社会化

近年来，我国致力于公共文化服务体系的发展与建设，公共图书馆的服务内容以及项目开始变得多样化，读者的需求开始逐步得到满足。我国一些大型国家级图书馆馆藏资源规模庞大，成为当地的文化地标。还有一些社区图书馆也在城市和乡村读者中发挥着重要作用。有些图书馆可能只是街边的一个咖啡馆、一个凉亭，有些只占超市一角，但这些共同构成图书馆网络，发挥着服务读者、为社会提供各种服务功能。

对于未来的公共图书馆，要让自身得以生存和发展，必须要有特殊资源及服务，而不仅是成为图书资源的一个联络点。互联网技术已十分发达，远程服务开始被各行各业投入使用。这也给公共图书馆的发展带来了新的挑战，要在这种竞争中站稳脚跟，公共图书馆在自身建设过程中必须突出城市特色，突出区域特色。今后，公共图书馆在建设过程中要更注重对特色资源的收集、整理和加工。

第二章　公共图书馆管理工作探析

本章主要论述公共图书馆管理工作探析，分别从公共图书馆管理工作概述、公共图书馆管理方式改革、公共图书馆知识管理这三方面进行详细介绍。

第一节　公共图书馆管理工作概述

公共图书馆作为社会公益性的服务场所，其管理工作的开展直接影响了图书馆功能的有效发挥，因此，从目前的社会发展情况来看，充分、全面地认识和了解图书馆的发展价值，明确图书馆作为服务场所的功能价值与文化传承价值，结合人民日益增长的文化需求不断创新和发展图书馆的管理工作，优化管理内容，从而为社会大众提供更为优质的图书管理服务体验，是目前我国公共图书馆管理工作主要方面。

一、公共图书馆行政管理工作

公共图书馆行政管理工作是提升公共图书馆管理质量，保障公共图书馆正常运作的内在需求，随着社会发展程度的不断提升，信息技术在公共图书馆管理工作中的应用逐渐使得公共图书馆自身的功能定位与服务方式都发生了较为深刻的变化，因此，公共图书馆的行政管理工作也应当随着时代发展得到创新，从而满足读者的个性化需求。具体来讲，公共图书馆行政管理工作应当从管理的原则、概念以及发展方向等方面进行全面的创新与突破，结合信息化图书馆的资源建设，行政管理工作应当时刻秉承着为读者服务，满足读者需求的原则，并在此基础上不断发展创新，从信息化的角度逐渐满足不同群众的个性化需求，在管理的概念与发展方向上面来看，公共图书馆行政管理不仅要对一线的员工进行协作化的管理，还需要结合时代的发展不断创新图书馆的管理理念，通过信息化平台的发展和建设推动公共图书馆管理工作与社会的发展协调，从而与人民群众的文化需求相吻合。因此，公共图书馆的行政管理工作应当秉承着与时俱进的理念，通过有效的原则创新与理念创新不断更新和完善公共图书馆的发展方向，从而逐渐提升公共图书馆管理工作水平。

二、公共图书馆资源管理工作

公共图书馆资源管理工作是完善公共图书馆资源管理，提升公共图书馆管理效率和发展公共图书馆管理质量的关键一步，社会化发展程度的提升使得公共图书馆的资源逐渐由书本化向数字化迈进，这一转变也为公共图书馆的管理提出了更高的要求，导致公共图书馆在资源优化和发展方向等方面逐渐向信息化迈进，在此过程中的资源管理工作不仅需要充分的内容创新和形式创新，还需要从管理创新等多个层面进行系统化的发展。

在管理实践过程中，公共图书馆资源管理工作的发展可以从数字化的形式和平台化的管理两个方面来实现。一方面，数字化的形式需要不断将图书馆的数字化资源进行扩充和完善，不断转化数字化的资源管理策略，对一些文本化的图书馆资源进行有效的转化和发展，除此之外，工作人员也应当通过不断进行数据收集和整理等来分析借阅信息和读者需求，以此来不断完善和发展公共图书馆的数字化资源；另一方面，平台化的管理可以通过构建数字化资源共享平台来实现，将馆藏资源通过数字化平台进行展示和共享，这样不仅能够充分发展和完善公共图书馆的数字化资源管理，还能够结合公共图书馆数字化资源的利用率进行合理的规划和完善，从而推动公共图书馆资源的合理化和创新化发展，推动我国公共图书馆资源的有效共享，加快对我国传统文化的有效传承和推广。

三、公共图书馆人员管理工作

公共图书馆人员管理工作是提升公共图书馆服务效能，完善公共图书馆服务质量的重要保障，不同图书馆科室在服务工作中的职能分配存在一定区别，不同员工的工作重点与服务内容存在一定的区别，因此在管理工作的过程中，应当根据人员自身的特长与能力进行系统化和完善化的发展，最大限度地提升和发挥工作人员的服务价值，从个人能力培训等方面入手，不断完善员工对图书馆资源管理和服务工作的系统化认识，从而提升员工的认知水平，完善服务价值。

从人员管理工作的实践来看，可以从服务人员的能力与管理两个层面来展开，在能力创新培养的过程中，可以通过组织员工进行系统化的知识和能力培训，制定个性化的长期学习计划等多个方面来发展和完善，信息化图书馆的建设对员工的信息化水平和业务能力提出了更高的要求，需要员工结合图书馆的发展方向不断完善和创新自己的能力提升，从而实现服务价值的有效创新与发展；在服务人员的管理创新等方面，领导人员应当将任务职能进行合理化的分配，通过不断完善和发展员工在个人能力方面的技能，对于培养复合型的图书馆人才具有十分重要的实践价值和发展价值。

四、公共图书馆服务管理工作

公共图书馆服务管理工作是公共图书馆自身功能价值的准确定位，也是提升公共图书馆发展价值的基础和重要保障，作为公共图书馆，其基础价值在于服务社会大众，因此，图书馆的服务管理工作要切实从员工管理出发，从而提升公共图书馆的管理效率。

公共图书馆的服务管理工作应当从公共图书馆设备管理和人员管理两个方面来开展进行。一方面，设备需要结合数字化的具体要求不断创新和完善图书馆系统化平台的软件管理工作，进一步完善图书馆智能化检索系统和服务平台的建设，随着信息技术的不断成熟和发展，公共图书馆的服务体系和服务方向也应当与时俱进，增强服务理念的提升价值；在人员管理方面，也应当通过有效的培训和锻炼来拓宽管理人员的思路和眼界，充分借鉴世界各地公共图书馆工作人员管理的服务手段，从而保障公共图书馆的管理工作始终处于前沿，保障我国公共图书馆管理工作的优质发展。

第二节　公共图书馆管理方式改革

一、公共图书馆的管理现状

首先，我国图书馆的管理方式已经形成了很长一段时间，有了自身的发展规律和体系，在传统的图书馆管理中，以藏书的收藏为主是最为主要的管理理念。但是这种思想至今还严重地影响着很多图书馆的管理工作，甚至导致了很多的图书馆形成了重视收藏，却忽视利用，生怕损坏或者是丢失的现象，这就是我国图书馆普遍存在着的重要的思想。以这种思想为指导，图书馆的管理工作很多都是重视的书籍的收藏，却很少利用，很难真正地从读者的角度来制定图书馆的管理制度。并且对于读者而言，很多图书馆都是有着一定的制度的制约和限制，无法真正地发挥图书馆的本来价值。而且部分公共图书馆内的工作人员综合素质较低，其中包含着一些学历不高、专业水平差且缺乏服务意识的人员，导致并不能够面向广大群众提供个性化的图书服务甚至还会影响公共图书馆在群众心目中的良好形象。

其次，公共图书馆缺乏完善的管理机制与竞争机制，使得很多图书馆馆员一直抱有懒散的工作状态，认为自己即使付出再多努力，也不会有发展和晋升的机会，安于现状的思想十分严重，鉴于公共图书馆的特殊性质，因此日常的管理工作十分单调且枯燥，很多图书馆馆员缺乏应有的成就感，从而形成了安于现状的惯性思维，并不具备应有的创新能力和改革意识。

再次，计算机系统不够完善，公共图书馆最大的特征就是图书资源较多，内容丰富，管理人员管理压力与管理难度较大，为了能够有效提高图书管理效率，方便人民群众完成借读活动，快速检索图书馆相关资料，管理人员必须借助计算机技术开展多样化办公活动，但是大部分公共图书馆存在两个问题：其一，计算机设备较为老化，无法满足数字图书馆管理算力，使得线上数字化图书馆经常会出现 BUG 问题，严重降低了线上图书馆的使用效率。其二，部分公共图书馆管理人员信息素养较差，对于信息技术的使用并不了解，即使拥有较强功能的计算机设备，还是会采用传统工作方式，限制线上数字图书馆建设，无法达到理想的公共图书馆管理改革的最终目的。

最后，管理制度相对落后。在信息化时代，部分图书馆管理人员仍然沿用传统管理办法，限制了线上数字图书馆的发展，对于大数据技术与人工智能 AI 技术的应用效率较低，无法帮助借阅人员快速寻找到具有较高价值的信息，在一定程度上，降低了公共图书馆管理效率。在信息技术的加持下，图书馆管理工作发生翻天覆地的改变，传统的管理工作与管理制度已经无法满足时代发展的实际需求，为此，图书馆管理人员应该正视制度优化问题，否则在将会使得传统制度与全新管理技术发生冲突，导致大数据图书管理工作发生冲突或是不兼容的问题。

二、管理方式改革的必要性

公共图书馆发展面临的新形势，为公共图书馆管理带来了现实挑战。公共图书馆作为图书馆的重要组成部分，负着以高质量、高水平的姿态服务社会公民的重担。在新形势下，公共图书馆必须调整管理结构、创新管理途径，不断创新形成适合公共图书馆发展的新型管理模式，更好地发挥自身作用。从这个层面讲，公共图书馆管理创新是从图书馆的新要求出发，是为了更好地适应新形势的现实需要。

（一）现实需要

面临经济全球化和实现社会主义现代化的新形势，必然要求把公共图书馆做强，注重服务质量提升和人才质量提升。公共图书馆在面临图书馆新发展战略的现实背景下，必须加快创新管理进程，以更好地适应新的时代要求，应对新的知识信息时代公共图书馆提出的新要求和带来的新挑战，为用户提供更高质量、更高水平的服务，否则公共图书馆必将落后于知识经济时代发展步伐，被知识经济所淘汰。

（二）经济环境需要

公共图书馆管理创新适应外部经济环境需要，是由公共图书馆经费投入相对不足的现状决定的。尽管近年来国家每年投向图书馆建设方面的经费呈现每年稳定递增的趋势，但是从全国整体水平来看，公共图书馆经费投入依然显得力不从心。我国加入世界贸易组织之后，公共图书馆经费投入相对不足的情况下，更加加剧了公共图书馆经费紧张的态势。因为入世之后，按照国际通行的知识版权规定，我国在购置国外文献资源，尤其是一些核心期刊、必备期刊等一些质量较高的信息资源，价格较入世前增长了 10—15 倍。在经费投入不足的状况下，一些公共图书馆迫于经费压力不得不推迟或取消国外部分期刊的购置计划。

经济的发展和知识需求的增长也给公共图书馆带来新挑战、提出新要求。在我国经济飞速、稳定发展的同时，受图书市场价值增长和经费短缺等因素的影响，公共图书馆在发展过程中也面临重重困难。因此，公共图书馆必须从更好地适应知识经济时代发展角度，不断克服诸多不利因素，尤其要加大管理创新，更好地推动自身又好又快地发展。

（三）科技环境需要

公共图书馆管理方式改革是为了更好地适应外部科学技术环境的需要，伴随着科学技术的飞速发展，公共图书馆在管理过程中大量运用了现代计算机信息技术、存储处理技术和信息通信技术，大量先进科学技术手段在管理方式上的使用，让公共图书馆在发展进度上产生质的飞跃。网络化、移动端、数字化等高科技手段的飞速发展，很大程度上改变了公共图书馆在文献资源分类、存储、传递和利用信息的方式。科学技术的突飞猛进，使得公共图书馆在网络信息技术条件下呈现出新特征：首先是公共图书馆馆藏的多元化，既注重实体馆藏，又注重虚拟馆藏，从过去传统的片面注重实体资源到现在的实体资源和网络虚拟资源的并重。其次是公共图书馆在业务管理中全面开展自动化，公共图书馆无论在探访、采购、审阅、登记、储藏，还是在分类、咨询、查阅等各个流程和环节，无不体现着高度自动化的趋势。最后是公共图书馆管理的技术环境标准化和规范化程度日益加深，尤其体现在文献资源的收藏方面，在现代化技术支持下，公共图书馆全面实现了文献资源存储的数字化。

三、公共图书馆管理思想演变

国内公共图书馆管理思想演变文章主要对 20 世纪以来国内公共图书馆思想演变进行分析。通过公共图书馆管理的概念我们可以看出，实现管理效率与效益最大化原则是公共图书馆管理思想的基础与核心。由于知识经济和信息社会的到来的影响，为实现从效率和效用两方面实现管理目标，必须做出全方位调整，着重在观念和结构两方面。20 世纪成为我国公共图书馆事业的黄金发展期，在管理思想方面经历了两次重要的变革，第一次是以封闭藏书楼向开放图书馆转变为标志，公共图书馆管理思想由传统条件下的封闭与半封闭向对外开放转变；第二次是以现代信息技术和互联网技术为标志，公共图书馆管理思想和管理职能发生重大变化，就此奠定了公共图书馆管理制度的基础。

20 世纪以来我国国内公共图书馆管理思想主要体现在以下几方面：

（一）从封闭到开放

20 世纪，"开放"成为公共图书馆管理的主导思想，20 世纪初期，伴随着公共图书馆由传统意义上的藏书楼向现代图书馆的过渡，真正迈开了公共图书馆对外开放的步伐。但是这一时期的开放思想还具有一定的局限性，其"开放"的意义还仅仅局限在只是公共图书馆大门的开放。在进入到 20 世纪 80 年代，公共图书馆开始向具有现代意义的图书馆过渡，这个时候的开放才逐步具有全面性的意义：此时的公共图书馆不仅实现了馆藏资源的对外开放，几乎所有文献资源都可以面向读者，读者进入到图书馆之后，可以走入书库、走进书架，与藏书直接面对面。20 世纪 90 年代以来，在互联网技术和现代信息技术的广泛应用条件下，公共图书馆的开放又被赋予了新的内涵。此时的公共图书馆开放的范围，不仅在实体文献资源向所有读者开放，而且依托互联网技术和信息技术建立的虚拟馆藏资源也实现了全面开放，读者运用图书馆强大的信息库资源可以在图书馆任何地方、任何时间方便快捷的享用提供的文献信息。我国公共图书馆开放思想经历了封闭、半封闭向有限开放、完全开放的演变。在这里需要指出的是，受 20 世纪我国国家体制的影响，公共图书馆从传统意义上的藏书楼到完全意义上的开放，其间经历了艰难的历程，伴随着开放与封闭的挣扎；书楼管理思想其封闭性根深蒂固，即使到了现代真正意义上开放的公共图书馆管理思想中还能够依稀看到这种思想的残存。

（二）以书为本到以人为本

我国公共图书馆管理在管理思想的核心由以书为本向以人为本思想的演变。我国公共图书馆长时间以来在管理核心上始终坚持以书为本，并且该种管理思想长时间统治着公共图书馆管理模式，在这种思想影响下，公共图书馆在管理方法、管理模式中无不体现着始终以"书"为核心的身影。近代以来，伴随着西方先进思想的传入，受近代民族资产阶级革命和新文化运动影响，公共藏书楼从传统的贵族化走向面对普通读者的这一有限的开放，是对以书为本管理思想的一次猛烈冲击。这一历史时期藏书楼服务对象由贵族阶层向普通读者的开放，仅仅是有限的开放，虽然脱下来贵族的外衣，但是图书在 20 世纪初期毕竟还属于珍稀资源，以书为本的公共图书馆管理核心思想并没有发生根本改变。进入 20 世纪中期，尤其是新中国成立以来，党和国家实施的"百花齐放，百家争鸣"的文化发展方针，在很大程度上刺激了图书馆事业的发展，公共图书馆藏书数量有所增加。这一时期，公共管理依然采取的是高度集中的管理体制，在图书管理方面也采用了较为严格的保障制度。图书馆保管好图书，不让图书馆受损，为了让更多的人能分享书中的内容。这样的行为是无可指摘的。然而将爱护书籍当作"以书籍为本"，而不是以"读者为本"，这种做法就本末倒置了。中国几千年来的思想传统，让"书重于人"的思想延续了几千年。公共图书馆管理思想中以书为本的思想几乎延续到 20 世纪 80 年代。伴随着我国改革开放政策的逐步实施，公共图书馆管理模式上逐步实现开放化，"以书为本"的思想才渐渐转变为以读书场所和先进化设备为核心的思想，实现了由过去以书为本向以电脑为本的转变。伴随着社会主义现代化进程的加快，以人为本的理念逐步深入人心，公共图书馆管理思想中也逐步认识到在管理过程中坚持人文科学精神的重要性，在管理思想上演变到尊重读者、尊重图书馆员、尊重人文精神和首创精神。

（三）管理模式转变

公共图书馆在人员管理模式方面的思想发生了转变。公共图书馆以推动加强自身专业化建设为目标，在管理模式上突出人才战略，强化图书馆专业人才队伍建设。严格按照国家相关规定，公共图书馆在人才结构上逐步实现向多元综合性人才队伍转变，专业从业人员严格落实相关政策法规中的要求。当前我国公共图书馆从业人员中学历层次逐步提高、专业覆盖更加全面，推动了人员管理模式的进一步规范化。

四、管理方式改革的策略

（一）树立管理"大局观"

公共图书馆管理方式的改革必须要循序渐进，做好统筹规划。首先管理层要事先做好规划和设计，将信息技术与公共图书馆的未来经营与发展相连接，从而确保公共图书馆具有时代特色。其次，在公共图书馆管理方面，要构建信息一体化系统，在图书资料记录与备份、图书借阅、图书信息档案管理等环节，通过科技信息手段来开展日常工作，从而提升公共图书馆管理范围和效率，提高公共图书馆文化建设。提升服务水平，增强用户"黏性"，从而实现公共图书馆管理的完善与发展。

（二）激发馆员管理的主动性

积极改变公共图书馆员传统观念和认识，鼓励公共图书馆员在工作过程中，发挥积极的服务意识，参与公共图书馆的管理，为公共图书馆的发展提出建议。例如，在建立公共图书馆阅览室时，可以发挥馆员的热情和主动性，召集馆员讨论不同的方案，最后为图书馆阅览室的建设选择合适的方案。再例如，在公共图书馆运作过程中，应加强与读者的沟通，并提供丰富的资源。公共图书馆员应加强与读者的交流，了解读者更感兴趣的阅读材料，丰富各种馆藏，增加图书馆馆藏的形式，扩充书本以外的书籍数量。丰富视音频材料，可以为人们提供多种阅读机会，以便不同的群体可以获取各种知识，并真正利用图书馆的服务能力。

（三）注重信息安全管理

当前很多公共图书馆管理层对馆内日常经营存在错误认知，认为公共图书馆以国家财政为支撑，因此，只要保证正常开放和借阅服务，做到"不出错"即可，这种想法是极其片面的。管理层奉行这样的经营理念，体现出公共图书馆的管理缺乏创新意识，难以进行公共图书馆信息安全管理，不能开辟公共图书馆的美好前景。因此，公共图书馆管理层要精准筛选、分析、处理、调整信息数据，保证图书馆安全技术研发力度，确保图书资料管理的保密性，严格审核和把控外来信息侵袭，避免衍生数据和重复数据对公共图书馆图书资料信息资源库造成数据破坏和其他运行问题，从而保证图书信息安全。其次，政府部门和相关单位要建立健全监管制度，在监督公共图书馆自身安全防护措施的同时，要实时管控蓄意窃取、盗用读者隐私和馆内信息行为，一经发现，严肃处置，必要时应该追究其司法责任。

（四）提供多元的信息化服务

信息化是当今时代的发展趋势，在信息化时代，公共图书馆需要改变现有的管理方式，加强信息技术的应用，建立信息服务平台，为用户提供更加及时、全面的服务。例如，人们现在喜欢使用微信，公共图书馆可以增强公共微信平台的功能，可以聘请专家来协助微信服务平台的运营。通过微信服务平台，用户可以访问相应的电子图书资源、信息资源、知识等。在微信服务平台上，公共图书馆管理员可以及时与用户互动，根据用户反馈扩展图书馆的信息资源，解决服务过程中的问题，使其提供更加全面和高质量的服务。

（五）建立完善的规章制度

公共图书馆负责人必须结合单位实际情况，制定适用于公共图书馆管理工作的规章制度，公共图书馆管理人员必须按照制度进行严格的工作，以确保公共图书馆的运作工作逐步制度化和规范化。同时，公共图书馆管理工作的规章制度应当实施明确的补偿和处罚标准，使公共图书馆管理人员具有高度的责任感，并对优秀的管理人员给予一定的奖励，充分调动公共图书馆管理人员的工作热情。

公共图书馆管理制度需要结合信息技术的特点，建立完善的图书馆管理制度，对于相关技术工作进行适当的引导，避免工作人员由于自身原因导致线上数字图书馆资源浪费。首先，管理人员需要根据信息技术以及实际情况制定"线上线下一体化管理方法"，制定出具有较强的实施性的优化意见，改变传统管理制度与优化方式，加大对于信息技术的应用力度，同时结合人民群众的实际需求，形成一套切实的图书档案管理优化方案。

（六）创新管理机制

首先，公共图书馆要尽快调整现有的治理结构，构建以理事会为核心的法人治理结构模式，以此来促进公共图书馆的良好发展，保证服务水平尽快达到新高度。其次，要动员社会力量加入到公共图书馆的建设任务中。地方政府应当发挥出引导和组织作用，鼓励社会专业机构主动参与到图书馆的建设工作中，在此基础之上来落实公共图书馆的委托经营模式，进而将公共图书馆的各项业务进行外包处理，以此来促进公共图书馆各项功能的日益完善，使其不断朝着社会化、专业化以及多元化的方向发展。最后，还要面向社会来征集文化志愿者。现如今，由于很多县级图书馆的管理工作都面临着人力资源匮乏的问题，从而影响了公共图书馆服务水平的提升。为此，地方政府要鼓励县级图书馆面向社会来广泛招收志愿者，同时组织不同主题和不同形式的文化志愿服务，积极探索能够彰显出县级图书馆办馆特色的服务模式。通过此种方式，不仅可以帮助图书馆馆员缓解工作压力，另一方面也能够打造出更具个性化的服务模式，全面增强图书馆的管理水平。

第三节　公共图书馆知识管理

公共图书馆是传递知识的重要渠道之一，不仅仅代表着书籍知识信息的储备，更是传播文化和人才培养的一个重要场所。公共图书馆知识管理的实现是把图书馆的管理实践内容和管理的相关理论知识有机结合，应对现实社会发展所需要的一种新的管理思路，这样的管理方式可以最大限度地得到图书馆内部信息，进而把所得到的信息进行高效的全方位处理，让公共图书馆使用者可以有一个比较方便的知识获取渠道，将图书馆知识更好地传播出去，使公共图书馆能更好地为用户服务。

一、知识管理的概念

伴随着信息时代的来临，知识管理理念也逐渐深入公共图书馆的各个方面。知识管理最早形成于美国，它源于企业界，并于 1996 年被提出。知识管理概念虽然诞生于企业但并不为企业所独有，任何社会组织中均存在知识管理活动，公共图书馆作为信息知识服务中心，其独有的作用特征和知识属性强烈呼唤着知识管理模式的介入。公共图书馆知识管理是指图书馆应用知识管理理论、技术与方法、合理配置和使用知识及其相关资源，充分满足用户不断变化的信息和知识需求，提升现代图书馆的各项职能使其更好地发挥作用的过程。

信息科学领域和知识管理领域相互交叉、作用，共同为企业等组织带来变革。知识管理是在信息管理和技术的基础上发展而来，是信息管理发展的高级阶段，也是信息经济时代的一种新型管理模式。在此过程中，信息通过知识管理技术和信息技术，转化为知识。同时，在知识管理的应用和实践中，知识管理理论重新整合了组织所拥有的显性知识和隐性知识，使之成为可以再利用的、附加值更高的知识资产，这大大提高了组织的知识创新能力和竞争能力。因此，知识管理成为公共图书馆等组织提高核心竞争力的有力武器。

公共图书馆知识管理分狭义的知识管理和广义的知识管理。狭义的知识管理指图书馆以读者和工作人员为主体，把知识信息作为管理对象，以实现知识的创新和知识的价值为目标而对图书馆内部知识进行的管理，包括对知识的加工、生产、组织、获取、交流、存储、应用和传播的管理过程。而广义的知识管理则是指对图书馆内一切与知识的加工、生产、组织、获取、交流、存储、应用和传播等方面活动及规律的管理和研究，既包括对图书馆内知识运营过程的管理，同时也包括对图书馆知识资本的管理和研究，涉及人力资本、结构资本、知识产权资本和市场资本等的全方位管理，也包括知识管理与情报学、图书馆学互动规律的研究。

二、知识管理的作用

（一）得到知识的创新

知识创新指的是通过研究，获得先进的技术。从某种意义来说，图书馆的管理可以看作知识管理，在这个藏有各种知识的百宝箱里，我们对图书馆里每一本书，书中的每一个知识，知识里渗透出来的每一项技能，都要进行重新研究，从而完善了图书馆里的各种知识。

（二）使知识的价值得以提升

在人类的发展过程中，知识的多少代表着人类发展与进步的速度快慢，人们可以用知识来充实自己的精神世界的同时，也能从知识中学到更多技能。所以在图书馆管理时，要让每一个读者在获取知识的过程当中得到升华，进而提高知识的价值。

（三）使人类的发展向前推进一步

在对图书馆进行知识管理的同时，也提升了工作人员的知识素养，并且营造了一种更有利于学习的读书氛围。从而使人类的发展也向前推进一步。

三、知识管理的主体和客体

公共图书馆知识管理的主体指的是所有从事图书馆认知活动和实践活动的图书馆人，依据认知性质和认知规模的不同，将其分为个人主体和组织主体。

（一）个人主体

一般情况下公共图书馆知识管理的主体为组织主体，个人主体也同时发挥重要作用。个人主体为图书馆知识管理带来多样化的角色，个人知识的管理水平也将对图书馆知识发展产生重要的影响，推动知识管理不断发展。

（二）组织主体

组织主体由个人主体组成但不同于个人主体，是以组织利益为目的和出发点，将组织当作一个整体而进行的知识管理活动，是为更好地发展和实现组织目标。学习型组织是组织主体进行知识管理的最有效的形式，即重视人的核心价值，将学习贯彻到整个组织，使得团队与个人和组织的根本变革相结合，全面提升组织的竞争力。公共图书馆知识管理的客体指的是主体实践活动和认识活动的总和，进入主体活动范围同主体产生相互作用或者为主体活动所指向的相关事物均可称为客体，知识管理的客体包括用户、知识、知识工具和知识活动。

（三）用户

用户是指知识的使用者和利用者，知识的使用者可以称为信息用户，知识的利用者可以称为知识的接受者，知识管理的重要目标即是促进知识的转移和知识的扩散，因此用户性质对知识转移有着重要影响，用户的知识需求、知识结构和动机、知识吸收能力、行为模式等方面情况需要掌握。

（四）知识

公共图书馆知识管理活动所指的知识包括图书馆采集、整理、加工的具有创新性的知识，包含各种电子信息、书本知识和数据库等各种形式的知识信息。

（五）知识工具

知识工具指的是开发和利用知识的设备和技术手段等，是知识管理的基础，覆盖知识的传播、应用和创新等各个环节，知识管理的工具包括知识获取工具、知识锁定工具、知识发展工具、知识传递工具、知识利用工具和知识管理技术等。

（六）知识活动

知识活动包括知识的开发、利用和传播等，知识活动是知识管理的主体与客体之间相互利用的知识管理平台。

第三章　新形势下公共图书馆的服务创新

公共图书馆承担着收集、保存、传播知识的重任，然而我国公共图书馆的发展不平衡问题显著、专业化水平普遍较低，服务效能整体不高，尚未充分调动自身资源。基于此，公共图书馆有责任、有义务通过创新发展尽快提升服务效能，为促进我国文化事业发展做出更大贡献。2018年1月1日起施行《公共图书馆法》对加强公共图书馆运行管理、促进公共图书馆发展、保障社会公众文化权益的均等化、标准化等事项做出明确规定，提升图书馆服务效能更显紧迫。截至目前所颁布的相关政策、法律或是对"公共图书馆服务效能提升"提出要求、指导和建议，均为公共图书馆供给服务效能的提升提供了一定的政策依据和保障。

本章主要论述新形势下公共图书馆的服务创新，分别介绍了公共图书馆服务工作的发展历程、公共图书馆服务工作与公共文化传播和公共图书馆服务模式的构建三方面内容。

第一节　公共图书馆服务工作的发展历程

一、公共图书馆服务工作的内涵

（一）思想性

公共图书馆服务工作具有思想性内涵，通过思想引导，更好地发挥公共图书馆馆藏资源的价值，是公共图书馆服务工作的重要内容，不管公共图书馆的馆藏如何丰富，如果没有读者来阅读和欣赏，那也不具有服务价值，因此公共图书馆服务工作的内涵是思想性，通过服务工作进行思想引导，使读者对馆藏资源感兴趣，利用专业知识满足读者的阅读需求，通过各种服务工作，使图书资源的价值得以发挥。

（二）服务性

新时期公共图书馆服务工作的理念是以人为本，为读者服务，在建设文化强国的历史背景下，公共图书馆承担着重要的使命，积极开展阅读推广活动，满足广大人民群众的精神文化需求，从传统的图书管理模式，转变为主动服务模式，在管理好馆内图书的基础上，主动为读者提供服务，对馆内资源进行主动的开发和利用，为读者提供更好的服务，通过馆外借阅、馆内阅读、线上查阅、阅读辅导、咨询服务、图文推荐、编制书目索引等，提升读者的阅读体验。

二、公共图书馆服务工作的发展

（一）少数公共图书馆自发行动阶段

20 世纪 80 年代，作为农村改革开放先行者，安徽小岗村首创的"承包到户"的家庭联产承包责任制在全国得到迅速推广并实施，极大地解放了农村生产力，农民积极性被充分调动起来。基于农民对农业生产科技知识需求的激增，少数基层公共图书馆为农业服务随之产生。河北省昌黎县图书馆和沔阳县（今湖北仙桃）黄荆区图书馆在 20 世纪 80 年代就开展了农业科普服务。潘晓光在 1984 年发表的《县馆为农业服务的几种有效方法》一文中介绍了公共图书馆农业服务实施方法。同年朱玉田在《公社图书馆有"三好"》也谈到了公社图书馆在农业科技推广与普及中的作用。随后，朱玉田在《基层图书馆如何为农民致富服务——沔阳县黄荆区图书馆科普活动调查》总结了通过专业技术培训班、编印技术资料、科技示范户跟踪服务等举措，服务于农业科普。1993 年 9 月 22 日至 28 日，江苏省东台市图书馆开展科技书展、科技期刊街头阅览、科技资料咨询服务等形式的宣传周活动。

（二）公共图书馆行业自觉行为阶段

随着时间的推移，公共图书馆服务由个体图书馆自发行动逐步演进为行业自觉行为。进入 21 世纪，我国图书馆服务工作力度加强，公共图书馆服务内容范围不断拓展。原文化部社会文化图书馆司与中国图书馆学会于 2000 年 4 月联合发布了《关于举办全国"新世纪图书馆科普教育"活动的通知》，对图书馆科普教育活动的内容与方式、参加对象以及组织工作做出了总体规划，且得到了山东、陕西等省图书馆的积极响应。2000 年 5 月，山东省济南市 30 多家图书馆在济南泉城广场举办以"传播科学知识、宣传科学思想、倡导科学方法、弘扬科学精神"

为主题的服务宣传活动。其内容丰富、形式多样的科普活动，吸引了市民驻足参观，形成良好的氛围和社会效益。根据全国及陕西省"知识工程"领导小组开展2000 年图书馆服务宣传周活动的要求，陕西省图书馆围绕服务主题，开展漫画展、知识竞赛、期刊展阅、讲座等服务活动，受到读者和社会各界的好评。江西省图书馆学会和江西省图书馆分别在 2005、2007、2008、2010、2012 年多次开展图书馆服务活动，活动形式多样，有讲座、展览、知识竞赛、故事会、科学成果展、科普咨询服务等。活动内容丰富，主要有低碳环保、资源节约、健康生活、少儿科普等。

（三）跨界战略合作发展阶段

公共图书馆服务逐步从行业自觉行动走向跨界战略合作。2013 年 2 月，黑龙江省图书馆与黑龙江省科学技术协会签署《提高全民科学素养战略合作协议》。同年 7 月，黑龙江省科学技术协会与黑龙江省文化厅共同颁布《关于推动实施基层科协与图书馆战略合作的意见》，同时发布《〈提高全民科学素养战略合作协议〉实施方案》。2020 年 7 月，中国图书馆学会饶权理事长应邀，带队到中国科技馆走访调研，双方一致同意将签署战略合作协议，并且计划联合主办中国流动科技馆《跨界流动·助力基层》巡展项目。2020 年先后在甘肃敦煌、浙江德清和江西樟树三地开展了试点工作。活动采用中国流动科技馆线下巡展、线上资源共享、专题讲座和科普读物推介等形式，吸引基层群众走进图书馆，参观展览，参与活动。2021 年 3 月 11 日，中国图书馆学会、国家图书馆与中国科技馆在国家图书馆签署战略合作框架协议，正式建立战略合作伙伴关系。

三、公共图书馆服务工作的作用

（一）搭建平台的作用

公共图书馆服务工作起着搭建平台的作用，一方面对馆藏资源进行丰富，依据读者需要扩充文献典籍，对图书资料进行分门归类的管理，使图书资料可以满足读者的阅读需求，另一方面要对馆藏资源进行推广，充分发挥馆藏资源的价值，把读者进行分类，依据读者的阅读需求和阅读习惯，对读者进行针对性推送，使藏书的价值得以发挥，因此公共图书馆服务工作起着搭建平台的作用，为书找人，为人找书，使读者与藏书得以充分联结，把图书转化成读者的知识和智慧，把读者需求转化成图书馆的发展动力和源泉。

（二）促进服务水平提高

公共图书馆服务工作可以促进公共图书馆工作的完善，提升图书馆的业务水平，图书馆工作人员要树立以身作则的工作意识，注重自身综合素养的提升，通过言传身教，发挥公共图书馆的育人作用，要热爱阅读与学习，不断地提升自身的文化素养与业务水平，通过勤奋学习、不断进取，使自身具备更高的素质水平，以便更好地为读者提供服务，承担自身职责的历史使命，熟练掌握情报学、图书馆学等专业知识，提高自身的专业水平。要刻苦钻研，在公共图书馆的管理和服务上不断创新，对业务技能精益求精，充分利用各种先进的技术与手段，提升图书馆的管理和服务水平，加快图书资源的信息化进程，提供多元化的阅读服务，不仅要满足读者的线下阅读服务，还要满足读者的线上阅读服务，利用网络共享的优势，对图书馆的内容进行丰富，加强网络软硬件设施，突破地域限制，突破单个图书馆的限制，不断开发和拓展服务对象，更好地发挥图书馆的公共服务作用。

（三）承担教育重任

公共图书馆在社会主义发展的新时期，承担着教育的重任，公共图书馆服务工作可以履行公共图书馆的教育职责，图书管理员与教育工作者一样，必须不断地接受教育，不断地提升自己，用自身的文化素养来熏陶读者，用自身的实践经验来引导读者，用自身的品德品质滋养读者的心灵，图书管理员同时还要用自身专业的知识，为读者提供读书指引和阅读服务，工作态度要认真负责、热情主动，业务能力得心应手、精明强干，积极对工作进行创新，通过多种形式的图书推广活动，吸引更多的读者展开阅读活动，参与图书馆的教育活动，从而发挥图书馆服务的教育作用。

（四）知识引领作用

信息技术在各个行业领域的广泛运用，促进了社会的变革，人类步入了知识经济时代，公共图书馆内的各种情报信息、文献资料、电子书籍等，对读者起着知识引领的作用，图书管理员需要转变思想意识，认识到图书馆服务工作的内涵与重要意义，从自身对知识经济时代的适应，引领读者适应时代的发展趋势，图书管理员要具备快速的反应能力，敏锐的眼光与渊博的学识，可以对书籍知识的发展趋势、读者的借阅需求做出精准的判断，发挥图书馆服务工作的知识引领作用。

公共图书馆服务工作影响着公共图书馆的工作质量与发展前景，图书管理员要正确认识图书馆服务工作，意识到自身承担的重要社会责任，不断地丰富自身的知识，提高自身的业务能力，坚持以人为本，服务至上的工作理念，积极热情地为读者提供多元化、专业化的服务，更好地发挥公共图书馆的作用，促进公共图书馆的发展，提升读者的精神文化水平。

第二节　公共图书馆服务工作与公共文化传播

公共图书馆是我国文化建设的重要阵地和窗口，通过公共图书馆的服务职能的不断拓展和完善，在先进文明的传播以及促进全民素质的提高等方面取得了卓越的成绩。近年来，我国公共图书馆接待读者的人次越来越多，与此同时，还有通过网络访问的读者数量也呈现几何式的增长。这一情景的出现除了图书馆软硬件的改善，最重要的还是我国社会的不断进步与发展，人们对于知识的需求也随着增加。图书馆的读者人数的增长在很大程度上都是由于时代的发展，只有顺应时代的发展，公共图书馆才可以发挥其自身的重要职能和社会作用。处于数字化、网络化迅速发展的时代背景之下，公共图书馆要学会适应变化，不断地提高服务质量，发挥其服务职能在传播先进文化中的重要作用。

一、公共文化服务内涵

陈威在《公共文化服务体系体系研究》一书中指出，公共文化服务指的是由公共部门或准公共部门提供或生产的并用以满足社会大众基本文化需求，它的宗旨是提高民众的文化素养和文化生活水准，即给民众提供基本的精神文化享受，也是维持社会生存和发展亟须的文化环境的公共产品和服务行为的总称。《中华人民共和国公共文化服务保障法》规定，公共文化服务是指"由政府主导、社会力量参与，用以满足公民基本文化需求为主要目的而提供的公共文化设施、文化产品、文化活动以及其他相关服务。"公共文化服务，简单地说便是公共或准公共部门为了满足群众的公共文化需求而生产或提供的各种文化产品及服务的总称。

二、公共文化传播中的传播者和受众

（一）公共图书馆在公共文化传播中的传播者

所谓公共图书馆在公共文化传播中的传播者，就是那些可以使得公共图书馆能够在传播公共文化信息中顺利参与的执行者们。他们的任务就是进行公共文化的传播，但是值得注意的是，他们传播学的专业素养的好坏在一定程度上会对传播的效率和效果产生影响。因此，专家学者们一直强调要注重对先进文化受众进行使用信息能力的培养。可是，由于传播媒介在不断的发展和更迭，这会对传播者的传播能力的培养更为注重，也会促使公共图书馆传播公共文化的效果得到提高。众所周知，公共图书馆的文化信息服务一直以来都处于被动状态，也就是说，读者是主动选择是否去图书馆查阅资料，获取想要获得的文化信息，图书馆是被动的被选择的一方，这样就会导致图书馆的工作人员对传播学的相关知识较为匮乏，由此可见，需要加强对这些管理人员进行传播学知识的普及与教育，使得他们能够掌握并熟练运用，从而在公共图书馆传播公共文化的过程中不断地强化与完善这一公共文化传播的职能。

（二）公共图书馆在公共文化传播中的受众

公共图书馆在公共文化的传播过程中的主要受众就是社会成员。但是这些受众由于都是独立的个体，受经济、文化、地理等各个方面的影响具有特殊性和差异性，因此，这些受众的人口结构并不稳定，文化素质也有高有低，他们对于公共文化信息的接收能力和理解能力也是参差不齐的。于是在公共图书馆进行公共文化传播，要积极分析受众所接受的文化程度、职业、地域等方面因素，分析这些受众的信息接收能力和消化能力，并要加强维护不同受众的获取公共文化信息的同等权利，再结合这些受众自身的独特性，最大程度为其提供兼具针对性和独特性的公共文化传播。

三、公共图书馆在传播公共文化中的新拓展

（一）提供社会需求驱动

随着近些年我国社会经济的迅速进步与发展，人们不再仅仅追求物质上的满足，对于精神文化的需求也在不断增加。经济社会的快速发展，却难以满足人们的精神食粮，正如十九大中关于我国基本矛盾的阐述，我国社会主要矛盾已经变为人民日益增长的美好生活需要和不平衡不充分的发展之间的矛盾。在国际上我国的综合国力也在不断提高，但是文化软实力仍然是我国在国际上增强话语权的短板之一。要想提高我国的文化软实力，那么公共教育就应该落实到人们生活中的方方面面，从而将精神文化食粮在人们日常生活中得到充分的补充，公共图书

馆便是解决这一问题的好途径。

（二）提供信息技术支持

随着世界信息技术的飞速发展，公共图书馆所面临的机遇也在增加。首先，利用信息技术，能够帮助公共图书馆有效降低传播公共文化的各项成本与费用。通过网络的使用，人们不用亲自去图书馆，就能获得大量的、丰富的、最新的文化信息，并且可以足不出户就能够享受到各种文化服务。而随着信息技术的不断发展，公共图书馆所能为人们提供的服务以及服务的人群都相较于传统的图书馆有着十分巨大的进步，可以预见到在 5G 时代当中，人们可以利用 VR 设备在虚拟空间中阅读书籍，也可以利用人和设备之间的交互，在网络空间中对书籍进行批注，如果有人想要阅读纸质书籍，那么也可以通过数字化服务进行借书和还书，因此在信息时代公共图书馆能够利用现代技术为读者提供更多便利的服务，此外，由于互联网信息沟通的便利性，人们在网上也可以接触得到更多公共图书馆的信息资源，因此在受众人群这一块，公共图书馆相较于传统图书馆也有着十分巨大的提升，人们不需要再亲自到图书馆中进行阅读，可以在家里、在公司随时随地的阅读书籍。此外，对于公共图书馆自身而言，信息化、数字化的服务也更方便图书馆对自身的信息资源进行管理和整合，从而不断地推出更好的服务。

（三）提供分众服务

公共图书馆是社会上重要的组织机构，同时它也是文化信息服务中的信息传播媒介。公共图书馆的受众具有多样化的特点，可以通过综合考虑当地社会的实际情况对先进文化信息的受众进行细分。例如，从人口结构的角度出发，受众就可以分为幼儿、青少年、青年人、中年人和老年人等。从民族的角度出发，我们也可以根据民族、信仰等方面来划分观众。因此，公共图书馆作为公共文化的传播者应充分分析受众需求、知识水平、教育背景等因素，选择更为科学的传播模式。此外，通过对受众的细分，公共图书馆能够更加有计划性地加入到公共文化的传播当中，为信息资源的有效整合奠定坚实良好的基础，建立便捷利民的公共文化信息传播平台。

公共图书馆的服务职能在参与公共文化传播时，能够有效地维护社会信息、知识、文化传播的公平，促进我国文化的传播和发展，推动国民整体素质的提高，对构建社会主义和谐社会有着至关重要的积极作用。

第三节 公共图书馆服务模式的构建

随着我国公共图书馆服务供给体系的不断完善和发展，政府在公共图书馆优化创新领域内的公共服务供给模式和整体能力亟待加强。根据新公共服务理论，政府作为公共图书馆发展的领导主体应当强调公共图书馆所承担的公共文化服务供给职能。在公共图书馆建设发展过程中，应当以人为本，构建起基于为公民服务的公共图书馆发展理念，并在建设过程中强调服务型政府职能的转变，创新公共图书馆服务模式与管理方法。

一、公共图书馆服务模式的特点

（一）用户至上的服务观

公共图书馆服务活动源于用户的需求，同时，公共图书馆服务的能力、质量和效果究竟如何，最有发言权的是用户，最重要的衡量指标就是用户的满意度。因此，公共图书馆构建服务模式要考虑的一个最基本也是最重要的因素，就是服务的整个过程必须充分体现用户至上的服务观，始终要把用户的满意度作为衡量模式优劣最重要的指标。具体来说，就是公共图书馆在服务模式构建过程中，要建立友好的用户界面，要让用户能够很方便地表达自己的知识需求，同时也要让用户很容易地了解和掌握服务的进展和结果，要强化用户和图书馆服务团队之间的过程交流和沟通环节设计，建立友好的用户与服务团队的互动和沟通机制及平台，要建立快速的反馈机制，让用户及时表达对知识服务过程和结果的意见及建议，同时服务团队也可以随时了解用户的满意度。公共图书馆也要求建立一套科学合理的服务用户满意度评价指标体系，定期对图书馆服务进行评价和总结，发现不足，及时加以整改。

（二）利用大数据等现代信息技术

公共图书馆服务模式构建的整个过程中，从用户需求提出，到服务团队的需求识别、知识收集、知识挖掘分析、知识存储、知识筛选和提供等环节，都必须要充分利用现代先进的互联网、大数据、数据挖掘、云计算、物联网、移动互联等信息技术，建立集成化的共享知识服务平台，优化整个服务过程，实现图书馆知识服务的网络化、自动化、个性化、数字化和智能化，为社会服务、文化传承以及企事业单位的创新发展，尤其是战略决策和创新提供全方位的智慧服务。

（三）突显个性化和智能化服务

数据、人工智能和移动互联技术在服务中的广泛应用，显著改变了公共图书馆提供服务的方式和方法。个性化服务和智能化服务成为公共图书馆服务的主流方式。因此，公共图书馆服务模式，在服务方式上，以网络化、自动化自主服务为主；在服务内容上，由满足一般例行的用户知识需求，转变为最大限度地满足用户随机知识需求；基于服务平台的数字化、智能化知识服务，定制式、定题式等个性化知识推荐服务成为服务的主要方式。

（四）建立集成化的服务系统

公共图书馆服务模式必须要体现时代性，其中一个重要标志就是要依托先进的、网络化、集成化服务系统开展服务活动。因此，建设和上线集成化的服务系统是公共图书馆开展服务、提高服务质量的重要保证。当下，公共图书馆要加大资金投入，高度重视集成化知识服务系统建设工作。互联网、大数据、云计算、人工智能、物联网和移动互联等现代信息技术的快速发展，为集成化、智能化的知识服务系统建设提供了强有力的技术保障。集成化的知识服务系统主要由知识服务策略及模型、知识共享与分发、知识重组与创新、知识比较与筛选等功能模块组成，具有知识创造、存储、整合和创新等功能。公共图书馆集成化服务系统，充分利用了大数据、人工智能、移动互联等现代先进的信息技术，具有复杂的功能结构，各大子系统相互配合、相互协同工作，最大限度地满足用户的知识需求。

（五）充分利用线上线下资源

公共图书馆服务模式是否科学合理的一个重要的影响因素就是图书馆拥有的知识资源的数量和质量，知识资源库是公共图书馆开展服务活动的源泉，因此，建立高质量的知识资源库，是公共图书馆构建服务模式最重要的内容和组成部分，也是提高现代信息技术、快速发展新时代公共图书馆服务能力最重要的路径之一。当前，公共图书馆的知识资源主要由线上和线下两部分组成。具体来说，线上知识资源主要包括各类数字资源，如国内外的各类文献数据库，国家、区域、行业和系统的联盟知识资源库，国际联机系统知识资源库等；线下知识资源主要包括图书馆传统的文献信息资源等。

（六）高度重视信息安全工作

信息安全、网络信息安全已经上升到国家战略高度，因此，公共图书馆服务模式构建中必须高度重视信息安全、网络信息安全问题，包括内容安全、服务系统和服务平台安全、服务人员安全、用户安全等。公共图书馆服务的开展，必须要严格遵守国家的法律法规，如《中华人民共和国网络安全法》《中华人民共和国反不正当竞争法》《中华人民共和国著作权法》等，建立符合要求的信息安全等级保护制度，应用先进的网络安全技术和设备，建立健全服务相关规章制度，规范服务流程，加强教育和引导，提高服务团队成员的信息安全意识和素质，注重知识保护，确保信息安全。

二、公共图书馆服务模式的构建

（一）结构模式

公共图书馆读者服务模式需要进行结构优化调整。公共图书馆是体现城市设计与空间建筑艺术的场所，城市图书馆应当是城市新的心脏与灵魂所在地，结构上的优化不仅可以保证图书馆满足读者需求，同样可以体现城市的建筑艺术风格，从而吸引更多的读者。公共图书馆在进行结构建造时应该保证建筑结构的科学合理，通过结构的优化调整更好地满足读者的需要。公共图书馆要想更好的服务读者，首先需要保证图书馆的范围以及面积，公共图书馆的面积应当尽可能扩大，增加公共图书馆的面积有利于储存更多书籍，并且扩充更多的功能分区，阅览室面积的扩充能够满足读者的阅览需求以及图书馆藏需求，而功能区的扩充则可以满足读者在阅读时的各项要求。

现代化公共图书馆是阅读场所与城市储存文化历史的重要需求，读者在阅读文字的同时，还可以享受城市独特风光，公共图书馆应该注重城市特色设计，在图书馆景观设计、结构设计等方面增加更多本地元素。在进行结构建造时，应该注重公共图书馆的设计，这里的设计不只是进行功能区域和结构划分，还应当充分重视图书馆的整体形态结构，在进行装修设计时，更多的增加公共图书馆的采光，合理排布图书馆内的装饰品、绿化植物以及标志建筑等，通过结构优化处理，营造良好的公共阅读空间和环境，创造高品质的读者服务体验。

（二）图书分类

公共图书馆图书分类的优化处理能够更好满足读者需求，提升读者服务质量。图书分类是满足读者阅读需求的重要保障，在这一过程中需要注意细节管控。图书分类应该注意科学性、专业性与精细化，公共图书馆图书分类时常规分类会根据图书属的年代、专业、作者国籍等进行分类。对图书分类设计，应该重视对传统图书分类进行改良和创新，在现有的图书分类基础上，根据作者、书名等一二级检索要求进行图书分类细分，不断进行细化。传统的分类模式可以满足部分读者寻找图书的习惯，而为了更好地对图书进行精细化分类并使之满足读者阅读需求，进行分类前应当设计调查问卷，了解读者对于图书分类的感受和看法。公共图书馆应当通过网上调查问卷的方式了解读者的看法，根据读者反馈，积极开创新形式的图书分类，设置畅销书区、原创区、文学点评区，并注意将经济学、管理学、法学、心理学之类借阅率较高的书籍在更加便捷的位置设计分区，以便读者进入图书馆后能够第一时间找到自己感兴趣的书目，避免读者在寻找目的书籍的过程中消耗大量时间，更好满足读者阅读需求。

公共图书馆以图书为中心，设置了一套完整的图书分类管理系统。公共图书馆事业的发展充分证明：现行的图书分类管理系统的确具有较强的实用性，的确有利于大量图书的分类、归类、上架、查询、管理。但现行的图书分类管理系统以图书为中心，而不是以读者多方面、多层次的具体需求为中心；读者又没有系统学习过《中国图书馆分类法》，因而读者无法在短时间熟悉图书分类管理系统，更谈不上娴熟地运用这套图书分类管理系统。公共图书馆必须适应多元化信息时代的发展，才能取得新的发展。在多元化信息时代，图书分类管理系统的中心将发生重大转变，从以图书为中心转向以读者为中心。

（三）分区模式

公共图书馆功能分区模式是保证读者服务质量的关键。公共图书馆的功能区域应当尽可能精细化，同样重视读者的需求，设计包括书友交流区、自习区、阅览区、期刊杂志区、文化艺术区等常规的功能区域，另外还需要考虑到为读者提供便捷服务的特性，细化图书馆的停车区域、公共交通等候区等。考虑到城市图书馆的读者的需求，增加图书馆内便民功能区域，比如设计图书馆自营店铺，增加图书馆内自动售卖机数量，增设公共饮水区等。公共图书馆是读者的阅读场所，读者是图书馆的主要服务对象，在进行功能区域划分时，应当充分考虑到功能区域与读者服务的适应性，在进行功能区域增加之前应当进行必要的调研活动，通过实际观察调研，了解图书馆内读者对于阅读室、自习室、交流区或者会议室的使用情况，根据使用频率以及分布人数进行功能区域范围的划分。注意通过读者问卷调查的方式认真的了解读者本身对于公共图书馆各功能的需求，不断根据读者反馈和读者需求进行功能区域的划分，功能区域划分完成后同样需要注意引导，通过标识图、引导线等方式在读者入馆后，根据读者的需求和目的进行科学分流，让读者能够体验更好的图书馆服务。

（四）服务精细化模式

公共图书馆服务读者精细化模式中，必须要重视对于具体读者服务性内容的优化与改良。图书馆的开放时间、自助借阅系统以及图书馆维护等方面的精细化模式改进能够提升图书馆的服务能力，在提供上述服务的过程中需要注重服务的人性化设计，更好满足读者的需求。公共图书馆应当在图书馆外部以及官网或者官方微信平台等场景标注图书馆的开放时间、自助借阅系统、自助还书等相关内容，让读者能够更加便捷地了解图书馆的实际情况，在恰当时间前往图书馆。公共图书馆提供服务时可以设计24h开放式城市书房，通过自助刷卡、人脸识别技术等自动识别技术进入，满足不同类型读者获取知识和自由阅读的需求。在满足读者需求的过程中，应当充分考虑无障碍阅读的相关内容，不断扩充阅读服务形式的多样性，比如扫描二维码打开听书模式进行无障碍阅读，引入人工智能为读者提供一对一人工智能引导服务，帮助读者选定自习室、预约会议室等。图书馆服务管理维护中也可以积极组建志愿团体，帮助图书馆完成运营维护、清洁工作等，创造更加舒适的读者服务条件。

三、公共图书馆服务模式构建措施

（一）创新服务方式

国内许多公共图书馆都存在服务方式落后，借还图书不方便，效率低的问题。可从下列几个方面出发来进行改善。第一，考虑到当前人们生活节奏比较快，以及对阅读品质的追求这一特点而加大力度构建便捷化的公共图书馆服务网络。各公共图书馆应尽快实现网络共享，如以社会保障卡作为借书证，图书馆和社保中心共享相关数据信息，如此一来，市民只需要一张卡就能够在市内各不同的公共图书馆进行借书或是还书，为人们利用图书馆提供便利，促进公共图书馆社会影响力的不断提升。

第二，开通自助借还服务，同时可采用总分馆制，使得城区总馆和乡镇分馆之间能够实现通借通还。充分利用现代化的信息技术与发达的网络服务，图书馆可增设自助办证机和自助借还机，让读者可通过自助机来完成借阅和还书流程，也可以通过支付宝或者微信扫码的方式来借还图书，让读者能够最大限度地获得便捷的图书借阅服务。

第三，公共图书馆还可扩大服务半径，以主动服务来代替传统的"被动服务"，如可通过配备"流动图书馆"的方式来为广大市民提供在家门口的读书服务，这能够极大地吸引读者进行图书借阅服务。

第四，不仅要考虑普通受众需求，对于特殊阅读群体的需求也需要进行深入考虑，以人为本，体现人文关怀。为此，公共图书馆应当努力提供优质、便利的图书服务给老年人、贫困家庭、外来务工者等弱势群体，为其提供借阅优惠，针对特殊群体来组织针对性的书法绘画等公益培训活动，并在场馆内配备专用视障通道等设施，体现人文关怀，提高图书馆的社会影响力。

（二）提高服务意识与服务水平

促进民众阅读兴趣的提升，鼓励民众的阅读行为，使民众的阅读水平得以不断提升，推进全民阅读，这是公共图书馆的核心业务之一，而这就需要通过阅读推广活动来实现，还要求图书馆不断提升其服务意识与服务水平。首先，图书馆可结合读者需求来举办丰富多样的读者活动，把读者利用公共图书馆的热情给有效激发出来。如在每年 4 月 23 日的世界读书日及其他宣传活动当中举办读书征文活动、摄影活动等，定期开展各种公益展览、公益讲座与各种培训活动，通过大众之间的口碑宣传来提高图书馆的知名度和社会影响力。

其次，定期通报馆藏新书。受多元文化的冲击，当前人们所处的时代充斥着各种各样的文化、知识与信息，信息爆炸背景下，许多人都面临着选择困难。为此，公共图书馆可组织开展新书通报活动，通过图书馆网站和微信公众号、微博等途径来发布馆藏新书的信息，为读者借阅图书提供便利，开展引导阅读服务。同时，图书馆还可组织编制阅读目录，针对未成年人及其他群体定期推出适合阅读的好书籍等。在这个过程当中，为促进图书馆服务水平的不断提升，工作人员还应当及时收集读者所反馈回来的信息，对群众的文化需求进行深入了解与分析，尽可能满足其合理需求，提高图书馆的社会影响力。

（三）努力提升读者的阅读体验

针对当前公共图书馆所提供的信息内容多为专业科普或是心灵鸡汤，很难提起受众兴趣的问题，公共图书馆可通过下列方法进行改进。首先，凸显平民化个性内容。公共图书馆可利用大数据技术来分析读者信息，对其阅读内容、阅读时间和反馈的信息来制定智能化传播方案，推送与读者兴趣爱好相符的内容，让读者能够对图书馆所提供的信息内容产生兴趣，这样才会增加其到图书馆的借阅行为，继而提高图书馆的社会影响力。其次，传统图书馆所提供的大多为专业性和理论性都比较强的信息内容，要求读者具备一定的知识文化水平，这和新媒体环境下的娱乐性是存在一定矛盾的。为此，公共图书馆需要全方位提升所提供信息内容的趣味性、显著性和重要性，这样才能够成功吸引广大读者的注意力。最后，泛文化时代下，公共图书馆不但要能够提供和智能终端相匹配的阅读模式，还要考虑到读者的碎片式阅读方式，进行科学合理的引导，提高读者的阅读体验。这就要求公共图书馆要能够结合读者兴趣点来对信息内容进行传播，组织开展话题讨论等活动，引导读者积极参与到活动当中来，实现个人传播效能的最大化

第四章　公共图书馆社区服务探索

公共图书馆是社区教育的重要阵地，在改革开放的今天，公共图书馆事业的发展应主动融入社区发展的体系之中，目前，为了适应社会主义市场经济的发展，我国的城市管理体制已有重大改革，已将用了几十年的"居委会"改为现在的"社区"。公共图书馆进入社区是社会性进步和居民文化信息需求的产物，特别是知识经济时代，社区承担着大量的社会管理和社会服务工作，发挥着一个区域政府的功能，因此，公共图书馆在社区开展服务，是新的时期文化建设的新亮点，是社会主义精神文明建设的需要，它关系着千家万户，关系着一个城市的文明程度，关系着国家的稳定和社会的发展。

本章主要论述公共图书馆社区服务探索，分别介绍了公共图书馆社区服务现状、公共图书馆社区服务类型和公共图书馆社区服务机制三方面内容。

第一节　公共图书馆社区服务现状

一、公共图书馆与社区服务

（一）社区的定义和分类

"社区"一词，最初是由德国社会思想家滕尼斯于1887年在其成名作Gemeins chaftund Gesell schaft中提出来的。他认为，"Gemeinschaft"是那些具有某种文化共性的同质人口所组成的亲密的社会利益共同体。1957年，芝加哥大学在重版滕尼斯的这部著作时，将其翻译为Community and Society。1933年，燕京大学社会学系学生费孝通等人认为将"community"翻译为"地方社会"并不恰当，首次引入"社区"一词，并将"社区"解释为"人们在地缘基础上结成的互助合作的群体"。

在滕尼斯提出社区这一概念以后，社区日益成为社会学的一个重要概念。在社会学意义上，社区包括公社、团体、社会、公众以及共同体、共同性等多种复杂而丰富的含义。根据美籍华裔社会学家杨庆坤的统计，社区的定义多达140余种。虽然学界对社区的定义没有达成一致意见，但均认同社区应具备五大要素：一是地域要素，即社区要有一定的边界，在地理空间上要有"共地性"；二是人口要素，即社区人口的数量、构成、分布和流动；三是生态要素，即社区都具备一定的地理和资源条件；四是结构要素，即社区的组织结构和制度；五是心理要素，即社区居民的归属感。对社区类型的划分，一度是学者们研究的重点。学者们不同的视角和不同的研究重点，导致社区分类标准呈现出多元化状态。例如，滕尼斯将社区分为地区社区、精神社区、血缘社区三种类型；美国社会学家麦肯齐根据社区的区位体系，将社区分为基本服务社区、商业社区、工业城镇、其他社区四类。根据文化属性，划分为华人社区、客家社区、穆斯林社区等；根据行政区划，又可划分为城市社区、乡镇社区、村屯社区等类型。随着城市化进程的加快以及互联网的普及，大量农村人口涌入城市，有学者又将社区划分为城市社区、农村社区、中介社区和虚拟社区四种类型，其中中介社区是指城市化进程中出现的介于城市社区和农村社区之间的"都市里的村庄"，虚拟社区则指网络上的虚拟社群，如天涯社区。了解社区类型，把握不同社区的特点，对于图书馆社区服务研究具有重要的理论意义和现实意义。

（二）公共图书馆社区服务

社区服务最早起源于18世纪中期的英国，是资本主义国家早期社会福利的一种形式。公共图书馆社区服务，是指公共图书馆利用自身的资源，主动为社区居民提供的情报信息、休闲娱乐、专业指导、参考咨询等服务。最早的图书馆社区服务可以追溯到19世纪英国的城市街区服务，之后，欧洲一些国家也相继出现社区服务。20世纪60年代，美国底特律公共图书馆配合政府开展社区服务工作，组建了专门的公共图书馆社区服务机构。随后，美国其他城市乃至世界各国纷纷效仿，图书馆社区服务工作逐渐兴起。1997年，IFLA成立了由多个国家的图书馆或图书馆协会组成的社会责任讨论小组（SRDG），关注信息鸿沟、图书馆资源的平等利用以及乡村图书馆的发展问题。

（三）公共图书馆社区服务的特点

1. 社区服务需求的多样性

这一特性在城市社区中尤为明显，社区居民往往由来自不同行业、不同层次的多种人群组成，如工人、教师、学生、商人、艺术家、公务员、进城务工人员等，他们有着不同的兴趣、爱好和审美观，从事着不同的职业，年龄也各不相同，因而也就有着不同的精神文化需求。公共图书馆社区服务就是要满足社区居民日常生活、终身学习、求职就业、娱乐休闲、健康养生、专业指导等多方面的、不同层次的需求。

2. 社区服务内容的地域性

地域性是社区文化最显著、最基本的特征，是社区文化长期发展和沉淀的结果，每一个居民都生活在一个被大多数居民所认可的具有地域特征的文化环境中。图书馆要为社区居民提供文化服务，必须考虑其文化的基本特征，并在服务内容上加以体现，同时鼓励居民积极参与，使其更贴合居民的实际需求。

3. 服务重点更关注弱势群体的需求

空巢老人、留守儿童、残疾人、优抚对象、特困户等弱势群体历来是我国社区服务的重点对象。2016 年 10 月，在民政部等 16 部委联合下发的《城乡社区服务体系建设规划（2016－2020 年）》中，将切实保障老年人、未成年人、残疾人、优抚对象、困难群体等的服务需求。公共图书馆社区服务当然也不例外，将弱势群体作为重点服务对象。

以山东省图书馆社区服务为例，在特殊群体延伸服务方面，于 2014 年正式设立光明之家，作为山东省图书馆关注社会弱势群体读者的一项重要举措，它是专为老、弱、病、残读者、外来务工人员设置的公益性阅览室，配备电脑、智能听书机、盲人手机及盲人音响等设备，联合各级地方残疾人服务机构和公共图书馆开展丰富多样的培训和服务活动，受到社会各界及弱势群体读者的热烈欢迎。少儿部针对盲聋哑儿童开展阅读点亮心灯——弱视弱听群体阅读提升项目，为其提供阅读指导服务；针对自闭症儿童开展"会说话的绘本"帮扶自闭症儿童康复项目，以故事的形式，引导儿童养成良好习惯，让他们了解基本的认知常识，并锻炼其语言能力，截至目前已举办活动 199 期，被授予关爱特殊儿童"爱心单位"荣誉称号

4. 社区服务的便捷性和普惠性

公共图书馆社区服务网点是提供公共文化服务的基础平台，使公共文化服务能够延伸到城乡社区的重要机构，其便捷性与普惠性直接决定了图书馆社区服务的效能。图书馆社区服务要想扎根社区，需统筹考虑人口规模、需求结构和服务半径等因素，在地点上方便群众就近使用。

5. 社区服务方式的主动性

公共图书馆社区服务不是坐等读者上门，而是通过组织各种形式的文化活动和宣传活动，不断增进居民对图书馆服务的了解、促进居民参与和互动，使群众逐渐认可、重视和信赖图书馆。社区居民的多元化、多层次特点决定了并不是每个人都了解或知晓图书馆，要想达到真正的普惠平等，"主动出击"的服务方式是图书馆社区服务必不可少的手段之一。

6. 社区服务主体的多元化

在坚持政府主导的基础上，我国政府历来鼓励社会力量参与公共服务体系建设。

二、国外公共图书馆社区服务现状

（一）美国公共图书馆社区服务

20 世纪 20 年代，美国城市化进程开始进入郊区化发展阶段，到第二次世界大战结束之后，郊区化发展进入高峰时期，大量人口迁往公共设施相对缺乏的城市郊区，形成了以居住为主的新兴社区。为完善新兴社区的公共服务设施，美国各级政府对包括社区图书馆在内的社区公共建筑进行了大量投资。20 世纪 60 年代，美国的图书馆体系开始以分馆形式不断延伸，社区图书馆也迅速增加，到 70 年代，社区图书馆在美国得到了普及。2010 年，《图书馆技术与服务法》在修订版中，提出"让图书馆有能力在灾难期间为其所在的社区提供服务"和"持续促进各种类型图书馆的提高以更好地服务美国人民"。

1. 馆藏

（1）馆藏数量

根据 IMLS《公共图书馆 2016 财年报告》可知美国社区图书馆纸质馆藏充足。IMLS《公共图书馆 2016 财年报告》统计了不同纸质馆藏规模的图书馆占比情况，以服务人口少于 1000 人的图书馆为例，这一类图书馆共有 947 个，其中馆藏图书少于 5000 册的图书馆占 16%，5000 至 9999 册的图书馆数量最多，占比45.7%，10000 至 24999 册的图书馆数量占 36.9%，25000 至 49999 册的图书馆数量占 1.3%，50000 至 99999 册的图书馆数量占 0.1%。也就是说这些图书馆中绝大部分的图书馆纸质图书藏量在 5000 至 24999 册之间。同样，其他载体的馆藏数量，依然以服务人口少于 1000A 的图书馆为例，音频资料每千人拥有量为 371件，视频资料每千人拥有量为 1314 件，而电子图书的平均馆藏量则为 27985 册。

（2）馆藏内容

美国社区图书馆的馆藏文献内容丰富，满足了不同年龄、不同文化、不同语言人们的学习、工作、休闲和娱乐需求。少儿文献是社区图书馆馆藏的重要组成部分，其藏书一般分为婴儿、幼儿及学龄前儿童、早期读者的分级读物以及能够自主阅读的儿童小说或非小说类读物。成年人读物主要围绕社区居民生活需要提供各类藏书，如励志、经营、教育、食谱、园艺、汽车修理、法律、保健、医疗、文学以及其他实用型和畅销型图书。大多数社区图书馆还开辟有为移民服务的非英语馆藏区域。由于社区图书馆主要为本区域居民提供服务，因此，一些图书馆还收藏了所在社区历史文化的相关文献。

2. 服务

（1）开放时间

根据 IMLS《公共图书馆 2016 财年报告》，近一半的美国公共图书馆每周平均开放时间在 30 至 50 小时之间，18.3% 的公共图书馆每周平均开放时间在 50 至 60 小时之间，另外近 10% 的公共图书馆每周平均开放时间在 60 小时以上。

（2）服务内容

美国图书馆利用率较高，据美国图书馆协会（ALA）统计，约 2/3 的美国人拥有图书馆证。从 1988 年起，每年 9 月被定为图书馆证注册月，ALA 和全国各地的图书馆一起举办活动，鼓励人们办理图书馆证，享受图书馆服务。作为促进社区稳定和谐发展的重要机构，美国的公共图书馆通过提供免费接入宽带、公共访问技术、数字内容、数字扫盲学习机会以及帮助建立数字包容性社区的一系列措施来缩小由于地理位置、经济发展等带来的差异。ALA《2015 年美国图书馆状况调查报告》显示，几乎所有的（97.5%）公共图书馆都提供免费无线上网服务，几乎所有的（98.0%）公共图书馆都提供技术培训，几乎所有的公共图书馆都提供教育和学习课程（99.5%）以及暑期阅读课程（98.4%）；近 80.0% 的图书馆提供帮助求职者面试技巧和简历开发的项目；75.0% 的图书馆提供社区、公民参与或电子政务项目；几乎所有的图书馆都提供帮助用户完成在线政府表格的填具服务。社区图书馆往往将服务按读者年龄进行分类，即儿童服务（0 至 12 岁）、青少年服务（12 至 18 岁）以及成年人服务。

（二）英国公共图书馆社区服务

英国是最早出现图书馆社区服务并积极探索图书馆融入社区发展道路的国家。1850 年，英国通过了世界上第一部《公共图书馆法》，该法规定由地方政府出资，在人口数量达到一万以上的城市建立公共图书馆。1855 年，英国对该部法律进行了调整，公共图书馆的建立范围从城市扩大到城镇，有效增加了穷困地区民众的阅读机会。20 世纪初，英国将公共图书馆由城镇向农村地区延伸，并逐渐完成了从单一的城市公共图书馆到城乡结合的社区图书馆体系的转变。2010 年，受经济危机的影响，英国政府提出减少政府财政支出，地方政府纷纷宣布减小对图书馆经费的投入力度，各馆不得不缩短图书馆服务时间，并大幅裁撤图书馆员，大量的社区图书馆因资金短缺被关闭或面临关闭。据统计，2010 年英国共有各级各类公共图书馆 4290 家，2016 年减至 3765 家。6 年间，英国共关闭了 343 家图书馆，232 家图书馆已经改由社区组织管理，靠志愿者组成的团队进行运营。针对公共图书馆面临的问题，英国社会各界人士发起了一场声势浩大的"拯救图书馆运动"，力求通过多种形式维持社区图书馆这一最贴近普通居民生产生活的公共文化设施；英国政府建立了"图书馆工作小组"，以征询公共图书馆发展的新愿景，保证图书馆重振服务并与社区保持紧密联系。

英国的社区图书馆是公共图书馆系统的重要组成部分，是直属于市、区级图书馆的重要分馆，以帮助用户实现个人目标为己任，通过提供与社区用户相关的、优质的服务来丰富公众生活，达到充分利用馆藏资源与方便社区居民的目的。

1. 馆藏

英国社区图书馆藏书数量丰富，每个图书馆都根据当地居民特点收藏一些多语言的图书，除了英文图书外，还收藏中文、阿拉伯语和乌尔都语等语言的书籍。与本社区历史和地理相关的图书占有较大比重。图书馆辟有专门的区域用于收藏本地不同时期的文献资源、视听资源、地图和反映地方历史的文物及作品。生活类图书大多装帧精美，对社区居民有较大吸引力。在资源建设方式上，社区图书馆采用馆藏资源互联互通以及规则统一的方式。

2. 服务

（1）开放时间

英国《公共图书馆服务标准》规定平均每千人拥有的一年累计开放时间为 128 小时。在实践中，英国不同社区图书馆的开放时间各不相同。

（2）四项基本服务

为应对公共图书馆经费的不断缩减和居民不断变化的服务需求，英国图书馆馆长协会（The Society of Chief Librarians）与英格兰艺术委员会（Arts Council England）经过多年的调研，于 2013 年 1 月发布《21 世纪的图书馆：SCL 发起公共图书馆四项基本服务》，提出公共图书馆将向社会提供四项基本服务，即健康、阅读、信息和数字化服务。用户可在线获取相关信息，也可以得到本地服务的建议及相关支持人员的信息。阅读服务是社区图书馆的传统服务，民众即使没有读者证，也可以毫无障碍的到图书馆阅览图书、上网查阅电子资源和多媒体资源，还可以一边喝咖啡一边读书。

很多居民来图书馆就是为查阅这些信息。在数字化服务方面，社区图书馆提供 7*24 小时免费访问图书馆网站服务，受过培训的馆员会帮助读者访问电子信息，通过电子邮件等方式解决读者遇到的问题，可为读者远程续借图书，提供 WiFi 服务等。

（3）读者活动

读者活动的开展是社区图书馆吸引读者走进图书馆、深入开展社区服务的重要手段，英国社区图书馆开展的丰富多彩的读者活动将社区居民与图书馆紧密联系起来。此外，还有 24 个针对不同年龄段读者的阅读小组活跃在各个社区图书馆，围绕相关书籍举行非正式的研讨会。

三、我国公共图书馆社区服务现状

（一）公共图书馆社区服务的必要性

图书馆进入社区是公共图书馆的必由之路。目前，公共图书馆进入社区服务尚处于起步阶段，如何建设具有中国特色的社区图书馆，需要我们进行探索，图书馆进入社区是公共图书馆扩大服务功能，强化服务手段的最有效的办法，随着经济的发展及人民生活水平的提高，住宅条件不断改善，城市范围不断扩大，但大多数小区离图书馆较远，要来公共图书馆读书，又受到时间、交通上的限制，要解决社区居民读书这一问题，公共图书馆在"住宅小区"的服务中显得格外重要和必要。

公共图书馆通过走入社区为社区开展服务，与社区居民朝夕相处。居民随时可利用图书馆，既省时又方便，又能满足社区居民的阅读要求。公共图书馆可以凭借自己的优势，及时为社区居民服务，满足小区市民的文化教育需求，图书馆成了小区居民们学习阅读、文化休闲、获取信息、接受教育的好去处，夺回被租书屋、影碟出租室等本属图书馆工作的范围阵地，改造小区文化阵地，净化小区文化氛围，公共图书馆应将服务向社区延伸，把图书馆建在读者身边办到生活中去，使之真正成为居民学习，休闲娱乐的好去处。所以，图书馆进入社区是公共图书馆的必由之路，只有逐步延伸领域，扩大各类读者的覆盖面，使更多的人方便地利用图书馆，才能发挥图书馆传播知识，提高国民素质、生活质量和文明程度的职能，才能推动公共图书馆事业的发展。

（二）公共图书馆社区服务发展历程

20 世纪 80 年代初，为解决在改革开放的大背景下因社会变迁加速而引发的各种社会问题，我国民政部门引进了社会学中的社区工作理论，吸取发达国家及发展中国家在社会发展方面的经验教训，并结合我国的实际，开始酝酿城市社会福利制度的改革，提出开展城市社区服务工作的任务，在全国掀起了社区服务理论探讨和试点实践的热潮。

2000 年 11 月 3 日，民政部颁发《民政部关于在全国推进城市社区建设的意见》，提出要"积极发展社区文化事业，加强思想文化阵地建设，不断完善公益性群众文化设施"。作为社区重要文化设施的社区图书馆逐渐受到关注，一些经济发达地区率先进行了社区图书馆的建设实践。2001 年 10 月 18 日，中国图书馆学会联合十省（自治区、直辖市）图书馆学会召开"21 世纪中国沿海地区乡镇图书馆发展战略研讨会"，与会代表一致认为我国的公共图书馆必须向乡镇延伸，真正把乡镇图书馆视为公共图书馆的重要组成部分；提出乡镇图书馆的性质应从"民办"转移到"公办"上来；21 世纪初，中国乡镇图书馆建设的重点应放在沿海地区，而在经济欠发达地区，应提倡多元化的办馆模式，鼓励社会办馆。2002 年初，中国图书馆学会成立社区乡镇图书馆专业委员会，并于同年 10 月召开"第二届中国社区乡镇图书馆发展战略研讨会"，就社区乡镇图书馆的发展模式、地位与作用、服务对象、内容、方式，文献资源保障等问题进行了研讨。此后，社区乡镇图书馆专业委员会每年召开主题会议，探讨中小型图书馆和社区乡镇图书馆的发展，加强全国图书馆同行间的相互了解与交流。

国家发展改革委和文化部印发了《全国"十一五"乡镇综合文化站建设规划》，明确在"十一五"期间，国家将支持新建和改扩建 2 万多个基本规模为 300 平方米的农村乡镇综合文化站，这些文化站的功能之一就是开办图书室，组织群众开展读书活动。2007 年 3 月，新闻出版总署会同中央文明办、国家发展改革委、科技部、民政部、财政部、农业部、国家人口计生委联合发出《关于印发〈农家书屋工程实施意见〉的通知》，开始在全国范围内实施"农家书屋"工程，解决广大农民群众"买书难、借书难、看书难"的问题。这一时期，城市社区图书馆也在积极探索新的发展模式，如深圳图书馆在已建成的四级图书馆网络的基础上，研发了"城市街区 24 小时自助图书馆系统"，拓展了图书馆的外延，提高了文献资源的利用率，并使自助图书馆的服务模式辐射至全国范围。沈阳市的社区图书馆则探索了多种建设模式，如社区独立创建图书馆的"独立型"模式、以汽车图书馆为主要形式的"流动"模式、社区与企业、学校等图书馆合作的"联办"模式以及总分馆模式等。

进入"十二五"时期，我国政府对公共文化服务体系建设的重视程度进一步加强，一系列相关政策文件、法律法规相继制定和出台。这一时期公共文化服务体系建设的一个重要特点就是统筹城乡、突出基层，推动公共文化服务体系建设重心下移、资源下移、服务下移，公共文化资源向城乡基层的倾斜力度进一步加大，为社区图书馆的发展带来了历史性机遇。2013 年 1 月，文化部发布《"十二五"时期公共文化服务体系建设实施纲要》，提出到 2015 年初步建立覆盖城乡、结构合理、功能健全、实用高效的公共文化服务体系，重点任务之一是使行政村文化活动场所设置率、（城市）社区文化活动场所设置率分别从 34% 和 46% 达到期末的 90%。

进入"十三五"以后，我国公共图书馆事业步入蓬勃发展的新时期，图书馆相关法律法规的制定和出台也进入快车道。2016 年 3 月 11 日，文化部发布《社区图书馆服务规范》，并于 2016 年 5 月 1 日正式实施，成为我国第一部规范社区图书馆服务的行业标准。2017 年 7 月，文化部印发的《"十三五"时期全国公共图书馆事业发展规划》将推进乡镇（街道）、村（社区）图书室建设作为重点任务之一，要求推动乡、村基层综合性文化服务中心建设，按照相关建设标准和要求设立图书室，配备相应的器材设备，完善管理制度。村级不具备单独设立图书室条件的，可开辟图书阅览区。2017 年 11 月，《中华人民共和国公共图书馆法》正式颁布，规定县级以上人民政府应当设立公共图书馆。地方人民政府应当充分利用乡镇（街道）和村（社区）的综合服务设施设立图书室，服务城乡居民。这一系列法律、政策文件对居民享受社区文化服务做了全面部署，对图书馆开展社区服务具有重要意义。

（三）公共图书馆社区服务的现状及问题

到"十二五"期末，我国基本实现了全国所有地市级城市均有设施达标、布局合理、功能完善的公共图书馆的目标，县乡两级公共文化设施规范化、标准化水平进一步提升。社区图书馆建设也取得了一定成就，2013 年，文化部还开展了第一次全国乡镇综合文化站评估定级工作，有力地促进了附设于乡镇综合文化站的图书馆（室）的建设和发展。

从图书馆行业来看，公共图书馆社区服务也还在不断地摸索中，现阶段社区图书馆服务存在的主要问题如下：

1. 区域性差异明显

由于整个公共图书馆事业发展存在着区域性差异，导致社区图书馆建设和服务发展极不平衡，存在着巨大的地区差别和城乡差别。在地域上，发达地区和中西部地区差别较大；在同一地区，城区和郊区、不同的社区图书馆之间也存在较大差距。

2. 经费短缺

我国的图书馆事业发展经费多用于大城市、大型图书馆，区县图书馆所得经费不足以维持日常运行。社区图书馆的建设资金来源没有保障，多数社区并未设立专项资金用于社区图书馆或阅览室建设，也未明确应由谁负责承担社区图书馆或阅览室建设的资金。很多社区图书馆建设被当成是当地的形象工程，不考虑可持续发展，只建不管，缺乏资金长效投入机制，一次性集中投入后就出现资金断流，由于没有资金进行馆藏更新和服务开展，最终导致了社区图书馆的夭折。

3. 人才匮乏

多数社区图书馆缺乏专职工作人员，尤其是在乡镇和村级图书馆，无专职工作人员的问题较为普遍，很多社区（村）图书馆的管理人员由村干部、社区居委会或社区工作站人员兼任，他们利用工作空余时间管理图书馆，并且多数没有接受过图书情报专业教育或培训，因而无暇或无业务能力开展更多更好的服务；即使是专职人员，由于工资待遇低、职业发展不尽如人意等问题，难以吸引优秀人才长期在社区图书馆工作，造成队伍人才结构失衡、稳定性差的局面。

4. 社会力量参与不足

长期以来，我国社区图书馆主要是通过政府主导建设，由政府号召、出资和管理，第三方机构和社区居民的参与有限。虽然有少数地区已经在探索社会力量参与社区图书馆的建设，但多数地区还没有形成企业、个人、社会组织等社会力量参与的社区图书馆多元化发展模式，仅限于小范围的个人捐赠、志愿者参与等，随意性较大，无法为社区图书馆的可持续发展提供有效的补充力量。

5. 缺乏法律法规保障

社区图书馆缺乏专门的法律保障，相关法规政策分散在不同的领域，并呈现较大的区域差距。在国家层面，虽然2016年文化部发布了《社区图书馆服务规范》，但该标准仅为推荐性标准，缺乏强制力和执行力。2017年正式颁布的《中华人民共和国公共图书馆法》仅规定"地方人民政府应当充分利用乡镇（街道）

和村（社区）的综合服务设施设立图书室，服务城乡居民"，未明确提及社区图书馆的建设。

第二节　公共图书馆社区服务类型

社区教育是一项大的社会教育，社区内各种年龄、各种职业及各种类型的居民，都是图书馆的服务对象，公共图书馆具有丰富的馆藏，熟悉读者阅读心理，掌握阅读指导方法等优势，要想使优势得到充分发挥，就应该组织参与以社区为团体的各项活动，并在服务中不断开拓进取，为提高社区居民综合素质发挥作用，了解熟悉各年龄、各文化层次的要求。例如：少年儿童要让他们学会利用图书馆，丰富知识，提高综合素质的能力，进一步激发他们爱祖国、爱家乡的主人翁意识。补充学校教学不足，实现全面发展。老年人、青年居民在各行业的竞争中需要提高业务素质，开发自身的人才资源，以便从容参与竞争。

由于社区对象广泛，服务内容复杂，因此，要求资源构成多层次化，既要满足老年人的休闲娱乐，又要有高精尖的科学技术资料，满足市民的文化教育需求，是居民们学习阅读、文化休闲、获取信息、接受教育的好去处，同时要开展不同层次的读者活动，丰富青少年读者的学习内容，减轻成年读者的工作压力，做好社会教育工作，图书馆是没有围墙的学校，是"人民的终身教育学校"。现代居民对图书的需求高，不仅对新知识的蕴含量提高了，而且要求借阅方便，在快节奏工作生活实践中，人们更加珍惜时间，公共图书馆进入社区，就等于把图书送到读者身边，使读者借书更加方便，所以，满足不同年龄，不同层次人们的需要，提高图书馆为居民读者服务质量，让精神文明的种子在整个社区开花结果，从而提高全社会精神文明建设的质量和水平。

一、面向未成年人的服务

未成年人服务是社区图书馆服务的重要内容之一，也是图书馆社会教育职能的一种体现。在不同的国家或地区，未成年人被定义的年龄范围不同。我国根据联合国《儿童权利公约》提出，儿童是指"18岁以下的任何人"。未成年人服务按年龄可分为婴幼儿服务（1至3岁），学龄前期儿童服务（4至6岁）和中小学生服务。

（一）未成年人公共图书馆社区服务类型

1. 婴幼儿服务

世界各国图书馆都非常重视婴幼儿服务，如美国、英国、意大利等都已经有着多年的儿童服务历史。美国是全世界范围内图书馆开展儿童服务最早的国家，其早期阅读计划（BomtoRead，出生即阅读）项目，为新生婴儿提供免费阅读大礼包，内装图书、婴幼儿早教信息、新生儿读者证、玩具、儿童用品等。英国的"可读起跑线"（Bookstart）计划始于 1992 年，为孩子设计免费的阅读礼包，指导孩子和家长体验阅读乐趣，养成阅读习惯。由于服务对象的特殊性，婴幼儿服务在人力的投入上往往要大于成年读者，对人员的专业程度要求较高；同时图书馆需要开辟专门的服务场地和空间、购买适龄的馆藏以及组织活动所需的爬行垫、摇铃等玩具和免洗洗手液等卫生用品和用具。

目前，我国公共图书馆由于人力资源缺乏、基础设施等条件限制，仅在少数大城市的公共图书馆开展有婴幼儿服务，如苏州图书馆开展的"悦读宝贝计划"，而社区图书馆囿于多种条件限制，还未见开展此类活动的报道。随着我国二孩政策的全面放开，新生婴儿的数量也会迅速增长，开展婴幼儿服务，必将是未来社区图书馆服务的重要发展方向之一。

2. 为学龄前期儿童提供的服务

由于学龄前期的孩子已经具备了一定的自理能力，相较于婴幼儿服务来说较易开展，公共图书馆开展的针对这一时期儿童的服务可谓五花八门，但归纳起来主要有以下几种：

一是阅读指导服务，即将图书馆的优质资源推荐给儿童，指导儿童阅读适合其身心发育的优质图书。这一类服务主要包括开展故事会、朗诵活动、好书荐读、家长讲座、读书会等。

二是益智教育类活动，如手工制作、绘画、歌舞、游戏等课程或活动，旨在提高儿童多方面的能力。英美等国家图书馆为儿童提供的益智类玩具服务值得我国社区图书馆借鉴。美国的社区图书馆提供实体玩具和数字玩具（如电子游戏、视频游戏），并通过开展多种活动提高儿童多方面的能力，如乐高俱乐部、建筑俱乐部、桥牌俱乐部、游戏俱乐部等，这些活动不仅对儿童空间想象能力、创逻辑思维、科学创造力的培养和提高有很大帮助，还有效地提高了儿童的活动表现力，为他们提供了社交平台及场所。

三是亲子活动，目的是家长和儿童共同参与一系列活动，一同分享，互为聆听、讨论和合作的对象，增进父母与子女之间的情感交流，提高家长和儿童参与图书馆活动的积极性，激发他们的阅读兴趣。只要是家长和儿童共同参加的、具有一定主题的活动都可称之为亲子活动。如亲子摄影、亲子手工、亲子电影专场、亲子茶艺等。

3. 为中小学生提供的服务

与学龄前期儿童相比，中小学生已从以游戏为主导活动的"幼儿"成为以学习为主导活动的"学生"，开始接受正规教育。因此，针对中小学生的图书馆服务首先要考虑他们的身心发展特点，其次是注意与学校的合作。目前常见的为中小学生提供的图书馆服务有：

一是阅读推广和指导服务，最常见的有主题阅读或经典阅读活动。在经典阅读方面，很多公共图书馆已形成少儿国学经典阅读的品牌活动，如广州图书馆的"少儿读经班"、天津图书馆的"国学冬令营"、深圳图书馆的"亲子国学阅读"、上海图书馆的"国学阅读夏令营"等。

二是素质提升活动，此类活动包括但不限于科学、环保、法制、安全的教育和兴趣培养等。例如，上海市徐汇区各社区图书馆为中小学生提供的素质提升活动有："感受科普魅力，体验科技奥秘""青少年爱绿行动系列活动二爱绿环保宣传画""漕河泾街道图书馆寒假禁毒法治安全教育讲座""虹梅街道图书馆暑期交通安全讲座""徐家汇街道图书馆社交礼仪讲座""我爱动脑筋——虹梅街道图书馆棋类兴趣班活动"等。

三是课后托管与作业辅导。我国公共图书馆开展此类服务起步较晚，目前仅有少数图书馆开展了此项服务。如常州市武进图书馆成立家庭作业辅导中心，由常州大学志愿者结对新市民子女进行家庭作业辅导，以帮助新市民子女提高学习能力。

4. 为特殊儿童群体提供的服务

近几年来，我国公共图书馆也在尝试为特殊儿童群体提供服务，多数图书馆利用特殊节日或以主题活动的形式开展服务，但普遍活动周期短，次数少，缺乏持续性；少数图书馆形成了自身独特的服务模式，能够长期、持续她开展下去。总体看来，我国公共图书馆特殊儿童群体服务在设施设备、馆外合作、相关馆藏、服务宣传、馆员素质等几个方面亟待加强建设和提高。

（二）未成年人公共图书馆社区服务意义

阅读是一个人获取信息和知识的最重要的途径，是开发智力、积累知识、塑造个人品格的必要条件。少年时期是培养一个人阅读爱好的关键时期，浓厚的阅读兴趣，良好的阅读习惯和超强的阅读能力都来自有效的少年阅读阶段。未成年人阅读对少年的身心发展、素质提高，国家和社会主义精神文明建设有着重要的推动作用。公共图书馆作为少年儿童阅读推广的重要阵地，可以通过优化图书选择，推行亲子阅读、分级阅读、开展形式多样的推广活动等措施，实现未成年人阅读工作的服务转型和创新。

1. 帮助未成年人形成阅读习惯

"全民阅读"已经连续 6 年写入政府工作报告，李克强总理更是在国务院常务会议上指出：一个国家养成全民阅读习惯非常重要。而这与公共图书馆普及密不可分。帮助孩子从小养成阅读习惯，不仅能为其以后的文化学习和知识积累打下坚实的基础，也是孩子将来获取信息、累积知识、提高能力的一种重要途径和手段。

2. 为课堂学习打下良好基础

培养孩子的学习能力，从小培养孩子的阅读习惯的确非常重要，喜爱读书的孩子更爱动脑思考问题，将来上学后学习能力也会更强，相对来说情绪也更为稳定、个性较为冷静，能自我约束，知识面宽广。阅读是学习的基础，人的阅读能力往往决定了他的学习能力，同时也是未来成功从事各项工作的基本条件。所有知识的学习都是从基础的阅读开始的，即使再高深的理论，都必须以语言和文字的形式呈现出来，并通过阅读来学习，这彰显了阅读的重要性。

3. 帮助孩子形成正确的人生观、价值观

一般来说孩子的品格教育在六岁前就已经基本完成。儿童阅读会使他们向书中优秀人物学习，在生活中会不自觉以其为榜样并努力向其学习。中国有句古话："五岁成习，六十亦然。"对人的一生来说，人格的形成是从小塑造并基本定型的，且定型后很难纠正。因此，少年时期是人格塑造的基础，是进行品德教育的重要时期，也是良好心理品质形成的最佳时期。

4. 促进社会主义精神文明建设

社会主义精神文明建设要从基础抓起，从儿童抓起，从青少年抓起。要从培养未成年人的爱国情感、远大志向、文明习惯、良好素质等这些基本工作做起，真正把它作为精神文明建设的重中之重。少年儿童是党和国家的未来，公共图书馆肩负着社会主义文化和精神文明建设的重要任务，更要切实做好少年儿童阅读工作，帮助青少年形成正确的人生观和价值观。

二、面向老年人的服务

老龄化问题已经成为困扰人类社会发展的全球性问题之一，为老年人提供改善其健康、文化生活和生活环境的服务，也成为世界各国关注的社会问题之一。在我国，根据全国老龄办发布的数据，截至 2017 年底，我国 60 岁及以上老年人口有 2.41 亿人，占总人口 17.3%，预计到 2050 年前后，我国老年数将达到峰值 4.87 亿人，占总人口的 34.9%，说明我国已步入老龄化社会。我国 2015 年修订的《老年人权益保障法》第七十一条规定，"国家和社会采取措施，开展适合老年人的群众性文化、体育、娱乐活动，丰富老年人的精神文化生活"。老年人离退休后，生活重心转移到家庭，在某种程度上会产生失落、孤独、寂寞、自卑的情绪，社区图书馆则是联系老年人和社会重要支点。老年读者是图书馆不可忽视的一支读者队伍，丰富老年人的生活，是图书馆社区服务工作的重点之一。目前，我国公共图书馆为老年人提供的服务主要有阅读便利、知识科普、健康资讯、文化娱乐、人文关怀五类。

（一）阅读便利服务

阅读便利服务主要是针对老年人的特点，为他们阅读图书提供便利条件。例如，老年读者随着年龄增长，会变得行动迟缓，腿脚不灵便，将老年人经常去的报刊阅览室尽量设置在较低的楼层并设有明显标识；在阅览室设置老年读者阅读专座，在人流量高峰期，优先供老年读者使用；在阅览室放置放大镜、老花镜、笔、纸等，提供给有需要的老年读者；对于行动不便的老年读者，开展上门送书服务等。例如，河南新乡市图书馆在颐和源老年公寓建立老年读者服务站，将报刊送到老人手中。

（二）知识科普服务

知识科普服务旨在帮助老年人学习新技能以及维护自身权益，如普法、旅游常识、安全知识、数字素养讲座或培训等。例如，佛山市图书馆推出了"耆英畅游数字乐园"数字资源体验活动，是专为业余时间较充裕，对数字化产品有了解和体验需求的老年人举办的数字阅读活动；同时与当地社区机构合作，将图书馆资源和服务带进社区，使活动更大限度地方便老年读者参与。绍兴市柯桥区图书馆采取"三单制"培训模式开展"文化养老工程进社区"活动，在充分调研的基础上，了解受老年人欢迎的课程，开出订单，由图书馆根据订单精心配出菜单，再根据菜单到社区开展免费培训。重庆市渝北区图书馆常年在渝北区各社区开展

"常青 e 路·幸福夕阳"老年人数字阅读系列培训，内容包括移动终端智能手机应用培训、预防电信（网络）诈骗等。

（三）健康咨询服务

健康养生讲座和咨询服务是我国公共图书馆普遍开展的老年服务。例如，上海市徐汇区图书馆开设周日老年健康知识讲座，首都图书馆举办"我谈老年人的体育生活"系列讲座，科尔沁区图书馆利用全国文化共享工程资源为多年来支持图书馆工作的老年读者举办"健康知识"讲座，这些活动深得老年读者的欢迎。

（四）文化娱乐服务

知识科普类和健康资讯类的活动形式以讲座为主，休闲娱乐类的活动形式则更为灵活多样，如读书看报、观影看剧、组织老年社团活动，以及开展有关老年人健康类调查报告会、饮食讲座以及社区有奖知识竞赛等。例如，辽宁朝阳市图书馆成立朝阳老年读者之友会，开展"朝阳四大文化""快乐读书""健脑强身""文化养老"等主题交流研讨活动，并与"朝阳市老年文化促进会""朝阳市老年书画研究会""朝阳市金秋文学社"等社会团体密切合作，联合举办丰富多彩的文化活动，如"老年文化专题论坛""老年读书与有奖答题""老年书画创作展""老年维权知识讲座""老年读者迎新春联欢会"等，极大地丰富了老年人的精神文化生活。丹东市图书馆与丹东市老干部局、老干部书画协会等部门联合举办针对老年读者的多种活动，如"鸭绿江的红色记忆""九九重阳久久情""上元佳节团圆情"等系列读书征文活动，吸引了众多老年人参加；与丹东市老干部摄影协会联合举办"感知文化爱我丹东"摄影大赛等，得到了广大老年读者的热烈响应。

（五）人文关怀服务

人文关怀服务则充分考虑老年人心理特点，并在细微之处满足老年人的生理和精神情感需求。老年人生活活动范围小、人际交往相对闭塞，常常感到孤独与空虚，图书馆应关注老年人心理健康，及时提供国内外重大事件新闻报道，使老年人不因行动不便、生活闭塞而与社会脱节。图书馆为老年读者提供大字图书，购买有声读物、大触屏电子阅读机，订购老年人喜欢阅读的书刊，提供眼镜、轮椅等服务。人文关怀还体现在使老年人"老有所乐"。

三、面向其他弱势群体的服务

弱势群体通常是指由于某些障碍或缺乏经济、政治和社会机会而在社会上处于不利地位的人。弱势群体通常包括两类群体，一是生理性弱势群体，即有着明显的生理弱势的群体，如未成年人、老人、残疾人等；二是社会性弱势群体，即因社会地位过低、个人收入过少等原因造成的弱势群体，如农民工、拾荒者、失业人员、无家可归者、刑满释放人员等。英国、美国、日本等发达国家有完备的图书馆服务弱势群体的法律法规体系，如美国的《关于种族歧视和性别歧视的决议》《为贫困人口提供图书馆服务》《图书馆残疾人服务政策》《老年人图书馆和信息服务指南》等；英国的《所有人的图书馆：社会包容政策指南》《激励所有人学习》等；日本的《日本图书馆法规基准总揽》《犯人图书馆服务指南》等。我国没有专门的针对弱势群体的图书馆法律法规，但在近年来颁布的图书馆法律法规中均有体现：如《公共图书馆法》第三十四条规定，"政府设立的公共图书馆应当考虑老年人、残疾人等群体的特点，积极创造条件，提供适合其需要的文献信息、无障碍设施设备和服务等。"《公共图书馆服务规范》中规定："公共图书馆服务对象包括所有公众。应当注重培养少年儿童的阅读习惯，并努力满足残疾人、老年人、进城务工者、农村和偏远地区公众等的特殊需求。"

（一）为残障人士提供的服务

针对残障人士，公共图书馆可在馆内设立无障碍通道，加强为各类弱势群体服务的环境建设。例如，允许视障人士协同导盲犬自由进入图书馆，提供盲文显示器、放大镜、语音合成软件、盲文记录机、盲人阅读器、大字符磁盘、盲文打印机、大幅面打印机、录制书籍、读取器、帕金斯机等设备；为听力受损的读者提供听力辅助设备、手语翻译等服务。对于因身体残障不乏去图书馆的人提供上门服务、电话咨询或流动图书馆服务。

除无障碍设施和阅读辅助设备外，我国很多图书馆均开展了专门针对残障人士的活动。例如，苏州图书馆依托盲人阅览室开展了针对盲人读者的丰富多彩的服务项目，并吸引了社会上众多热心志愿者的参与，形成拥有7大三题的"我是你的眼"残障主题活动体系，包括盲人读书会、盲人爱心电、苏州大讲坛——阳光讲坛、"一帮一手牵手""走出户外触摸世界"、视障读者系类培训、"真人图书馆"等。安徽省图书馆秉承着"服务第一，读者至上"的宗旨，通过环境改造和资源建设，加强与社会组织和团体的合作，践行"公益性、基本性、均等性、便利性"的无差别服务要求，并通过举办活动、培训等方式面向视障群体积极开展形式多样的阅读推广活动。2011 年，安徽省图书馆为视障读者开通了借阅"绿色通道"，视障读者只需要通过电话预约的方式就可开展图书借阅服务，馆员在办理好图书借阅手续后，会在指定时间将图书送到视障读者家中。此外，安徽省图书馆还主动与特教中心联系，提前将馆藏盲文书目单发给那里的盲生供他们挑选，在确定好他们所需的图书后，将图书送到学校为他们办理好图书外借手续。同时，还在春芽残疾人互助协会建立的图书服务点，定期为他们更换图书，取得了良好的社会效益。2018 年，中宣部、财政部等六大部委组织实施了"盲人数字阅读推广工程"，为安徽省配置了 1 万台盲人智能听书机，目前这批盲用阅听设备已经开始免费借阅给视障读者。"智能听书机"项目的实施，为公共图书馆更好地服务视障读者创造了条件。一方面，向视障提供数字有声读物、电子盲文信息，可以有效克服他们阅读获取方面的障碍，提供没有时空限制的阅读服务，极大地方便了视障读者获取知识信息；另一方面，为公共图书馆配置"智能听书机"，创新了图书馆视障服务方式，丰富了阅读信息资源，将吸引更多视障群体走进图书馆获取知识，从而提高视障群体对党和政府文化惠民政策的获得感。并在合肥特教中心、合肥春芽残疾人互助协会等残障群体较为集中的机构建立图书服务点，极大地满足了视障群体的文化需求，同时也体现了公共图书馆的平等服务和人文关怀。

（二）为农民工及其子女提供的服务

根据国家统计局的数据，2017 年我国农民工总量达到 28652 万人，比上年增加 481 万人，其中外出农民工 17185 万人。作为新市民，外来务工人员在适应社区生活、求职就业、子女教育等方面存在诸多疑问和障碍。帮助农民工尽快融入城市文化生活，满足他们多样化、个性化的需求已成为城市文化建设的重要任务，也是公共图书馆义不容辞的社会责任。目前，我国公共图书馆开展的农民工服务主要有节假日慰问、为农民工送书报刊、在农民工聚集区建立流动书屋和图书馆分馆、举办实用技能培训和讲座、帮助农民工网络购票以及开展其他文化活动等。

例如，重庆渝中区图书馆在渝中区南纪门劳务市场内为农民工量身打造了农民工图书馆，设有阅览室、多功能活动室、电影放映室、培训室等，在每年春秋两季招工高峰期，对农民工开展计算机基础培训、就业技能培训等免费培训，同时利用图书馆的网络资源，在电子阅览室为农民工准备了网上求职用工的各种链接，指导农民工网上注册、浏览用工需求、发布求职信息等。类似的农民工图书馆还有天津河北区仁恒滨河水岸住宅建筑工地建立的天津首家建筑业农民工图书馆、安徽省郎溪县农民工图书馆、兰州市七里河区西园街道西津东路社区的农民工流动图书馆等。此外，一些图书馆把图书直接送到工地，如成都成华区图书馆把生活、科普、健康、军事等内容丰富的书刊送到建筑工地，并在活动现场发放《图书馆服务指南》，指导农民工使用图书馆；宿松县图书馆将流动图书车开到经济开发区岳塑汽车有限公司开展"情暖农民工送书进企业"活动等。

郑州市中原区图书馆为西三环建设路后牛庄拆迁房安置小区的农民工开展以"情系金秋——关爱农民工"为主题的杂志捐赠活动，并赠送图书馆宣传手册、布袋子以表达对农民工的敬意和慰问。

在为外来务工人员子女服务方面，常见的服务活动为图书馆与农民工子弟学校、幼儿园等建立合作关系，开展读书活动，赠送图书、文具等。上海市青浦区图书馆在青浦区隐贤民办小学举办"赠一本书、献一份爱"——农民工服务日赠书活动，在活动中与青浦隐贤民办小学签署了《青浦区图书馆营外服务点协议》，以便提供更多的资源供师生使用。浙江龙泉市图书馆打造的小候鸟学堂服务品牌，主要是针对农民工子弟开展各类活动，为其提供均等的阅读服务，组织开展丰富多彩的读书活动，每季或每月举行相应的阅读推荐、阅读体验活动，举办"小候鸟阅读日"等各种形式的读书日活动。与幼儿园、学校联合举办未成年人读书节活动，定期进行送书、送展览、送电影进校园活动，激发农民工子弟的阅读兴趣，丰富他们的文化生活。

（三）为求职者提供的就业服务

公共图书馆为求职者提供的服务主要包括就业信息咨询、职业教育或职工技能培训。信息咨询服务是指图书馆组织专业馆员，利用馆藏和网络信息，搜集、整理就业专题信息资源，免费提供给求职人员；职业技能培训旨在提高求职者的职业技能，增加其就业率。在这方面，美国图书馆的做法值得我们借鉴。美国公共图书馆的就业支持服务主要包括以下几个方面：一是提供相关馆藏资源，如图书、期刊、视听资料、数据库、在线资源、就业相关软件等；二是就业相关项目或活动，如求职相关课程、讲座、一对一培训、工作坊、博览会等；三是设立就业信息中心个满足公众就业、求职需求的集成空间；四是引进志愿者和其他组织合作开展就业相关服务工。

（四）为服刑人员服务

服刑人员虽然被剥夺了人身自由，但仍然有利用图书资源、享受图书馆服务的权利。阅读是一种有效疏导服刑人员负面情绪的方式。公共图书馆为服刑人员开展服务的形式包括：赠送图书、设立图书流通站、开设图书馆分馆、举办讲座以及帮教活动、提供就业培训和技能培训等。20世纪80年代中期，我国图书馆就已经开展了面向服刑人员的书籍借阅服务。以上海为例，其服务方式主要有：一是送书到监狱，如川沙图书馆、徐汇区图书馆每3个月到监狱送书一次；二是把图书流动车开进监狱，如黄浦图书馆、卢湾图书馆、虹口图书馆等定期把图书流动车开进监狱；三是成立监狱图书馆，如黄浦图书馆在宝山监狱、市第三劳教所建立监狱图书馆，卢湾图书馆在上海监狱建立图书馆等；四是签订监狱文化建设协议书，黄浦图书馆、长宁图书馆分别与其所服务的监狱签订《共建监狱文化协议书》，主动参与对监狱服刑人员的思想改造，开展以"读书育人"为主题内容的监狱文化活动；五是建立读书小组开展各种类型的读书活动；六是组织志愿者帮教队伍，与监狱服刑人员开展"一帮一"的社会帮教活动。再比如，郑州图书馆为齐礼闫戒毒所、石佛戒毒所、石佛监狱等定期赠阅书籍与杂志，给服刑人员提供了享受阅读的机会。但是目前赠阅的图书是根据工作人员经验挑选的，不一定适合他们，在今后的服务中，可以结合服刑人员的实际情况，挑选适合服刑人员的书籍，比如心理健康类、法律类、新闻类的书刊。服刑人员通过阅读能够产生学习的兴趣，保持良好的心理状态，无论何时都能够积极地面对生活。

第三节　公共图书馆社区服务机制

一、合作机制

公共图书馆社区服务过程中，公共图书馆应坚持社会化发展，充分发挥社区居委会、业主委员会等社区管理机构或自治组织的作用，与其建立有效合作关系，整合双方优势资源，促进公共图书馆服务在社区落地生根。

（一）社会化合作

公共图书馆服务属于公共服务之一，为确保公益性，坚持政府主导是开展一切公共服务工作的基本原则，公共图书馆服务进社区也应注重政府主导作用，响应政府的相关政策，争取政府主管部门的支持。在此基础上，为充分激发公共图书馆服务的活力，图书馆还应积极与社区组织联系，展开良性互动，兼顾双方利益共同发展。

　　加强社会化合作以推进公共图书馆社区服务，这是基于我国当前公共图书馆事业的发展现状而必然要采取的对策。和欧美等发达国家相比，我国公共图书馆事业起步晚，底子薄。直到"十五"时期，我国才基本完成"县县有图书馆"的目标，但多数县级图书馆乃至一些县级以上的图书馆基础设施和服务能力都很薄弱。尤其从服务人口来看，我国公共图书馆的发展严重不足。我国公共图书馆建设基础依然薄弱，图书馆服务辐射范围有限。公共图书馆必须走出去，大力推广图书馆延伸服务，推动图书馆服务进机关、进学校、进企业、进军营、进社区、进农村。其中，社区的重要性尤为突出。社区集中生活着不同职业、不同年龄的各个人群，是构成社会有机体的细胞，是宏观社会的缩影。

　　当前，社区正在成为城乡居民参加各种文化娱乐活动的重要场所，在经济发展水平越高的地区，社区越是居民生活中的重要存在。从图书馆服务角度来说，公共图书馆作为"第三空间"的功能在现代社会日益受到关注，公共图书馆也被认为是社区居民生活中的第二起居室。例如，美国华盛顿州塔科马港市的皮尔斯县图书馆体系对图三馆的定位就是"社区的起居室"，馆员和社区居民均对此高度认可，在大家看来，图书馆服务不仅仅能给社区居民带来图书和信息，还能有效提升社区的文化生活品质，提高社区的宜居指数。由此可见，在当前社会发展环境下，公共图书馆的社区服务极为重要且充满挑战。而社区服务对象的多样化，社区中不同服务人群需求的个性化，又给公共图书馆的社区服务提出了更高要求。公共图书馆的社区服务显然已成为我国当前公共图书馆事业中的一项重要而迫切的发展任务。如何使公共图书馆的社区服务更好地满足社区居民的需求？巧妇难为无米之炊。首先，公共图书馆需要集合更多人、财、物等方面的资源，那么，与政府部门、社区组织等社会力量展开合作就很有必要了，从而实现双方或者多方优势资源的整合互补。

　　通常来说，公共图书馆的社区服务有这几种实现途径：（1）设立固定的服务点，如社区图书馆（室）；（2）设有固定服务场所，通过定期或不定期开展流动服务为社区提供图书馆服务，如送书进社区，面向社区居民举办讲座、展览以及其他各种读书阅读活动；（3）通过互联网和新媒体渠道提供在线服务。这几种途径都适用于通过公共图书馆与其他机构组织建立合作来更快、更好地实现社区服务。公共图书馆的优势资源包括专业人才和丰富的馆藏资源，在合作中应注意扬长补短，如由社区提供场所和基础设施，安排日常管理人员，公共图书馆则负责配置图书文献和管理系统，并为管理人员进行专业、规范的服务培训，合力为社区居民提供优质、便利的图书馆服务。

（二）"图书馆＋社区组织"为核心的合作

公共图书馆应建立以"图书馆＋社区组织"为核心的合作伙伴关系来推进社区服务工作更好地开展。其中，图书馆应为主导一方，为图书馆社区服务作出规划，科学布局，规范标准，确定图书馆社区服务的发展方向；同时，充分体现社区组织在合作中的积极作用，发扬其地利、人和方面的优势，帮助图书馆更好地了解社区居民的需求，更快融入社区文化建设。还需要提醒的是，以"图书馆＋社区组织"为核心建立合作伙伴关系，应注重充分吸纳各方力量，建立多方联动、灵活共赢的合作机制，在人、财、物等方面进行优势互补，形成强大合力。

在这方面，美国公共图书馆提供了有益的借鉴和启示。美国公共图书馆的社区服务现已发展得十分成熟，已建立了较为成熟而全面的合作机制，主要的合作伙伴有政府、社区委员会、"图书馆之友"、志愿者队伍等，可帮助图书馆筹集资金，为其捐赠图书和其他资源，或者参与图书馆管理与服务评估，协助图书馆开展相关活动。例如，美国康涅狄格州的纽海文免费公共图书馆（New Haven Free Public Library，NHFPL）与耶鲁大学及一些非营利组织建立了合作伙伴关系，共同实施该市的一项工业区技术开发计划，还与国家司法部和该市的警察机关合作，将当地的 GIS 数据进行整理，并提供给广大社区居民使用。另外，美国几乎所有图书馆都有"图书馆之友"。这是一个非营利性的会员制社会团体，由热爱图书馆事业的非馆内人士组成，包括热心读者、离退休馆员和已卸任的图书馆委员会人员等，主要功能包括为图书馆募集资金，宣传图书馆以扩大图书馆影响力，招募志愿者为图书馆提供人力支持，以及开展政治游说以提高政府对图书馆的财政支持。"图书馆之友"在美国公共图书馆的社区服务中发挥了令人瞩目的作用，是图书馆与社区形成紧密联系的重要纽带。国外有研究人员将一个大城市图书馆、一个小城市图书馆和一个郊区图书馆系统进行对比，分析了不同服务人口规模对公共图书馆"图书馆之友"运作效果的影响，结果表明，"图书馆之友"对于一个越小的社区反而越可能带来更大、更集中、更持久的影响力。

二、管理机制

社区是公共图书馆延伸服务网络中的末梢。从我国的社区图书馆建设实践来看，往往存在管理不到位的问题，建而不管，或者管理不规范，由此导致社区图书馆门可罗雀，无法发挥应有的服务功能。要解决这些问题，就必须创新公共图书馆社区服务管理机制，建立适应社区新发展形势并可充分实现社会效益的公共文化服务管理模式。

（一）多方参与的总分馆制

建设公共图书馆社区服务的社会化有利于满足广大群众的多元需求，提升服务效益，但其公益、开放、平等、普惠的特点又决定公共图书馆的社区服务不能完全市场化。在多元供给模式下，为保障服务的有序可持续开展，相应管理机制的确立就十分关键。尤其在总分馆制建设中，管理机制更是关键，决定着总分馆建设的效率和效益。建立多方参与、权责明确、密切协作的管理机制，是全覆盖的公共图书馆服务体系建设顺利走向成功的基石，社区服务作为区域公共图书馆服务体系建设中的重要内容，亦不例外。

我国社区一级（含村）的图书馆（室）建设近些年才逐渐受到重视，各地发展水平参差不齐，建设形式也较为多样。从建设主体来看，主要有以下几种形式：第一种是由县市级政府根据普遍均等的服务原则，进行规划布局，统一建设并维持运行的公益性图书馆（室）；第二种是由县市级政府以项目形式统一设置但由居（村）委会自主运行的图书馆（室）；第三种是自2004年开始，通过新闻出版总署和中央文明办等八家单位联合实施的农家书屋工程而建立的农家书屋，在广大农村实际承担着图书馆的部分功能；第四种是由居（村）委会或社会力量与现有公共图书馆联合建设的图书馆（室），通常作为现有公共图书馆的分馆或服务点；第五种是由居（村）委会或社会力量自主设置和运行的图书馆（室）。

随着基层图书馆总分馆制建设的推进，某一区域内这些不同形式的图书馆（室）必将纳入地区图书馆一体化服务体系。这有利于统筹整合此前分散的图书馆服务资源，实现区域内共建共享，避免资源重建和浪费，提高资源的有效利用率。通常表现为，同一地区的社区图书馆在政府主导规划下逐步统一发展步调，以县级图书馆或某一中心图书馆为总馆，接受总馆的业务辅导，实现文献、技术、人员等资源的全面共享或统一管理，按照相同的规则和标准，依托公共图书馆服务网络和统一的业务管理平台开展各项服务工作。各地区也可成立专门的社区图书馆行业协会或社区图书馆管理委员会，作为本地区社区图书馆建设工作的领导机构和协调机构，负责制定本地区社区图书馆的整体发展规划和相关业务工作规范标准，协调解决本地区社区图书馆建设和发展中出现的问题。

公共图书馆的社区服务要顺利进行自然离不开社区的支持。在我国，公共图书馆社区服务形式主要包括社区图书馆（室）等固定场所提供服务、流动服务、在线服务三种。不过，相对来说，后两者在管理上可以不需要社区的参与，更为简单易行，可由公共图书馆设专人、专部门全力负责，主导并组织开展相关服务和活动，因为牵涉面小，因此在与社区合作方面也更容易达成。如果是通过设立社区图书馆（室）来提供服务，一般社区将参与对社区图书馆（室）的管理，或者在公共图书馆的指导下直接负责管理日常工作，这就需要公共图书馆与社区达成长期稳固的合作，确立更为具体细致的制度和规范体系，双方可签订合作协议，明确合作中各利益相关方的管理范围、权限职责及相互关系。

在组织架构方面，作为总馆的公共图书馆应有专门人员或专门部门负责各分馆和基层服务点的业务辅导和协调协作。社区图书馆因规模大小不同，馆内岗位和工作人员数量不等，有的社区图书馆只需 1—2 人负责日常运作，而规模较大、人员较多的社区图书馆需要设置馆长一职，由馆长负责馆内管理工作以及和外界的协调联系。有条件的社区图书馆也可以参考理事会制度设立图书馆咨询委员会，吸纳社区不同人群的代表和热心人士参与图书馆管理。

在资源管理方面，总馆应在馆藏发展政策中体现各分馆和基层服务点资源建设的内容，负责统一采编加工，并组织安排好图书等资源的配送、轮换工作，制定相应制度。社区图书馆应根据总馆制定的相关规范制度做好日常管理，确保正常运行，包括到馆图书等文献资源的上架和日常管理保护工作，文献借阅、信息咨询、读者活动等服务数据的统计工作，还有消防安全、读者人身安全、资产安全、计算机及信息安全的相关管理工作。

以长春市公共图书馆"中心馆—总分馆"为例，2005 年，长春图书馆启动了"协作图书馆总分馆"建设工程，构建了以长春市图书馆为总馆，县市区图书馆为分馆，企事业单位、农村、社区、部队等图书馆（室）为补充的三级图书馆总分馆服务体系。经过十年的发展，分馆数量达到 121 家，累计配送文献资源 500 余次、60 余万册，举办培训 100 余场次，开展业务辅导 700 余天（次），举办各类读者活动 600 余场，进一步提升了基层图书馆建设与服务水平。2015—2017 年，国家先后出台《关于加快构建现代公共文化服务体系的意见》《关于推进县级文化馆图书馆总分馆制建设的指导意见》《国民经济和社会发展第十三个五年规划纲要》《公共图书馆法》等政策法规，在国家政策指引下，"十三五"开局之年，长春市图书馆改革原有总分馆建设模式，精简分馆数量，提升建设质量，通过建立标准化、规范化的示范分馆，带动县区总分馆服务体系发展建设，大量优质文献资源、服务资源向基层不断延伸，新型城乡一体化"中心馆—总分馆"服务体系正在形成，全市公共文化服务水平得到进一步提升。2019 年开始，中心馆在全市开展以物流公司为主的文献配送服务模式，通过引进社会力量参与，解决人力、运力问题，提高文献配送效率，为总分馆文献流通提供保障。每两月中心馆为示范分馆、阅书房配送文献 1 次，每周为自助图书馆配送文献 2 次；年均为各区馆配送文献 35 次，图书 8 万余册、期刊 500 册，保障了分馆文献及时供给，提升了图书更新与流通率，满足了读者对新书的需求。读者活动方面，中心馆将"17个服务品牌"包装成独立公共文化服务产品，以"文化拼多多"为菜单载体，面向社区、学校、企事业单位和广大市民提供"供——选——送"的"团购"和"拼团"服务；每年联合各县区图书馆开展大型读者活动 60 余项。目前，各县区图书馆的资源建设水平和服务管理能力大幅提升，较好地承担了对辖区分馆的业务规划、指导、管理、协调、监督和评估等职能。

（二）管办分离的管理机制

目前，我国正在积极推进社区管理体制改革。改革开放后，随着计划经济向市场经济转变，我国此前的"单位制"社会逐渐解体，人们的"单位人"身份也日益减弱，转而变为"社会人"，社区逐渐承接了"单位制"解体后剥离出的社会职能和公共职能，成为经济、行政和社会等体制改革的缓冲区或沉淀带，以及人们构建现代化生活方式的重要载体。我国社区公共服务管理体制改革也取得了较大进展，主要表现为实行政社分开、管办分离，转变政府职能，将服务的生产者和直接提供者角色分开，由政府包办一切的"一元制"管理体制转向"政府——社会——居民"的"三元互动"社区管理体制。

21 世纪以来，我国开展的公共图书馆服务体系建设在管理体制创新方面表现显著，北京、上海、深圳、东莞、杭州、苏州、嘉兴等地的探索实践甚至形成了各具特色的地方"模式"，有力地突破了行政藩篱，在推动公共图书馆服务资源共建共享并向基层延伸方面提供了丰富的范例。

政府设立的各级公共图书馆是城乡公共文化服务的重要供给主体，对本地区的公共图书馆事业发展负有领导之责。我国现已确立通过县级图书馆总分馆制建设来实现公共图书馆资源向城乡基层延伸的发展方针，即各县应建立以县级公共图书馆为总馆，街道 / 乡镇综合文化站、社区 / 村图书馆（室）等为分馆或基层服务点的总分馆制，总馆负责加强对分馆和基层服务点的业务指导。就管理体制方面来说，总馆负责区域内各分馆和基层服务点的管理和规划，实行人财物统一管理，通过总馆的主导协调实现区域内公共图书馆资源的共建共享。也就是说，公共图书馆设立于社区的分馆和基层服务点在行政上可以隶属于不同管理机构，但在业务上应接受总馆的统一规划和协调，总馆无须包办分馆的全部事务，但总馆必须参与到分馆的建设和规划中，如为分馆制定建设标准、服务标准、运行制度、考核评价办法等。

三、运行机制

管理机制的确立为图书馆规范有序运行奠定了基础和方向，而在具体运行中，图书馆的服务也应遵循一定机制，建立一定的规范。虽然图书馆提供的知识服务、信息服务等公共文化服务是无形的，但图书馆服务却是实实在在体现在每一项工作中，属于实干型工作。贯彻在实务中的基本服务理念则是确保图书馆服务工作取得良好效益的关键，是公共图书馆社区服务运行机制的核心要素。一般认为，公益、平等、人本是一切公共图书馆服务都必须坚持的重要基本理念。

（一）公益

公益指的是公共图书馆应实行免费开放，坚持免费向社会公众提供基本服务。公共图书馆是保障公民文化权利、促进社会信息公平的一项制度安排。自出现以来，公共图书馆就有着独特的使命，联合国教科文组织的《公共图书馆宣言》对此有明确展现。公共图书馆服务的核心与信息、扫盲、教育和文化密切相关，对人类社会的发展进步和实现公民精神幸福至关重要。在现代社会，全球各国都把建立公共图书馆列为国家和地方政府的责任，主要由国家和地方财政拨款支持公共图书馆的建设和正常运行，为公共图书馆的免费服务提供条件。2018 年 1 月 1 日开始实施的《中华人民共和国公共图书馆法》已明确要求县级以上政府应将公共图书馆建设纳入当地国民经济和社会发展规划，为政府设立的公共图书馆提供所需经费，并及时、足额拨付，同时对其他由社会力量设立的公共图书馆也应给予政策扶持。因而，在我国，公共图书馆向社会公众提供免费服务是有必要且有条件实现的。

（二）平等

平等指的是公共图书馆面向社会全体提供服务，每一个人都有平等享受公共图书馆服务的权利。公共图书馆服务的公益性决定了平等服务，公共图书馆不得因年龄、种族、性别、宗教信仰、国籍、语言等原因拒绝向用户提供服务，公共图书馆的大门是向社会全体公民敞开的。为保障信息公平，公共图书馆还应向因故无法正常享有图书馆服务的用户提供特殊服务，应对弱势群体等特殊人群开展特别服务，如未成年人、老年人、残疾人、农民工、医院病人、监狱囚犯等。

公共图书馆平等服务的核心在于消除可妨碍人们利用图书馆、获取信息的门槛。公共图书馆服务可以将某一群体列为重点服务对象，但不可以任何理由设立门槛，拒绝向某人或某个群体提供图书馆服务，不能因用户的年龄、性别、财富、社会地位而歧视或无视用户。杭州图书馆允许流浪者进入馆内读书看报，就是这一平等理念的具体表现。此外，图书馆还应该致力于消除信息获取门槛，为推动人人平等享有图书馆服务而努力。对于残障人士，图书馆建立无障碍通道，提供专门的盲文文献和听书设备，在网站上提供大字阅读服务或有声网页，也是平等理念的表现。公共图书馆社区服务践行平等理念，就是要实现公共图书馆的全覆盖，强调普遍均等的公共图书馆服务。具体措施还包括：合理规划布局社区图书馆（室）的位置，保障社区图书馆开放时长，在无法设立固定设施的地方，以流动服务作为补充，还可利用互联网无处不达、无时不在的特点，大力推广数字图书馆服务。

（三）人本

以人为本是现代公共图书馆服务理念的核心内容，要求公共图书馆一切工作都应围绕人展开，尤其是读者，因而，我国公共图书馆领域曾普遍提出了"服务至上，读者至上""读者就是上帝"的口号。随后，人本理念不断发展，"人"的范围也从高度强调读者转变为关注"利益相关者"，即包括读者、馆员、政府、企业等与公共图书馆事业发展相关的各个群体。当然，从公共图书馆社区服务的角度来说，人本理念对运行机制确立的意义还在于公共图书馆应关注用户需求，以用户需求为导向提供相关服务。不仅仅是用户需要什么，图书馆就提供什么服务，还包括图书馆要挖掘并引导用户的需求发展，推广先进文化，促进文化消费。社区是以家庭为基本单元的社群，一般情况下，中青年一半甚至大半的时间精力花费在职场，在单位的时间要多于在社区的时间，而老人、小孩则更多以家庭为生活中心，是社区活动中最常见的群体。这是确立公共图书馆社区服务运行机制的一个重要因素。

全体未成年人都可以说是公共图书馆的潜在终身用户，对于图书馆事业的发展具有重要价值。公共图书馆可重点开展早期识字、亲子阅读等方面的服务，养成并强化儿童早期的阅读习惯。针对学龄少年儿童，公共图书馆可配合学校教育开展相关课外阅读辅导、家庭作业辅导等服务。公共图书馆还可以开展形式多样、内容丰富的活动，为未成年人群体提供接触各种文化展示的机会，设立少儿阅读体验中心或创客空间，激发少年儿童的想象力和创造力，等等。对于老年人群体，公共图书馆可提供免费讲座、培训、展览等服务，例如，开展扫盲活动提升老年人的读写识字水平，开展计算机基础培训帮助老年人学会使用电脑，开展健康养生讲座和各种兴趣班帮助老年人维护身心健康，丰富晚年生活。

第五章 大数据时代公共图书馆知识服务

在 21 世纪，相较于大数据、"互联网＋"等先进科技的产生与稳步发展，公共图书馆建设与发展的速度和质量已经明显跟不上社会发展的需求。因此，大力发展公共图书馆，加快图书馆建设的步伐，发挥其应有的作用，已成为当前一项紧迫的工作任务。我们一定要加强党的领导，努力转变观念，采取"多形式、多渠道、多功能"的方法，走出一条既有时代特色，又切合实际的图书馆建设道路。

本章主要论述大数据时代公共图书馆知识服务，分别介绍了大数据时代公共图书馆知识服务体系、大数据时代公共图书馆知识服务的问题和对策和大数据时代公共图书馆知识服务能力评价三方面内容。

第一节 大数据时代公共图书馆知识服务体系

一、知识用户类型和需求

（一）知识用户类型

公共图书馆知识用户是指自觉地、有意识地、有目标地、有目的地获取和利用图书馆的知识资源，开展知识活动的个人或者团体。知识用户是知识的接受者和吸收者，是知识需求者和消费者，也是利用特定知识的个人或群体。公共图书馆知识用户可以分成潜在用户和现实用户。

（二）知识用户需求

大数据的数据来源、知识服务资源、服务能力、服务过程以及知识本身都是基于互联网和大数据环境的，而且所有的大数据均是来源于大数据用户的行为数据，用户的知识需求是公共图书馆开展知识服务的基础。公共图书馆知识用户的需求可归纳为以下方面：涉及学习、工作和生活方面；涉及人才培养、科学研究、社会服务和文化传承等方面。

用户知识需求是公共图书馆开展知识服务活动的前提。用户知识需求的表达水平、图书馆知识服务人员对用户知识需求的理解和识别能力等直接影响知识服务效率、质量和结果。因此，作为知识用户，在参与知识服务活动过程中，要能简洁、精准地表达需求，这对于提高知识服务的效率和质量是非常有帮助的，公共图书馆要把对用户知识需求的识别和判断作为最重要的基础环节，知识服务人员要强化与用户的沟通和交流，要能全面、系统、深入地理解和把握用户知识需求的本质和核心要义，精心组织知识服务活动，精准施策，提高知识服务的质量和用户满意度。

二、公共图书馆知识服务体系的特征

（一）为公众服务

公共图书馆是为全体社会公众提供自由阅读和专有文献资料及信息访问、查询、使用服务，实现公众自主学习和休闲、交流的机构。它自身具有公共学习、公共参考、公共所有、公共使用等特点。所以，在持续的服务和建设中也同样需要公众共同规划和管理，以维护公共图书馆及公共图书馆服务体系健康、平稳、有序地良性运行和发展。

（二）免费和非营利性

公共图书馆的服务本质就是免费和无障碍为社会公众提供文化服务。公共图书馆不以营利为目的，其日常工作显现为不同类型、不同层面、不同需求的社会公众提供对应的文献服务。它的主要作用是通过对公共文化服务资源进行科学合理的分配和规划，保证社会公众可自由、无障碍地享受图书馆的免费和非营利性文化服务。

（三）无差别的平等服务

《公共图书馆宣言》中明确规定，任何一个人都可享有公共图书馆服务的权利，例如，任何年龄、性别、肤色、种族、文化程度、职业的社会公众都可以无障碍进入图书馆享受服务。哪怕你是蹒跚学步的幼儿或是年逾古稀的老者；哪怕你是没有稳定工作的社会底层群众或是上流社会的企业管理者。这样一来，公共图书馆服务体系使得每一个社会公众都能拥有读书的权利。

（四）节约社会公众时间

公共图书馆的开放时间是由各地区结合自身的实际情况设定的。在社会公众进入图书馆学习时，无须办理烦琐的手续，直接可享受到图书馆便捷的对应的服务。公共图书馆的全部馆藏文献都会以不同方式、不同程度向社会公众开放。社会公众都可以通过正常路径获取到准确的文献信息，极大地节省了社会公众的宝贵时间。

三、公共图书馆知识服务体系构成

（一）知识资源库

知识资源库是公共图书馆开展知识服务最重要的基础和源泉，它的建设水平、规模和质量直接影响知识服务的水平和效果。在现代信息技术快速发展的互联网时代，国家加大了对公共图书馆知识资源建设力度，总体趋势是纸质知识资源所占的比例越来越小，数字化知识资源所占的比例越来越大。目前公共图书馆的知识资源库基本由传统文献资源库、数字化知识资源库、机构知识库、特色资源库等组成。各公共图书馆根据自己的特色和优势等建立特色资源库，这成为公共图书馆知识资源库建设的一个重要特色。

在新时代，随着我国公共图书馆数字化、智慧化建设进程的加快，数字化知识资源将成为图书馆知识资源库的主体，也将成为公共图书馆开展知识服务的主要知识源。当然，在现代信息技术快速发展的互联网时代，公共图书馆开展知识服务的知识资源库不仅限于本馆的知识资源，其实通过加入全国、区域、行业、系统等图书馆或情报机构联盟，通过知识资源库的共建共享，可以利用更多的知识资源库来开展知识服务，大大提高知识服务的能力和质量。

（二）知识服务平台

公共图书馆知识服务的开展显然已经从传统的手工方式转变为以网络化、自动化、智能化为主的方式。因此，加大经费投入，建设和上线先进的信息技术平台已经成为公共图书馆知识服务的必然要求，也是提高知识服务能力和水平的重要路径，更是建设智慧图书馆和数字化图书馆的重要内容。目前公共图书馆普遍上线了图书馆管理信息系统，有的建立了大数据中心，但是真正建立一体化大数据知识服务平台的并不多。因此，充分采用大数据技术、人工智能技术、物联网技术和移动互联技术，建设网络化、集成化、智能化的大数据知识服务平台是公共图书馆加强数字化图书馆建设的重要内容，也是提高知识服务能力和水平的重要措施。

（三）知识服务专业技术人员

知识服务专业技术人员是公共图书馆知识服务中最活跃的因素，其综合素质和能力水平直接影响知识服务的质量和效果。公共图书馆专业技术人员必须具有较好的信息技术能力、外语能力和扎实的专业功底，同时也需要有良好的逻辑思维能力、语言表达能力和沟通能力。知识服务专业技术人员的筛选要有严格的标准和规范，要从多方面进行考察。

（四）知识服务业务流程

公共图书馆知识服务质量深受业务流程的影响。目前我国公共图书馆知识服务业务流程基本沿用传统的参考咨询工作流程，在时代性、科学性、网络化、智能化等方面与现实需求还存在明显的差距。在现代信息技术快速发展的大数据时代，公共图书馆面对海量的知识资源、用户的知识需求和知识服务要求的提高，更要高度重视知识服务业务流程设计，充分借鉴国内外知名图书馆知识服务的业务流程方案，充分利用现代信息技术和先进的管理理念与思想，结合集成化大数据知识服务平台的要求，了解和掌握知识服务流程的客观规律，设计科学合理，能体现时代性、科学性、客观性、网络化、智能化、移动互联等要求的图书馆知识服务业务流程。同时，公共图书馆也要对现有知识服务流程进行全面研判，对不合理的流程必须进行重组，以适应大数据环境下的知识服务需要，提高知识服务的能力和水平。

（五）知识服务组织机构

组织机构是公共图书馆实施知识服务的重要组织保障，其设置是否合理和科学，直接影响图书馆知识服务的质量和效果。从广义上讲，公共图书馆所有机构都属于知识服务机构范畴。从狭义上讲，目前我国公共图书馆的知识服务工作主要由信息参考部参考咨询部、情报部、知识服务部等承担。也有图书馆直接设立了知识服务中心。

公共图书馆必须高度重视知识服务机构的设置，最大限度地发挥图书馆知识服务的潜能。我们认为，公共图书馆知识服务机构设立的目的：一是图书馆管理者要摆脱传统观念的束缚，解放思想，与时俱进；二是要充分考虑大数据、移动互联等现代信息技术快速发展的时代背景；三是要适应快速增长的用户知识需求和要求；四是要把知识服务业务流程作为机构设置的重要依据，要充分体现机构为流程服务的设置理念，而不是流程为机构服务的设置理念；五是要有利于知识服务功能的高质量实现。

（六）知识服务管理制度

管理制度的制定和实施是公共图书馆实现知识服务功能的制度保障。知识服务的管理制度涉及知识服务的过程管理、知识服务员工的岗位职责、教育培训、合同管理、涉密管理、收费管理、绩效评价多个方面。科学合理的管理制度是知识服务活动依法、规范、科学、顺利进行的重要保证。因此，公共图书馆要高度重视知识服务的各项制度建设，制度建设要体现时代性、科学性、合理性、规范性，具体要求如下：一是可借鉴知名公共图书馆的做法；二是要结合图书馆开展知识服务的具体工作实践；三是要依法依规，遵守国家的法律法规；四是要体现用户至上的思想。

（七）知识服务环境

知识服务环境也是影响公共图书馆知识服务能力和水平的一个重要因素，主要分为内部环境和外部环境两个方面。内部环境主要包括各类用户的知识意识和知识能力、图书馆管理者对知识服务的重视和参与程度、国家给予图书馆的经费投入情况、图书馆用于知识服务的资金投入情况、图书馆知识文化建设水平、图书馆员工的综合素质和能力水平、图书馆对知识服务的宣传力度、网站建设水平、局域网建设水平、拥有的软硬件设备情况等。外部环境主要包括国家法律法规和政策支持力度、主管部门和行业系统的相关制度规定等。

第二节　大数据时代公共图书馆知识服务的问题和对策

一、公共图书馆知识服务存在的问题

（一）在馆信息显示具有滞后性

目前，一些公共图书馆 APP 或者官网显示图书外借状态信息具有滞后性。比如要找一本书，在图书馆 APP 或者官网查找显示在库，但是实际上在书架上却找不到这本书，这样难免会给读者带来不便。现在随着智能服务水平的不断提升，

这些小细节也应该完善，才能提高读者的体验度。另外，一些区县图书馆受到资金的限制，虽然开通了微信平台，但是功能还有待完善，如网上续借功能、馆藏查询功能。有的图书馆微信平台只是一些简单的馆藏检索服务，而且细节方面还存在很多不足。现在一个美团就能实现很多功能让用户足不出户就能搞定一切。在人工智能迅速发展的今天，网上银行可以让用户实现查询、转账等大部分功能，那么我们图书馆的官方微信、APP 是不是也应该适应这样的趋势呢？以金堂县图书馆为例，外借室书架都标注了架面列层。如果要查找一本书，可以先用手机在官方公众号里面查询出这本书的索书号，然后再找出这本书在哪一个书架上。如果官方公众号里面的数据可以更加完善，把这个步骤简化一下，让读者查询出索书号的同时就能找到这本书在哪个书架。此外，很多读者拿着手机上搜索出索书号，但是在书架上怎么找不到这本书？这些都是因为信息滞后给读者带来的不便，建议改善这类现象，避免读者空跑。

（二）知识服务意识还不够强

在现代信息技术快速发展的大数据时代，知识服务是公共图书馆的重要功能。作为图书馆的"一把手"工程，图书馆知识服务的能力和水平是衡量新时代图书馆形象的重要因素。总的来说，目前公共图书馆知识服务的意识明显增强，但是也有些公共图书馆，尤其是地方公共图书馆的管理者不仅对开展知识服务重视程度不够，还很少参与图书馆知识服务活动。这导致图书馆知识服务功能无法完全实现，图书馆知识资源和信息技术基础设施的作用未能得到充分发挥，不仅浪费了资源，而且也影响了图书馆的形象。

（三）专业技术人才队伍建设仍有差距

尽管现在公共图书馆知识服务的专业技术人员有一定程度的增加，专业结构、学历结构、职称结构、年龄结构等方面得到明显改善，但公共图书馆，尤其是地方公共图书馆，对知识服务工作的专业技术人才队伍建设的重视程度还不够，专业技术人才的规模、学历结构、职称结构、知识结构、业务素质和能力、经历与经验都存在明显不足，很难适应新时代公共图书馆知识服务工作的需要，严重制约着知识服务工作的开展。

（四）知识服务业务流程还不够科学

目前，公共图书馆的知识服务流程基本上沿用的是传统参考咨询工作的业务流程，未能充分利用现代信息技术。按照时代性、科学性、效益性、客观性、网络化、智能化等来设计知识服务流程的图书馆还不是很多，与国外公共图书馆知识服务业务流程设计还有一定差距，导致现在图书馆知识服务流程还存在用户与知识服务人员交流沟通不充分，现代大数据等信息技术作用发挥不充分，不能最大限度地满足用户需要等问题。在现代信息技术快速发展的知识管理时代，公共图书馆必须要结合现代信息技术和先进的知识管理思想，体现"以用户为中心"的服务理念，对现有知识服务流程进行全面审视和分析，利用业务流程重组的思想，科学设计适合新时代公共图书馆知识服务实践的业务流程。

（五）知识服务组织机构设置还不尽合理

从狭义上讲，目前公共图书馆多数设置了专门的知识服务机构，主要是信息咨询部，也有的叫参考咨询部、知识服务部（中心）、情报部、信息中心等。这些机构设置基本上与读者服务部、资源建设部等平行。知识服务作为现代公共图书馆的主要功能，在机构设置上应体现其重要性，建议由图书馆副馆长兼任部门负责人。

（六）知识服务的制度建设还比较滞后

制度建设是确定公共图书馆知识服务合法、规范、质量的重要保障，知识服务涉及知识人员的岗位职责、业务流程和规范、管理制度、资质要求、收费标准等各方面。应该说，公共图书馆在知识服务制度方面还是取得了一定成绩，但也存在一些问题，主要是知识服务制度建设不完善，有些制度的建设还比较滞后，时效性和时代性都不足，有关大数据环境下知识服务的制度建设不能做到与时俱进，有关知识服务的绩效评价、知识服务人员的管理等方面的制度建设还有差距。

（七）官方 APP 微信平台功能亟待完善

以金堂县图书馆为例，公众号里只有简单的馆藏检索功能和信息发布，像市图书馆那样的网上续借、网上缴费功能都没有。因为现在很多人出门都只带手机。市图书馆的微服务大厅，只要绑定一个手机号，读者的在借、临过期、已过期图书和借阅清单就一目了然。既然都实现了通借通还，那图书馆微信服务平台可不可以实现区县"通用"呢？就像借阅系统一样的原理，全市通用一个系统但是独自拥有各自的账号，这样既可以免去读者重复绑定账号的麻烦，又可以弥补很多区县因为经费不足导致的微服务滞后的现状。

二、公共图书馆知识服务产生问题的原因

（一）理念落后，创新不够

公共图书馆知识意识不强、知识服务业务流程和组织结构设计不尽合理等。主要原因是长期以来，有的公共图书馆管理还没有解放思想，改革创新，仍然按照传统的理念来经营和管理图书馆，服务对象定位存在偏差，参与社会化服务的积极性不高，社会化的服务功能弱化。

（二）认识不到位

互联网、大数据、人工智能、移动互联等现代信息技术，高质量发展、数字图书馆、智慧图书馆等理念和思想，对新时代公共图书馆的建设发展和管理提出了全新的要求。智慧图书馆以数字化、网络化、智能化的信息科学为基本手段，通过物联网来实现智慧化的服务和管理，是感知智慧化和图书馆服务智慧化的综合。新时代的公共图书馆要为社会提供高质量的服务，要积极开展社会化服务，实施创新转型和可持续发展策略等。目前，有些公共图书馆管理层对新时代公共图书馆发展的趋势认识不到位，对数字图书馆、智慧图书馆建设了解不多，重视不够，资金和精力投入都不足，对图书馆面对时代的挑战，实施创新发展思考不多，严重制约着图书馆的发展。

（三）改革创新力度不大

目前，我国大部分公共图书馆在社会的重要地位没有显现出来，因此从管理层到专业人才队伍建设都受到影响。有些地方公共图书馆对图书情报专业人才重视不够，对专业人才的吸引力不足。公共图书馆的管理层缺乏专业化人才，有的是外行领导内行，对图书馆知识服务和管理缺乏顶层设计和科学化的规划，从而对知识服务业务不重视，业务流程和组织机构设置不合理，制度建设不健全。有些管理者对公共图书馆开展社会化服务工作认识不到位。

（四）治理能力不高

在现代信息技术快速发展的高质量发展时代，公共图书馆在自身治理体系和治理能力现代化建设方面与现实需要还有一定差距。图书馆在战略发展的顶层设计、制度和文化建设、制度执行力等方面，都还不能完全适应新时代对图书馆治理体系和治理能力现代化的要求。因此，公共图书馆要突出自身特色，主动担当作为，全力推进高质量内涵式发展，全面提高知识服务的能力、水平和质量，加

快治理体系和治理能力现代化建设步伐。

（五）业务能力不能满足需求

在互联网时代，传统文化获取途径被越来越便捷的网络信息化途径所替代，读者不满足于通过文献资源获取信息，读者阅读需求更加多样化，阅读资源越来越信息化。公共图书馆因其历史原因，大多数无法满足读者越来越快捷的信息获取需求。现阶段，公共图书馆想提供多元文化服务，需各种社会力量参与，并继续保持优势，扩大读者群体。

三、公共图书馆知识服务的对策

公共图书馆不断实现服务模式创新，通过对网络技术的合理应用，借助图书馆本身作为衔接，推动区域资料、情报与知识、政府、社会文化组织以及层级化图书馆之间相互作用、相互衔接，推动各类信息的有机结合，加强各层级图书馆的资源共享和功能互补，逐步提升用户的图书馆应用效率和应用满意度。

（一）优化知识服务资源

知识服务是公共图书馆建设的目标，知识服务资源建设则是公共图书馆维持其核心竞争力的前提。

1. 完备公共图书馆知识资源储备

公共图书馆用户对知识服务的需求更加多样化，这就需要公共图书馆拥有更加丰富多样的数据、信息和知识资源储备。因此，公共图书馆应建立合理的知识资源存储体系，完善公共图书馆知识资源储备。

（1）建立合理的知识资源存储体系

图书馆知识资源的存储主要包括传统资源和数字资源两种形式，而在信息技术快速发展的时代，由于电子文献具有较大存储量，且更新频率较高，获取方式更加便捷，使得用户阅读偏好逐渐由纸质文献转向电子文献，对传统资源的需求量逐步下降。但与电子文献相比，传统文献仍具有强大的生命力，图书馆馆藏纸质文献是其多年累积的成果，可以展现出公共图书馆独特的发展历程和学科背景，具有不可替代性。因此，公共图书馆应兼顾传统资源和数字资源，合理规划知识资源分配比例，使其在数量与结构上能够良好搭配，从而建立科学的知识资源存储体系。为此，公共图书馆一方面可以针对使用频次较低或较难保存的纸质文献资源，采取分布式合作存储模式，将其进行扫描转化为电子文献从而节省馆藏空间，降低成本，也方便知识资源的存储和调用；另一方面，针对各类专业的知识资源进行收集，增加图书馆馆藏文献数量和知识资源库的拥有量，丰富公共图书馆知识资源储备。

（2）加强公共图书馆特色知识资源库建设

各公共图书馆知识资源的存量不尽相同，为提高自身影响力和核心竞争力，各公共图书馆需加强特色知识资源库建设，打造各公共图书馆自身特有的文化优势。一方面，部分文献资源在特定的研究领域中具有重要的导向作用和参考价值，公共图书馆在满足知识服务需求的同时，可以根据自身性质、研究方向与发展目标，加大对潜力高、权威性强、具有代表和动态性的纸质资源及国内外优秀数据库的采购力度，提高馆藏资源质量；另一方面，公共图书馆可以借助网络技术、知识挖掘技术等先进的科学技术与方法，将科研成果进行收集、存储与处理，建立特色知识资源库。

（3）加快公共图书馆知识资源更新速度

信息激增时代，公共图书馆用户的知识需求量逐渐增多，知识需求面愈加广泛，为满足其日益增长的需求，公共图书馆需强化数字资源库建设，加快知识资源的更新速度，通过线上线下多个渠道获取各类知识资源，满足用户个性化、多样化的知识需求。此外，公共图书馆知识服务人员在保证知识资源数量充足的同时，也需要对海量信息进行甄别，以筛选出符合图书馆需求的高质量资源，促进公共图书馆知识服务能力提升。

2. 挖掘知识资源深层利用价值

传统检索方法只能获取公共图书馆内部馆藏知识资源中的显性知识，而图书馆馆藏知识资源不仅包括显性知识，还蕴藏着丰富的隐性知识。因此，公共图书馆可以采用新兴信息技术，深入挖掘其潜在的隐性知识中蕴含的深层利用价值，为公共图书馆知识服务用户提供深层知识服务。

（1）深入挖掘公共图书馆知识服务资源的价值

面对信息资源数量庞大、覆盖范围广阔的互联网资源，公共图书馆应实施解析组织手段，加大资源投入力度，发挥数据挖掘、数据处理等新兴信息技术在知识发现与识别过程中的优势，对互联网信息及公共图书馆馆藏知识资源进行采集与处理，对数据挖掘、智能分析产生的信息进行二次处理，从而挖掘具有深层利用价值的知识资源。针对结构化、半结构化的显性知识，公共图书馆可以对其进行分析、组织和集成化处理，挖掘出能满足用户需求的知识单元；针对非结构化类型的信息数据，运用可视化技术将其整理建设为视频知识资源库，以方便用户的检索和提取，提高知识服务资源利用效率。

（2）建设公共图书馆知识网络体系

知识网络是基于知识参与者之间的社会网络，能够实现知识在用户、组织内与组织间的流通和传递，知识用户可以通过使用知识网络进行信息沟通与合作，从而实现知识创造和知识应用。公共图书馆可以引用链接技术和知识元链接技术等，根据文献资源间的印证关系、知识概念等关联进行引文链接，再结合主题链接、行为关系链接、聚类关系链接及属性链接等关联途径，将公共图书馆内中文文献数据库、各知识资源库进行整合，建立公共图书馆知识网络体系，实现数据之间、信息之间及知识单元之间的内容关联，从而挖掘其潜在的隐性知识资源。

（3）实现公共图书馆知识服务资源共建共享

新型信息环境背景下，公共图书馆在知识服务资源建设过程中，应以资源共建共享为理念，发挥自身学科背景优势或地区优势，建立系统化或地区化公共图书馆知识服务联盟合作机制。以互联网为媒介，构建知识服务资源共享平台，开展合作、联合服务，以实现知识服务资源共享、知识服务团队共建的目标，提升知识资源的利用价值，进而促进公共图书馆知识服务能力的提升。

3. 提高公共图书馆知识整合水平

知识整合是指以知识管理方法为手段，通过对知识资源库进行数据整合和信息整合，将其内部知识资源进行重新整理、凝聚，形成多维多层且相互关联的知识体系的一种知识处理方式。公共图书馆知识整合的目标是按照一定的原则，利用信息技术手段，对公共图书馆内现存的大量处于无序状态的数据、信息及知识资源进行整理和优化，使其处于有序化状态，从而便于知识的获取、存储、利用和传递。通过对知识资源进行整合，实现知识的创新与再生，已逐渐成为大数据背景下公共图书馆知识服务资源建设的重要发展趋势。

公共图书馆在对知识资源进行整合与处理时，可以利用各类信息技术，以知识单元为基础，利用不同内容知识单元间的印证关系，将图书馆内部各数据、信息、知识或文献紧密联系起来，便于知识服务用户的获取和应用。对于现有文献资源信息较为密集、复杂，缺乏结构性与系统性的某些领域，公共图书馆知识服务人员可以利用各类信息技术，进行知识挖掘、关联与回溯，探索隐性知识结构，对现有文献进行一定的整理加工、分类归纳，然后根据用户需求在原有文献基础上形成二次文献、三次文献，帮助用户实现数据信息资源的有效处理，为用户提供一站式服务，满足其研究需求，并提供决策参考。

（二）政府完善知识服务机制

1. 完善知识服务供给管理政策体系

目前我国知识服务管理政策体系可以进一步划分为环境型、供给型和需求型。根据曹树金，刘慧云，王雨（2019）的研究，在 147 个与知识服务相关的政策文本中，为知识服务供给提供良好的环境相关政策工具占比为 37.3%，供给型工具占比为 31.8%，需求型占比为 30.9%。目前公共图书馆在基础设施建设、服务管制、数据平台建设、政府与市场合作、政府采购、海外交流在内的相关政策制定仍然相对不足，并且在针对图书馆领域内的各项法律法规和应用政策呈现出较大的地域化差异。在此，以四川省图书馆为例进行分析。

第一，提高公共图书馆特色空间服务利用率。例如，四川省图书馆目前正在逐步构架起"总馆—分馆—社区图书点"的空间体系，但随着现代化图书馆信息技术的发展，智慧服务已突破了传统的空间局限，逐步形成线上线下联动的智慧图书服务供给模式。用户的整体阅读习惯与资源获取方式也呈现出多元化态势，书籍的电子化出版与线上阅读已成为出版行业的重要组成部分。四川省图书馆也在逐步实现线上资源的整合与平台的构建，并尝试与线下基础设施实现空间联动。四川省图书馆立足于本地区知识服务供给的核心机构，应当强化其基础设施的智能化投入，其中公共图书馆特色的空间服务体系是重要的发展方向。公共图书馆代表着知识服务供给机构未来发展的一个重要方向，四川省图书馆智慧化建设是地区社会文化与公共服务融合的重要体现，应当具有自身的图书馆特色建设理念，而非对其他传统图书馆建造空间的复制。四川省图书馆内部是包括有书籍收藏、公众阅读、组织展览以及文化传播等功能，在其定义上，应当进一步拓展，呈现出多样化的文体载体与展示范式。在实体空间结构的营造上，实现内部装修与基础设施配备的个性化、艺术化、智能化建设，依托地方传统文化理念和现代化智能图书馆发展的共享进行空间上的改造，实现馆藏特色陈列、休闲阅读、现代信息服务、图书馆文创融合等不同模块的构建。同时进一步完善四川省公共图书馆线上平台的搭建，营造良好的线上信息资源空间，实现线上线下渠道功能的有序衔接与及时响应。

第二，完善图书馆智能服务终端建设。例如，四川省图书馆应当完善各级场馆智能服务终端体系的建设。在公共图书馆和地区政府资金预算支持的基础上，强化四川省图书馆内部不同智能设备的整体投入与规划。从而为层次化、体系化的四川省图书馆智能服务体系提供强有力的智能设备物质基础。其中便包括与线上平台相联动的自助借还机器、基于 RFID 物联网反馈技术的智能书架。通过优化图书馆核心借阅业务的流程，提高四川省图书馆的整体服务效率，加大馆内智能机器人、移动图书馆平台、3D 打印机、自助打印机等设备的投入和应用，提升公共图书馆现代化、信息化水平，强化四川省图书馆智慧服务平台投入，实现基于传统图书借阅业务之外的智慧服务附加功能，同时加强各平台的大力宣传与推广，激发公众的阅读兴趣。与此同时，四川省图书馆应当依托流程再造理论，结合智慧化图书馆建设标准和要求与本图书馆实际现状，建立起高效便捷的智慧服务平台，实现对传统书籍借阅空间的打破和检索程序的优化。在进行四川省图书馆智慧服务平台建设过程中，充分调度各层级图书馆平台内外的核心资源，探索四川省图书馆"线上平台＋手机应用＋智能终端"相结合的智慧化服务平台模式，实现移动图书馆、手机官网与公众号平台、场馆内信息接口充分融合，以多屏互动融合的形式满足各层级图书馆读者个性化、多样性的知识需求。

2. 引入多方主体提升知识服务的实效性

向公众提供知识服务，全部依靠图书馆等文化机构或者政府部门，很难实现高效性，还需要在知识服务体系当中，有效地引入社会力量参与，一方面来说，对事业单位法人治理结构进行强化建设，确保公立图书馆等建设相应的理事会产生较强的吸引力，并鼓励他们参与部分管理实践；另一方面还可以在社会或民间组织中选拔具有一定专业能力或特长的志愿者，进行辅导培训，组织他们参与知识活动，这在一定程度上可以解决人才队伍匮乏的问题，也进一步提升文化服务人员的数量和质量。通过引导鼓励社会公众积极参与知识服务，不仅可以节约财力、人力，更能提升知识服务的质量和效果，增强公众的满意度和认可度。

（三）完善知识服务环境

公共图书馆知识服务能力的提升是一项复杂的系统工程，不仅受公共图书馆自身内部环境影响，同时也受外部环境影响。因此，公共图书馆应营造开放、共享的知识服务环境。

1. 营造良好的政策环境

为进一步提升图书馆知识服务的多元化和智能化水平，国家和政府应出台相应政策法规和标准规范，完善图书馆数据建设的相关服务协议。公共图书馆要根据国家、政府的有关政策，制定适合自身的管理和发展规范，推动图书馆知识服务活动顺利进行，提升知识服务效率。

（1）强化知识产权保护力度

知识产权是指权利人对其智力劳动所创作的成果和经营活动中的标记、信誉，所依法享有的专有权利。网络资源的兴起，方便了资源的获取、存储与传播，带来便利的同时也加剧了侵权问题，阻碍了创作者的积极性。为营造良好的创新环境，国家应从宏观角度强化知识产权保护力度，授予创作者专有权利以内化创新成果的外部性，并严惩侵权行为。同时，公共图书馆和专家学者也应要严格遵循知识产权有关规定，协调彼此产权关系，为公共图书馆知识服务营造良好的发展环境。

（2）落实供给侧结构性改革

为深入贯彻全面发展理念，公共图书馆应将自身发展战略与政府宏观调控相协调，深入推进知识服务供给侧结构性改革。为此，公共图书馆应从投资、制度、人才、创新等要素出发，综合提升知识服务的供给质量：首先，公共图书馆可以采取激励政策，改进资金投入准则，充分调动图书馆知识服务建设的积极性，优化知识服务产权结构、要素结构，促进资源整合。其次，图书馆要加强服务团队建设，坚持职业素养和文化素养并重的原则，建立健全素质培训与绩效考核机制。最后，升级知识开发技术、知识共享技术、知识应用技术和知识创新技术，打造智能化服务，为用户提供创新型知识服务链，满足用户获取多样化知识的需求。

2. 开展知识服务协作机制

随着传统公共图书馆服务转变为精细化知识服务，在满足用户个性化需求和自身数字化建设方面，公共图书馆的发展环境已经发生了深刻变化：图书馆馆藏资源形式由单一纸质资源转为纸质、数据、音频多种形式资源共存；图书馆提供的服务由被动提供转变为主动智能、个性化推送；图书馆服务时间维度由按时转变为按需即时等。个性化服务和泛在服务虽然在一定层次上实现了即时、个性化、主动提供知识服务，但大数据时代背景下单凭某一公共图书馆馆藏资源和服务已不能满足用户多元、多样、深层次的个性化需求。在此背景下，通过与其他公共图书馆或资源供应商等信息机构协议合作以组建知识服务联盟就显得尤为迫切。公共图书馆可以根据自身的优势与不足，以共商、共建为原则，同其他地方图书馆或区域内相关的科研机构开展合作，实现合理分工、知识融合、资源共享、优势互补。由于合作主体之间存在资源和能力的差异，合作之前应签署相关协议，明确彼此责任，保证各方利益的合理性。

（1）与其他公共图书馆组建图书馆知识服务联盟

传统图书馆联盟是指图书馆之间为降低馆藏成本、共享信息资源和利益互利互惠而协议建立起的一种联合体。我国图书馆之间进行合作组建图书馆联盟可追溯到 20 世纪 90 年代，但由于未形成有效管理机制、联盟经费受限和联盟价值未得到广泛认可，图书馆知识服务的共建共享一直还在理论探索阶段。而随着信息技术的迅猛发展，公共图书馆之间可以组建不再仅限于馆藏资源的共建共享服务机制，还应开展协作知识服务的图书馆知识服务联盟。

（2）与资源供应商等其他信息机构组建知识服务联盟

如何对数量繁多且分布散乱的互联网信息资源进行分类、挖掘以及纳入自身知识服务体系，并将知识转化成果面向社会推广是公共图书馆知识服务过程中不容忽视的问题。首先，公共图书馆应高度重视企业的知识需求，实现馆企合作。打造中介式的知识服务协同中心，搭建公共图书馆和企业沟通渠道，紧密两者间的合作关系，为公共图书馆创造了解社会需求的路径和窗口，同时也为企业提供知识资源和技术合作的机会。其次，公共图书馆在组建知识服务联盟的过程中，应充分整合知识资源和服务主体，为图书馆员提供适合自己专业的发展机会，同时将具有应用价值的知识转化成果供给于社会创新创业。

（四）提高知识服务供给效率水平

1. 提升资源整合利用水平

第一，构建区域公共图书馆资源共享系统。省图书馆是处于区域公共图书馆管理体系中的核心领导地位。在县区级的图书馆体系中，每个图书馆均应提供各自的相关馆藏书目以及线上数据平台的检索。在储存系统内实现整体图书馆系统不同分馆之间数据的集合，并创建其配套的数据索引系统。在检索系统内，为在任意图书馆线上公共服务平台进行书目检索的用户提供全省范围内多维度的综合式检索结果。

第二，强化基础社区街道与省、市、区县图书馆资源协同效用。强化区域知识服务协同发展体系，各图书馆在进行自身公共图书馆现代化建设过程中，应充分发挥省公共图书馆与下属各分馆、街道社区阅读站升级改造过程中的重要引领作用，积极探索"全民阅读＋媒体社交"的新兴经营理念，引入社会协作模式，实现社会公共服务供给的完善，创新图书馆现代化经营市场机制，借助互联网、物联网、人脸识别等核心技术，从而建立起在全国范围内技术领先，经营模式优异且服务质量高的共享书屋模式，作为智慧社区生态系统的组成部分，强化"图书服务圈"惠民辐射幅度，形成社区、商场、公园、企业协同发展新模式，充分利用现有的资源，打通文化为民服务的最后一公里。

2. 树立需求导向性工作服务理念

在图书馆服务供给优化层面，第一，加强对现代知识服务体系，特别是图书馆服务体系的理论研究及技术应用探索，通过组织实施重点文化工程、开展文献信息资源建设与联合服务、组织优秀师资面向全国图书馆开展馆员培训等多种方式，不断深入公共图书馆五级联动文化宣传与服务，特别是为农村及偏远、贫困地区图书馆的发展提供支持，推动图书馆机构对知识服务的积极促进作用，并注重中华文明成果的传播与知识服务职能。

第二，完善信息资源共享网络与联合服务机制。依托全国联合编目中心，以全国图书馆馆藏文献元数据集中仓储为基础，推动实现全国各级公共图书馆馆藏各文献信息数据资源的联动服务。依托全国省级公共图书馆决策咨询服务协作平台、政府公开信息服务平台、国家少年儿童数字图书馆、中国残疾人数字图书馆等联合服务平台、地区图书馆服务平台等，实现各平台间的互联互通，共同参与到构建覆盖全国的公共图书馆联合服务网络进程中。

3. 完善人才储备与绩效评价机制

第一，加大公共图书馆队伍培训工作。加大省公共图书馆与下属各分馆、街道社区阅读站先进人才培训和馆藏服务人员的服务培训。在智慧城市建设背景下，省公共图书馆与下属各分馆、街道社区阅读站馆藏管理队伍应当同时具有图书管理专业和智慧化、数字化信息技术专业方面的知识体系。在不同的岗位适配专业化的人才，满足省公共图书馆与下属各分馆、街道社区阅读站优化升级过程中各智慧服务对于馆藏工作人员的要求。在省公共图书馆与下属各分馆、街道社区阅读站部分馆区，工作人员应当具备计算机和图书管理学类的专业知识，同时要掌握一定程度的外语能力。

第二，优化馆内岗位职能设计。在公共图书馆智慧管理队伍人才培训过程中，根据其具体专业特长和知识技能进行岗前服务与专业技能培训。从而优化省公共图书馆与下属各分馆、街道社区阅读站不同层级、不同功能模块的馆员专业水平和服务水平。同时对公共图书馆现有工作人员依托所掌握的知识经验和能力，在不同的岗位和相关部门进行合理分配，继而盘活人力资源存量。对于满足公共图书馆智慧化发展要求的员工应当集中划归到公共图书馆管理部门，并鼓励公共图书馆工作人员实现自我能力的提升和创新意识的培养，建立起合理的智慧化图书馆岗位轮调制度，帮助图书馆管理人员对不同岗位职能与服务体系的了解，提升其与下属各分馆、街道社区阅读站不同岗位员工业务素养和服务能力。

第三，构建配套的监督考核体系。建立起与省公共图书馆与下属各分馆、街道社区阅读站业务流程相配套的绩效考核体系。在省图书馆与下属各分馆、街道社区阅读站现有服务供给框架下，线上数字平台是重要的公共图书馆发展方向，线上数字化平台运营管理人员的工作时间和空间与线下工作人员存在较大差异，且无法按照传统图书馆绩效评测标准进行衡量。因此，应当建立起切实可靠的公共图书馆业务流程绩效考核评价制度。

（五）构建知识服务平台

随着信息技术的发展，数据资源更加多样性、数据来源更加复杂性，为公共图书馆的信息检索、知识发现、智能采集等知识服务流程造成阻碍，在一定程度上限制了公共图书馆知识服务能力的提升。因此，建设具有数据获取、存储、组织、分析及知识共享、协作与创新的智慧平台成为公共图书馆知识服务的关键要素之一，利用知识服务平台强大的数字处理功能对公共图书馆馆藏资源进行充分挖掘和深入分析，为用户提供全方位一站式综合知识服务成为公共图书馆追求的目标。

1. 完善公共图书馆信息基础设施建设

信息数据已经成为数字经济时代的生产要素，驱动着国家、社会和知识密集型机构的数字化转型，能够围绕数据资源进行深度整合计算、识别和提取的信息基础设施是公共图书馆传统 IT 基础设施面向数字化、智能化演变的必然结果。加速公共图书馆信息基础设施建设、构建完善高效的信息技术体系成为公共图书馆知识服务平台建设的基础内容。首先，针对公共图书馆建设现状，考虑到未来公共图书馆发展规划，树立大数据思维，智慧布局、统筹规划公共图书馆升级改造。如加大高容量数据存储、服务器等硬件设施部署力度，实现有线无线网络全覆盖建设，加快信息管理系统有机组合，提升信息基础设施支撑力，构建物联网应用及移动互联平台，完成公共图书馆基础设施互联互通。其次，公共图书馆为提供全方位、多层次、宽领域的知识服务，需要联结图书馆所有互动要素，如馆藏文献资源、数字化网络资源、数据库、知识馆员及用户等构成一体，统一嵌入智能网格，从而深入统计分析、挖掘、整合互动要素产生的海量数据，为公共图书馆知识服务朝着多样化、智能化、个性化的方向发展以及数据管理、智慧服务提供精准支撑。最后，公共图书馆信息基础设施完善升级是一个长期规划，因此，公共图书馆应结合自身实际，融合多部门和社会各界的力量，综合研判、审慎研究，借鉴智慧图书馆发展经验，结合实际情况和定位目标，在各级主管部门的指导下，制定科学、合理的公共图书馆信息基础设施建设规划，系统推进公共图书馆数字化转型升级。

2. 构建公共图书馆智能化机构知识库

机构知识库是指利用网络信息技术依附于某一特定组织机构而建立的信息化学术数据库，它将组织内部和相关社区成员的学术产出进行收集、整理并长期保存，这些数据经过分类、规范和标引设置后，允许机构社区内外部成员按照规范的开放标准和交互协议通过互联网免费获取和使用。智能化机构知识库的构建是提升公共学术影响力和成果展示度的核心环节。公共图书馆构建的智能化机构知识库可作为开放获取的模式之一，全面客观地为机构人员提供科研学术数据支撑，进一步增强学术交流和学术氛围，促进公共学术研究的发展。目前国外公共图书馆和科研机构已普遍关注并开展了智能化机构知识库建设，同时国内大多数公共图书馆技术能力和馆员素质已足够构建智能化机构知识库，但由于尚未形成完善的机构知识库理论基础和管理机制，缺少相应的架构规范。因此，公共图书馆亟须将先进的信息技术与学科理念有效集成以加强图书馆和管理部门的联结，建立起完善的智能化机构知识库机制和规范。通过馆员和图书馆用户的沟通合作，共同促进公共图书馆智能化机构知识库的构建，以此建立的公共图书馆智能化机构知识库，确保各类产出成果的收全率；在成果利用和科研实践中可以使既有产出成果真正成为他们接续研究的延伸基础，确保知识服务的深入和拓展。

3. 打造公共图书馆知识共享空间

在信息网络化、图书馆数字化地泛在知识环境下，公共图书馆的服务正逐渐由以图书馆为核心转变为以用户为核心，公共图书馆用户信息行为由单一形式获取固定载体的信息资源转变为利用多种方式获取泛在各种信息载体上的各类型信息资源模式。公共图书馆必须与用户有效结合构建知识共享空间，实现用户在任何时间、地点通过个人倾向的多种路径无缝获取所需的信息资源。泛在知识环境下借助大数据信息技术和各类智能化信息服务工具构建一个由公共图书馆员和用户共建的知识交流和共享空间，将信息资源获取和知识创新相结合，为用户提供持续高质量的个性化、专业化知识服务，实现知识发布方式和交流模式由单向、线性的传统知识链转变成密网型知识共享信息网络。在知识共享空间中，用户不再单纯是知识需求和利用者，对于公共图书馆的反馈也不仅仅是提出改进建议，而是利用自身专业知识和实践能力使公共图书馆资源建设更加合理的参与者。同时，公共图书馆员也可以在与用户的交流互动中，一方面辅助用户高效利用图书馆数据资源，另一方面不断填充自身知识漏洞，持续提高知识服务能力。

（六）树立科学的知识服务理念

公共图书馆具有普遍教育性的功能，它在提升人们的素质方面具有重要的作用。人们可以利用它来获得信息与知识，通过阅读书籍和翻阅资料来不断地提升自己的精神层次，来实现自己精神上的追求和体验。国家应该注重对于基础硬件设施的建设，通过对公共图书馆内部的功能介绍，提供相应的支持，不断提升图书馆的服务效率。在公共图书馆建设的同时，设计师需要考虑到公共图书馆在建设完成后是否能够达到一定的服务范围，尽可能给读者营造阅读氛围。所以，在公共图书馆场馆的选址以及建设方面，就要以方便读者作为原则，制定相对合理和便利的建设方案，来最大限度上发挥公共图书馆的服务功能。一个人的心情可以影响着人的感受体验。在公共图书馆的阅读过程中，读者必不可免的需要和工作人员沟通和交流。这就需要公共图书馆工作人员具有较强的责任心和耐心。制定相关的奖罚政策，提高工作人员的工作效率。从宏观上来说，需要确定工作目标，把重点放在工作人员的服务上面，以知识服务为核心和信息化时代为背景，从而对组织工作进行展开。为读者提供更为广阔的服务平台，从而使组织结构上发生本质性的变化，建立一个良好的公共图书馆知识服务系统。

第三节　大数据时代公共图书馆知识服务能力评价

一、知识服务能力的影响因素

（一）图书馆员职业因素

随着社会经济市场结构的不断调整，知识价值与专业水平已成为衡量职业地位的主要标尺。由于薪资报酬低，图书馆馆员这份工作在部分人眼中属于"低层"工作，在实际工作过程中未能重视实现自我价值。相关调查报告显示，图书馆馆员这一职业在求职意愿中的占比极低。职业因素直接影响着图书馆馆员的工作态度，亦与图书馆知识服务能力的高低有着一定关联。除此以外，在各项体制的制约下，部分图书馆出现人才结构失衡的问题，这一问题致使馆内岗位竞争氛围不足，同时也限制着图书馆知识服务模式的创新与优化。

（二）服务理念因素

在传统管理观念下，公共图书馆将收集、整理、保管书籍作为最核心的工作要点，并将侧重点放在如何更加高效地管理馆内文献资源上，同时馆员的身份也处在"教育者"层面，并不是服务者。尽管现阶段各级图书馆已经重视起"以读者为本""服务质量第一"等管理理念的渗透与实施，但从本质上来看大多数馆员的服务理念并未及时更新，仍旧存在着一定的缺陷之处，主要体现为服务模式单一、服务水平较低以及服务体系不完整。由此可见，传统观念下的图书馆服务模式难以满足读者需求，也阻碍着图书馆的长远发展。

二、知识服务能力评价原则

（一）科学性原则

科学性原则主要是指用于评价公共图书馆知识服务能力的评价指标体系应能够客观真实地反映公共图书馆的知识服务能力发展现状，从而有利于发现各公共图书馆知识服务能力的发展差异。因此，公共图书馆知识服务能力评价指标的选取必须要有科学依据，从客观实际出发。换言之，所选取的具体评价指标的定义、单位和计算公式必须以相关理论为依据，不可凭空捏造。

（二）系统性原则

对公共图书馆知识服务能力进行综合评价是一个系统工程，在构建指标体系时应综合考虑内部环境和外部环境等多种因素的影响。因此，必须从系统的角度构建公共图书馆知识服务能力评价指标体系，应包括影响公共图书馆知识服务能力的各种关键影响因素和评价内容，能够全面、系统和准确地体现科技情报机构知识服务能力，指标层次结构要科学合理、分类准确、层级明确，确保评价结果的全面性和系统性。

（三）客观性原则

由于公共图书馆知识服务能力是独立于人的主观意识之外并能被人的意识所反映的客观现实，公共图书馆知识服务能力价值的高低不能被评价者的主观意识确定。因此，公共图书馆知识服务能力评价指标的选取应与知识服务业务过程的客观事实相符合，所选取指标应采用定量指标，涉及的数据要尽可能使用官方统计数据，避免因数据统计误差导致评价结果失真。

（四）可操作性原则

可操作性即可行性，主要是指在尽可能准确反映公共图书馆知识服务现状的同时，选取各公共图书馆的共性指标，以保证数据的可操作性。在具体实施过程中应注意以下几点：一是数据的可获取性。公共图书馆知识服务能力评价指标所涉及的数据应是简洁的，便于搜集、加工、处理的。二是指标的可量化性。公共图书馆知识服务能力评价指标应尽量选择定量指标，避免选择可量化性较弱的定性指标。即使由于客观条件限制只能选取定性指标，也应当运用合适的数理统计处理模型将其转化为易于获取、加工、处理的定量指标。

（五）代表性原则

在公共图书馆知识服务能力评价指标选取过程中，各评价指标往往存在着相互联系、相互影响又相互制约的关系，在对评价对象某种特性进行评价时，往往可能有多个指标可以进行反映。因此，在构建公共图书馆知识服务能力评价指标体系时，要避免选择所反应特征相同或极其相似的指标，筛选出具有较强代表性且能全面衡量公共图书馆知识服务能力的指标，从而科学评价各公共图书馆知识服务能力的发展现状。

（六）目的性原则

构建公共图书馆知识服务能力评价指标体系的根本目的是衡量各公共图书馆知识服务活动的成效。因此，所构建的知识服务能力评价指标体系必须能够客观地反映各公共图书馆知识服务的本质特征，能将各公共图书馆知识服务活动发展工作标准化，进而推动其知识服务活动的高质量开展。是否满足目的性原则是衡量评价指标体系构建合理性和科学性的重要标准，是公共图书馆知识服务能力评价指标体系构建的前提。

（七）发展性原则

互联网、大数据等新一代信息技术的快速发展必然给公共图书馆知识服务理念、模式等方面带来重大影响，并提出新的机遇和挑战。因此，公共图书馆知识服务能力的评价指标体系不可能是一成不变的，必须要结合时代发展对公共图书馆知识服务的影响等因素，动态调整评价指标体系，以适应新时代对公共图书馆知识服务的新要求，体现评价指标体系的发展性和时代性。

三、知识服务能力评价依据

为满足新时代背景下用户的个性化知识需求，各公共图书馆应对自身知识服务能力进行评估，发现自身的长处与不足，为用户的知识创新与知识应用活动提供有力保障。

（一）知识服务人员

知识服务人员不仅是开展知识服务的关键要素，也是公共图书馆开展知识服务活动的直接主体，公共图书馆的知识服务过程实际上是知识服务人员与知识使用者之间的知识交流过程，是知识服务人员向用户提供知识和智力支持的过程。在用户获取知识服务的过程中，知识服务人员独特的专业知识背景和知识处理方式，可以给用户带来基于自身专业和能力背景下所难以形成的具有个人特色的知识产品。

因此，知识服务人员队伍的建设水平直接影响知识服务的效率和质量。而知识服务人员队伍建设水平的高低，则取决于知识服务人员的结构和专业素养。其中，知识服务人员结构是指图书馆内所有从事知识服务工作的人员组成，包括性别结构、年龄结构、学历结构、专业结构等。知识服务人员结构是知识服务人才队伍建设的基础，合理的人员结构是公共图书馆提供高质量知识服务的前提。知识服务人员专业素养代表着公共图书馆知识服务人员的业务能力、专业能力、组织能力和沟通交流能力，是高质量知识服务开展的依托。

（二）知识服务资源

大数据背景下，公共图书馆面向用户的知识服务过程，其实就是对图书馆内外部知识资源和知识资源库进行挖掘分析，发现知识，并提供给用户的过程。丰富多样的知识服务资源是公共图书馆开展知识服务的根本。可以说，公共图书馆拥有的知识资源和知识资源库存越多，其提高知识服务的能力就可能会越强，用户的满意度就可能会越高。可以看出，公共图书馆拥有知识资源和知识资源库的结构和质量是影响其知识服务能力的关键因素。其中，知识服务资源的结构体现了公共图书馆知识服务资源的类型和容量，不同的资源库可以解决不同用户的问题，为不同用户提供有针对性的、个性化的知识服务。知识服务资源的质量则体现出公共图书馆知识服务资源满足公共师生和科研人员需求的优劣程度，一般可从广度、深度、更新频率等方面进行衡量。高质量的知识资源是公共图书馆满足用户知识服务需求的根本保证。

（三）知识服务平台

随着互联网、大数据、人工智能、物联网和移动互联等新兴信息技术的快速发展，以及公共数字图书馆、智慧图书馆建设进程的持续推进，现代公共图书馆知识服务的开展需要以计算机、数据采集器、PC 服务器、无线网设备、网络安全设备等基础信息设备为基础，以数据挖掘技术、云计算技术、人机交互技术、智能传感技术等技术为支撑，基于完备的知识服务平台，为用户提供个性化的知识服务。知识服务平台是公共图书馆开展知识服务活动的重要保障。公共图书馆要想拥有较强的知识服务能力，为用户提供更高质量的知识服务，就必须运用更加先进的硬件设备和信息技术，建立更加完善的知识服务平台。

因此，公共图书馆服务平台的基础设施和支撑技术对公共图书馆知识服务能力具有重要影响。知识服务基础设施体现了公共图书馆对知识服务的投入，基础硬件设施越优越，知识服务活动开展得越顺利。知识服务平台支撑技术的先进性与安全性则直接影响公共图书馆知识服务的效率和质量。因此，可从基础设施和技术支撑两个方面反映知识服务平台准则层。

（四）知识服务手段

现代互联网、移动互联等现代信息技术的快速发展以及社会积极推进数字图书馆、智慧图书馆建设，使得公共图书馆愈加注重满足特定用户的个性化信息需求，从用户角度出发，为用户提供学科化知识服务、创新创业知识服务、面向科研的知识服务等个性化知识服务模式。因此，知识服务手段为衡量大数据背景下公共图书馆知识服务能力的重要因素。具体来看，知识服务手段主要包括知识服务方式和知识服务内容。其中，知识服务方式是公共图书馆知识服务人员为满足用户个性化、多元化、深层次的知识需求，所采取的多样化的服务方式。公共图书馆能够提供的知识服务方式越多，覆盖的用户范围越广，对用户需求的满足程度越大，其知识服务能力越强。知识服务内容是知识服务人员充分利用公共图书馆知识服务平台和知识服务资源，进行信息资源的整合、存储与分享等操作，能为知识服务用户提供各类知识，这是知识服务活动的关键。

（五）知识服务环境

知识服务环境是公共图书馆所处的内外部环境，是公共图书馆开展知识服务活动的基础条件。为保障公共图书馆知识服务活动的高质量开展，务必要营造良好的政策环境、创新环境、行业环境，完善相关法律法规，建立能够适应用户多样性、个性化需求的知识服务机制，从根本上为公共图书馆知识服务能力的提升提供动力。具体来看，公共图书馆知识服务外部环境是指知识服务活动开展的政治环境、法律环境、经济环境、社会环境等，可以为图书馆内部各单位良好运作提供支撑；公共图书馆知识服务内部环境是指行业和事业发展环境，包括组织文化、学习氛围、创新文化等。良好的知识服务环境，能明显激发公共图书馆知识服务的热情和主动性，增强知识服务能力，提高知识服务效率和质量。

（六）知识服务成效

知识服务成效主要是指公共图书馆知识服务的质量和效果，直接体现出知识服务活动的发展趋势，是用户对公共图书馆知识服务活动最直接的体验。公共图书馆知识服务成效的度量，一般包括两个方面：一方面是对用户知识创造、知识应用活动的支撑。公共图书馆知识服务就是面向知识内容的，以满足用户需求为准则的，贯穿用户整个知识获取、组织、分析、重组过程，并为其知识应用和知识创新活动提供有力支撑的服务，因此，公共图书馆知识服务的专业性、创新性、时效性、个性化程度将直接反映出公共图书馆的知识服务质量。另一方面是公共图书馆用户对知识服务活动的体验观感。公共图书馆用户是公共图书馆开展知识服务活动最直接的体验者，服务能力的强弱、服务质量的好坏、服务效率的高低均可通过用户体验进行反映，用户满意度越高，资源再利用程度越高，图书馆知识服务活动开展成效越好。

四、知识服务能力评价

（一）各方的参与

对于公共图书馆而言，要想使自己所开展的知识服务工作变得更好，首先要做的便是将自己与其他群体间的关系处理到位、处理好，即实现图书馆、政府与读者之间的紧密融合；而对于知识服务能力的评价来讲，同样需要三方积极参与其中，只有这样才能将知识服务能否达到既定目标进行全面、客观且准确地评价。

公共图书馆是知识服务的积极引导者、组织者，同时还是实施者，为了能够促进知识服务能力的提升，改进知识服务方案，公共图书馆需要对自己所进行的知识服务实况实施评价。但从既往研究得知，有关公共图书馆评价知识服务的报道并不多。对于此情况来讲，之所以会发生，针对那些规模不同的公共图书馆来分析，其面向的是社会，读者年龄不一，且职业多样，可以说是覆盖所有年龄段，因而在进行知识服务能力评价时，有着更突出的难度。针对政府来考量，其在整个公共图书馆架构当中，扮演着重要角色，发挥着积极作用。需要强调的是，其在知识服务所对应的评价目标上，通常情况下，与图书馆在自我评价方面所对应的目标存在较大差异。公共图书馆在推广、评价阅读工作中，起到重要的辅助作用，并且还是推广评价的参与主体，不仅是为了使图书馆更加注重知识服务，以此来刺激图书馆，使其不断健全知识服务模式，切实履行社会教育职责，而且还能够推动社会的发展，有利于文化体系建设。

（二）评价方法

针对公共图书馆来讲，其在具体的知识服务评价方法上，已经有了许多比较实用的方法，除了有座谈法、数据分析法之外，还有访谈法、问卷调查法等。在现实工作当中，通常会将多种方法融合在一起。在进行评价时，首先，需结合现实情况及具体需要，对知识服务的最终结果进行采集，而对于此种结果而言，不仅可以是文字描述，而且还可以是数字记载。在此环节中，需结合当前实况，以评价的具体内容、目标作为基本对象，对评价的各项指标给予深层化明确，进而对采集的结果内容加以明确。需要指出的是，指标体系的不同，最终所得到的评价结果也会存在差异。

其次，围绕所采集到的结构，展开深入且广泛的分析、处理。有学者根据实际需要，积极构建了云模型，是围绕采集结果开展深层次分析、处理的新手段。数据统计分析始终是图书馆评价的基本依据。针对常规的知识服务评价来讲，其多将手工采集到的数据作为基本依靠，且以手工方式来进行统计分析，因而有着较低的效率。而步入数字时代后，扩大了数字采集的范围，而且数字采集的具体方式也变得更加全程化、自动化。通过应用大数据技术，能够更加及时、准确且快捷的去处理数据。因此，针对公共图书馆来讲，在进行知识服务评价时，应把信息技术所具有的各种优势给充分发挥出来，且与大数据技术相结合，以此使整个知识服务评价工作在手段、技术、方法上，均得到大幅提升。

第六章 信息化背景下公共图书馆的创新发展

公共图书馆是知识的殿堂，是向社会普及文化、传播科技文化知识和交流信息的机构，公共图书馆在提高劳动者科技知识水平中发挥着不可替代的作用。加强公共图书馆的信息化建设，对于加快文化知识的普及和传播，提高人民群众思想道德和科技文化素质，促进社会主义物质文明和精神文明建设的健康发展等，均有十分重要的作用。

本章主要论述信息化背景下公共图书馆的创新发展，分别介绍了公共图书馆信息化建设变革、公共图书馆自动化网络化建设、公共图书馆手机服务体系建设、公共图书馆数字资源建设与推广四方面内容。

第一节 公共图书馆信息化建设变革

信息技术和科学技术的不断推进，促进了信息化社会的发展。随着人们生活节奏越来越快，现代化水平越来越高，以往的图书馆已不能适应社会的发展需求。因此，这种需求促进了现代化图书馆的诞生。近年来，大量现代化技术不断涌现，图书馆发展在利用这些现代化技术后，呈现出创造性的发展态势，这让图书馆的事业发展上了一个新台阶。

信息技术的大力发展和普及，激发了人们的信息意识，让人们对信息的需求日益增长，也让信息得到了更加有效和广泛的应用，为图书馆提升信息管理的效率创造了条件，并要求图书馆提供更为完善和全面的读者服务。作为文献信息中心，公共图书馆是信息化发展的重要实践地，为了更好地履行自身职责、增强自身的业务能力，公共图书馆要加强完善信息服务工作，在为读者提供服务时，始终贯彻执行服务至上、读者第一的原则，从而有效争取到更多的读者，增强读者的忠诚度，并在发展过程中不断改进服务策略和方向，以顺应时代发展要求，给读者提供更好的服务。

一、公共图书馆信息化建设变革的背景

（一）信息安全管理现状

现代化信息技术推动下，公共图书馆在多个方面进行了深刻的变革。虽然信息技术很大程度上推动公共图书馆的发展进程，但是也造成了一些安全隐患，尤其是在建立数字图书馆过程中，信息安全问题不容小觑。近几年，国家层面对图书馆信息安全管理方面出台过系列的制度和措施，从确保图书馆在信息技术条件下的信息安全管理。如在 2006 年国家出台了《图书馆计算机使用管理制度》、2007 年制定了《中心机房安全管理规定》和《图书馆突发事件应急预案》，在 2008 年制定出台了《图书馆信息系统安全保护规定》等等。从国家层面出台的这些制度，从总体上为公共图书馆实施信息安全管理提供了方向性指导和制度性保障，尤其是这些规章制度比较全面地规定了对图书馆在信息安全物理性方面的要求、专业技术人员要求、用户访问控制、信息应急处理与响应和职责设定等内容。出台的这些规章制度在很大程度上为公共图书馆的信息安全管理提供了保障，很大程度上改善了图书馆信息安全运行的宏观环境，有效地预防了图书馆信息安全事故的发生。

尽管如此，对公共图书馆的信息安全管理仍不能放松警惕。当前公共图书馆在信息安全管理过程中，从整体上都能够予以高度重视，根据要求和自身发展需求制定了比较完善的制度保障措施和应急处置机制，信息安全管理工作已经上升到公共图书馆管理的重要议事日程。然而，近几年我国公共图书馆遭受信息安全风险的事例依旧屡见不鲜，出现的这些的案例也为公共图书馆进一步加强信息安全管理工作敲响了警钟。

（二）对公共图书馆提出了新的要求

首先，社会发展对信息量的需求不断增强，任何一个公共图书馆要依靠馆藏满足读者需求已不可行；其次，传统的图书馆运行模式已经无法适应信息化社会的发展需求，各种新型的图书馆模式，如虚拟图书馆、数字图书馆应运而生，公共图书馆需要以此适应社会不断增长的信息量需求。因此，公共图书馆有必要进行整合和协作，实现资源共享。在信息技术和网络技术的强力推动下，公共图书馆可以突破时间和空间的束缚，为信息资源的共享提供条件。

公共图书馆的工作方式随着通信技术和计算机技术的发展而产生重大变化，呈现出更加系统化和整体化的特点，并向着局域网络化方向发展。公共图书馆作为社会的其中一个信息资源中心，利用网络对信息资源进行公示和共享也是一个重要发展趋势。现代化的图书馆以其精密的组织结构和信息处理技术的有形化，成为图书馆网络发展的一个潮流。此外，在未来社会发展中，图书馆将不再只是一个文化信息的保存馆，而是人们素质教育和知识教育的一个发源地，不但具备知识资源和信息资源的收藏功能，更重要的是为人们的信息资源获取和查询提供途径，让不同文化程度的人们都有终身学习的场所。公共图书馆提供的服务不再局限于馆内读者，而是延伸到网络上的读者，并为他们提供远程教育服务，从而真正实现人们终身学习的需要。公共图书馆的馆藏将获得拓展，从而兼具美术馆、纪念馆和博物馆等功能。然而，公共图书馆最大的特征在于，公共图书馆不仅对信息资源和知识资源进行保存，更为重要的功能是发挥这些信息资源的作用，使其价值得到最大化地发挥，从而提高人们的文化修养。

二、公共图书馆信息化建设的作用

20 世纪 70 年代，中国开始接触计算机技术，经过近五十多年的发展，现代化信息技术已经广泛应用到中国的图书馆中，并取得了令人满意的效果。如今图书馆已经成为容纳社会资信息资源的关键场所，而不仅是简单储存书籍的场所，图书馆在信息化方面蕴含的能量巨大。第一，公共图书馆信息化发展转变了人们的思想观念。公共图书馆与社会迅猛发展紧密相关，公共图书馆因此也产生了巨大的变化，它从传统的人工操作形式变成了计算机管理与控制形式，实现了图书馆管理的自动化运作。计算机网络使图书馆原有的空间和时间限制被打破，因此使得公共图书馆工作人员的服务思想、管理理念、价值观都发生了翻天覆地的变化，这种变化又进一步推动了图书馆信息化的发展。

第二，公共图书馆信息化可以更好地共享信息数据。人们一直期待能够实现资源共享。传统图书馆的工作人员在资源共享上一直在努力，但是因为受困于有限的技术水平和物质条件一直没能达到预期效果。网络技术和计算机技术的迅猛发展不断推动着图书馆的信息化建设，资源共享问题不再是一道难题。公共图书馆信息化发展降低了图书馆之间合作的成本，同时为图书馆和其他机构之间的沟通交流带来了良好的机会，使信息资源能够高度共享和融合。

第三，公共图书馆信息化有助于更新组织机构的业务流程和改革图景。公共图书馆信息化可以提高工作效率，其借助信息网络已经开始搭建起虚拟网络图书馆。数字化的图书馆资源采集是虚拟图书馆创建的过程，传统的图书馆组织机构已经无法胜任此项工作，因此图书馆只有不断改革内部组织机构和管理体系，才能满足信息化工作发展要求。

三、公共图书馆信息化建设特点

公共图书馆属于地方政府开展的公共服务项目，其开设的目的在于能够为人民群众提供知识阅读服务，提高我国人民群众总体综合素质，满足人民群众的实际生活需求，使得人民群众能够拥有更加独立的思维意识，了解我国社会发展的必然规律。因此，公共图书馆信息化建设必须要满足以下三个特点：其一，内容信息量较大。海量的信息内容是信息技术的一大特点，信息技术是基于互联网技术的一种延伸，它继承了互联网的信息特征，可以将海量的信息内容展示在计算机或是移动终端设备之中，让人们可以通过手机移动终端或是笔记本电脑进行学习，提高人们对于信息的使用效率，降低人们获取信息的难度，使得人们能够在海量的信息中快速获取到具有较高价值的内容。其二，服务模式逐渐多样化。信息技术逐渐改变了人们生活与生产的方式，越来越多的人民群众对于公共图书馆提出更高的服务要求，这就促使公共图书馆需要提供更多的线上服务内容，使得纸质图书阅读活动受到一定程度的威胁，因此，图书馆管理人员应该顺从时代发展的趋势，将纸质图书管理的重点放在图书保存上，提高图书馆保护图书的水平。其三，阅读方式发生变化。在信息化时代，人们对于时间、空间概念逐渐模糊，时间趋向于碎片化管理模式，人们可以在任何时间、地点开展阅读活动，并且可以消除时间与空间的概念，让人们能够随时随地地进行交流沟通，进而满足人民群众的独特需求。

四、信息化建设变革的措施

（一）加强政府部门干预力度

首先，政府要使公共图书馆信息化建设更加整体、规范。公共图书馆信息化建设牵扯精力巨大，会波及政策、人才、经费等各个方面，因此每个地区图书馆信息化发展过程都不同，进而出现了不均衡发展的状况。要想改变这种发展不均衡的状况，不可能单纯依靠图书馆或者个人，政府要发挥统领作用，以战略发展的高度出发深入分析中国图书馆的发展问题，制订出合理、科学的整体规划和规范，从而推动图书馆信息化建设更加标准化和规范化。

其次，设置权威的领导机构。图书馆的信息化建设要想获得长远发展，必须依靠社会各界力量的支持。公共图书馆信息化所波及的范围非常广泛，其影响因素很多，所以必须设置一个权威的领导部门协调图书馆各部门的工作，使图书馆信息化工作能够快速展开。

最后，要不断加大资金投入，在政策方面向公共图书馆信息化建设倾斜。通常来说，公共图书馆信息化建设占用了大量的资金，这些资金金额庞大，公共图书馆难以承担。所以国家在对其财政投入方面要不断加强，同时使越来越多的人更加重视图书馆信息化建设。国家应该针对图书馆信息化建设颁布相应的政策，使图书馆既能产生社会效益，也可以通过一些经济活动获得经济来源，使信息化建设的投资力度不断加大，从而推动图书馆信息化事业的快速发展。

（二）图书馆自身改革的加强

图书馆信息化建设离不开国家的大力扶持和资金帮扶，同样也离不开图书馆自身的变革，具体可以从以下几个方面展开。

1. 更新思想观念

信息化建设受困于落后的思想观念，因此公共图书馆建设一定要不断解放思想，用信息思想和竞争意识武装头脑，摒弃落后的传统思想观念，让公共图书馆参与市场竞争，让图书馆事业成为中国信息产业的中坚力量。

2. 加大信息资源的建设力度

第一，公共图书馆馆藏应该纳入网络数字化信息资源。网络数字化资源信息迅速膨胀依赖于普遍应用的网络技术。因此公共图书馆馆藏结构要按照网络信息化资源进行不断收集、存储和选择，最终制订出合理科学的馆藏方案。第二，有计划、有步骤地实现公共图书馆馆藏信息数据的数字化，使图书馆信息化内容越来越丰富。在进行公共图书馆馆藏数字化建设时要注意两方面问题：一是工作人员要减少数字化建设过程中重复浪费的情况；二是图书馆馆藏中拥有大量的纸质资源，图书要明确数字化范围，所以一个科学、全面的工作计划只有从全面的角度出发，才能顺利开展数字化建设。第三，要想避免工作的重复浪费就一定要制定一套统一的标准和规范，这样才能高效地使用信息化资源。第四，树立信息自立的政策。我国不同的地区、不同的图书馆的数据建设要具体问题具体分析，充分利用自身特点，不断提高图书馆的竞争力，以抵御国内外日益激烈的市场竞争。第五，联合作业。可以充分融合区域内各公共图书馆的优势，加强公共图书馆之间的合作和交流，比如共同存储、联合构建资源数据库等。

3.引进并培养专业人才

公共图书馆信息化建设的顺利开展依赖于大量的专业技术知识人才，这些人才熟悉信息技术知识，同时也具备与图书馆相关的知识能力、分析能力、信息能力，因此公共图书馆一方面要不断加强对图书馆员工的培训，另一方面要加大专业人才的引进力度。信息技术和互联网技术伴随快速发展的科学技术而飞速发展。各行各业已经出现信息化深度应用的场景。作为一个社会服务性机构，公共图书馆要转变传统思想，走改革道路，才能顺应社会信息化发展的历史背景，进而不断推进图书馆信息化建设工作。

第二节　公共图书馆自动化网络化建设

一、自动化网络化建设的现状

公共图书馆自动化和网络化作为共生的两个个体，其在发展中相互依靠和相互转化，须知网络化既是自动化的建设基础，又是自动化的突破重点。而随着计算机技术的不断发展以及互联网在图书馆管理工作中的应用，公共图书馆管理工作的网络化建设也达到了一个新的阶段。如今图书馆自动化和网络化发展已经在全国范围内得到了普及，当前我国一些建设规模较大的公共图书馆已经配备了整套的大型设备用于支持图书馆的自动化和网络化建设，其中尤以经济较好城市的公共图书馆为主，而即使在一些经济发展并没有很大优势的二三线小城市内，当地图书馆也均已配备了一些超级微机来支持绝大部分的自动化和网络化功能。另外在一些经济发展更为落后的城市内，其图书馆也至少配备了一些老式机器来维持基本的自动化检索和分类功能。也就是说，我国的整体图书馆建设和管理工作已经基本脱离了纯人工的工作模式。

然而从另一个方面来讲，我国虽然在图书馆自动化和网络化建设上已经实现了大范围的普及，但是这种自动化和网络化的建设仍然和西方一些发达国家无法比拟。在诸如资源共享和云检索等方面，仍然只有一线城市的公共图书馆能够准确实现，在更多的公共图书馆中，由于资金受限等问题，导致其网络化发展迟迟得不到质的飞跃。另外当前的图书馆从业者和管理者也都对图书馆的自动化和网络化建设缺乏正确认识和前瞻性，在工作中仍然沿用传统人工模式下的工作习惯，对自动化和网络化技术的吸收利用率较差，导致工作效率仍然有较大的提升空间，此外后备人才的培养也依然是影响图书馆自动化和网络化建设的重要因素之一。

二、公共图书馆自动化网络化的优势

（一）有利于公共图书馆的发展

集中解决公共图书馆发展所面临的难题，比如传统图书馆受限的单一线下开放模式、缺乏有效的数字管理模式等，通过数字化技术为图书馆发展赋能，为其提供普惠服务和资源，让"小馆"牵手"大馆"，有效破解各个地方公共图书馆在转型中"门槛高、费用贵、周期长"的瓶颈，将有力促进公共图书馆发展。

（二）各公共图书馆形成合作优势

利用公共图书馆自动化网络化技术，各个参与单位可结合自身优势和基础，实现数字化转型共性解决方案的联合研发，可共同推出普惠性的数字化转型产品和服务。同时，可探索通过共享模式开放自身资源，联合提升一体化转型服务能力，并共同营造公平健康的良性机制。在支持各地公共图书馆及西部图书馆的发展中，形成各个图书馆之间的合作优势。

（三）助推文化发展

公共图书馆是中国文化高质量发展的风向标，公共图书馆的自动化网络化建设为各个图书馆的持续发展提供强力支持，为复工、复产、复业按下"加速键"。同时，各参与互联网图书馆在实施中将获得更多应用场景，拓展更多线下资源，实现"线上""线下"的融合。公共图书馆与互联网平台优势叠加，将有力助推中国文化发展。

三、公共图书馆自动化网络化建设

（一）图书的自动化管理

随着我国电子信息技术的不断发展和完善，公共图书馆管理活动也将从传统模式下对纸质图书进行索引调查逐步转向以自动化系统为基础的图书馆管理模式，提到公共图书馆，人们的脑海中往往会浮现出一座高大的建筑物，第一层是图书管理员答疑接待的位置，第二层及以上分门别类地陈列着大量的纸质图书，但是随着信息技术的提高，越来越多的公共图书馆管理人员选择将公共图书馆的日常管理工作与现代化的信息技术相结合，使其更好为读者提供优质的图书借阅服务。传统模式下的图书管理活动通常是由多个图书管理员共同协作完成，且由于以往图书整理模式相对落后，图书馆管理人员在归置书籍、图书采购、采购图书登记等环节均会出现一定的错漏之处，而现阶段将图书自动化管理模式融入日常图书管理活动可以从根源上减少上述错误，图书管理员在日常工作中将图书信息以扫描的方式录入到自动化系统中，以达到图书馆图书自动化管理的工作目的，该图书管理模式的改变不仅可以提高相关人员的工作效率，还为后续读者使用现代化信息设备快速查找出相应的书籍提供了有效的数据支持。

（二）更新光盘检索系统

传统模式下公共图书馆管理人员通常使用光盘检索系统帮助工作人员完成图书馆管理活动。而随着当代网络信息技术的不断发展和完善，以往的光盘检索系统已经不再适用于现阶段的图书馆图书管理活动，其因自身性质形成的固有弊端不仅不能帮助工作人员快速完成图书信息的检索，还将影响相关人员的工作效率。现阶段的图书馆光盘检索系统只能在图书馆内部的内网中使用，使得该系统的应用频率大大降低。而现阶段利用自动化技术对公共图书馆中光盘检索系统进行更新，不仅可以延续光盘检索系统的使用寿命，还为后续读者使用该检索系统提供了有力的技术支持。

（三）引导读者广泛阅读馆中藏书

公共图书馆管理人员在对图书馆借阅流程进行梳理时可以发现，因为公共图书馆自身与其他部门并不存在竞争关系，因此图书馆管理人员很难根据外部环境的变化对自身工作模式进行改变，但随着图书馆日常管理活动向网络化趋势发展，相关管理人员可以根据现代网络信息技术对自身工作进行分析总结，以图书馆购进图书为例，以往图书馆管理人员在制定购书清单时往往没有有效的参考书单，但随着网络信息化技术的不断发展与完善，图书馆管理人员可以通过网络信息的筛查分析工具对近一年或近几年读者借阅书籍的图书目录进行分析整理，并通过网络分析工具筛选出读者借阅频率较高的一类书籍，以此为基础展开图书的采购，该模式不仅可以提高图书采购人员的工作效率也使得购进的图书相比以往的书籍更能吸引读者的阅读兴趣。

（四）改进图书馆借阅制度

通过对公关图书馆的借阅制度进行分析可知，大部分图书馆的借阅制度仍遵循数十年前乃至建馆时制定的借阅制度，在图书馆管理人员制定相应的借阅制度时，互联网信息技术还未发展成熟甚至可能处于起步阶段。综上所述，当下的公共图书馆管理人员可以在原有的图书馆借阅制度的基础上融入现代化网络信息技术，使图书馆日常管理工作可以贴合当代民众的阅读习惯和借阅频率。以图书馆图书归还事件为例，传统模式下图书管理人员通常用纸质表格或 EXCEL 表格对图书借阅人员与借阅图书目录进行登记，该模式不仅无法及时向图书管理人员报送逾期仍未归还的人员信息及其借阅书籍的清单，也无法对多次逾期未还的借阅人员发送预警。而现阶段管理人员将图书馆图书管理流程与公共图书馆网络化发展趋势相结合，不仅可以引导读者上广泛阅读馆中藏书，还能有效提高图书馆管理人员的工作效率。

第三节　公共图书馆手机服务体系建设

一、现状分析

随着移动数据技术的迅猛发展，数字图书馆在我国已经形成了比较完善的体系。而现在，手机作为大众不可或缺的通信工具，它的发展也日新月异。现在的 4G 乃至 5G 技术，完全可以支撑手机作为数字图书馆为读者用户提供服务的终端。手机相比于传统的电脑或者其他终端的优势在于读者可以通过手机，随时随地的访问数字图书馆，而不需要专门找一台电脑或者是一台终端，大大方便了读者。

目前，很多公共图书馆搭建了数字图书馆，但是还没有做到多种终端兼容。即从读者的角度来看，从电脑上获取数字图书馆服务的难度要小于从手机上获取数字图书馆服务的难度。读者可以通过电脑访问公共图书馆官网，可以通过官网内的链接查找到自己所需的服务链接，然后访问享受到自己所需的服务（书目检索、书目借还与延期、数字资源访问、读者活动查询、讲座时间查询等），或者通过馆内不同的自助设备享受到所需的服务。但是手机则不然，第一，部分公共图书馆没有响应手机端的官网，读者虽然也能从手机上访问图书馆官网内的服务链接，但是对读者用户来说并不方便。第二，部分服务页面也没有做到手机端兼容，读者使用起来可能困难甚至无法使用。所以需要公共图书馆建立一个完整且合理的手机服务体系，以方便读者通过手机能够更好地享受到数字图书馆的服务。

二、手机服务体系

手机服务体系，类似于手机图书馆，是利用互联网技术与移动设备技术，让读者用户通过手机设备享受到图书馆业务的形式。从架构上来说，手机服务体系是一系列包含图书馆基础服务的模块集合，然后通过一个入口把服务模块做一个整合，方便读者查找到自己所需的服务（见图6-3-1）。

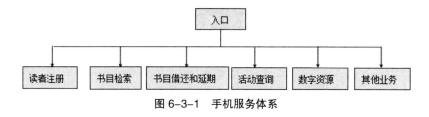

图6-3-1 手机服务体系

手机服务体系主要分为两个部分：入口和服务模块。

（1）入口：所有服务模块入口的集合。一般为一个页面。在这个页面里，读者可以看到所有的服务模块，然后通过手机点击进入所选的服务模块。入口需要做到响应手机设备，美观大方。

（2）服务模块：主要基于公共图书馆系统提供的数据接口进行开发的、能够为读者提供图书馆服务的模块，如读者注册、书目检索（OPAC）、书目借还和延期、读者活动查询和报名、数字资源浏览等业务。一般来说，服务模块有以下特点：

（1）同步性

因为服务模块主要是基于图书馆业务系统提供的数据接口进行开发的，所以服务模块应与其他终端的相同性质服务数据同步。

（2）易用性

服务模块是为了方便手机用户使用，所以从界面和操作性上都要符合手机用户的使用习惯。

（3）可维护性

服务模块可根据读者的需求进行修改和更新，达到为读者提供更好的服务的目的。

（4）独立性

服务模块之间原则上是相对独立的，修改和更新一个服务模块的同时不会影响其他服务模块和业务系统。

三、公共图书馆手机服务体系实现方式

（一）手机网站

通过手机浏览器访问公共图书馆定制的手机网站的方式向读者提供服务。这种方式类似于电脑端，读者可以通过手机官网上的链接查找自己所需的服务链接，通过点击链接享受自己所需的服务。手机网站需要一个能够响应手机端的门户网站、若干个业务系统的网站来构成手机网站的服务体系。读者通过手机访问门户网站（通过手机浏览器输入网址或是通过搜索引擎搜索关键字查找）上所需的服务链接，打开链接跳转到响应的手机服务网址，享受到所需的服务。

搭建门户网站的时候，可以根据公共图书馆自己不同的网站做二次修改。若本馆官方网站是响应式网站，只需要在响应手机端的地方把业务网站替换成手机端的业务网站地址即可；若本馆官方网站是非响应式网站且没有相应手机端的话，可以考虑重新开发一个与电脑网站共用数据库的手机网站，挂上业务网站的地址。

另外，业务系统的数据是在其他终端的服务数据基础上建立的，与其他终端同一业务系统上的数据没有出入。需要注意的是，因为绝大多数服务需要读者提供自己的信息，所以建议在门户网站上提供登录服务，通过登录传值的形式，将读者信息传递到下一层的业务网站上，避免读者重复登录造成的体验不佳。

手机网站形式的服务体系有以下优点：

（1）打开方便。读者只需要在手机浏览器上输入网址或者在搜索引擎上搜索公共图书馆名字即可进入网站门户界面。

（2）容易传播。只需要向其他读者分享网址，便可以使其他读者用户访问网址。

（3）功能开发自由不受限。网页不受第三方平台约束，可以更自由地开发。

但手机网络形式的服务体系也有以下缺点：

（1）信息存储有风险。登录门户网站的信息因为是通过 cookie 存储，如果读者用户不选择存到本地，那登录信息在关闭手机浏览器的时候就删除了；如果读者用户选择存到本地，则容易造成用户信息丢失（特别是 ROOT 过的手机）。

（2）对服务器安全有要求。因为储存了用户数据，对数据安全要求高，需要通过等级保护三级，对后续的运维成本有一定要求。

（二）手机 App

手机 APP 即通过打开下载到手机上的 APP 向读者提供服务。所有的服务模块已经被装到 APP 上。读者需要先在手机市场下载图书馆的手机图书馆 APP，打开 APP 后选择对应的服务模块获得服务。

APP 形式的服务体系有以下优点：

（1）用户界面更优质。

（2）交互设计更华丽。

（3）用户消耗的流量也更少。

（4）登录信息能够存放足够久，不需要用户每次都登录。

（5）二次访问更方便，不需要像网页一样每次都在浏览器输入网址，只需要点击 APP 就可以了。

（6）功能扩展性更强，自主运营性也更好，用户数据安全性更高。

但也有如下缺点：

（1）开发成本更高。APP 需要同时开发人口和多个业务系统。

（2）需要数字资源服务商协作。数字资源模块的话需要数字资源商开发接口，或是需要内置浏览器带用户登录信息，跳转至数字资源手机网页上。

（3）后期维护成本更大。需要添加新的业务系统或修改业务系统功能的时候需要重新做一版新的 APP，测通无误以后再上线，然后读者更新。

（4）对数据安全要求高，需要通过等级保护三级。

（三）微信图书馆

在移动阅读、社交阅读模式迅速普及的当下，人们获取信息的渠道、方式极为丰富。公共图书馆也相应地推出了基于微博、微信等的服务。根据《微信 2018 影响力报告》，微信占中国移动流量消耗额的 34.8%。基于微信广泛的影响力，公共图书馆越来越多地通过它来开展阅读推广工作。目前图书馆阅读推广对于微信的应用主要基于它的信息推送功能与社群功能。

基于微信公众号，公共图书馆主要推送的信息内容包括：（1）阅读活动通知与报道。（2）图书推介信息，通常为新书、热门图书、经典图书、获奖图书等。（3）书评，主要来源于学者创作或是书刊媒介上发表的专业书评。（4）排行榜书单，包括借阅排行榜、综合性图书销售排行榜书单等。⑤推荐书单，通常由学者名流推荐。这类推送有的作为图书馆官微的阅读专栏定期发布，具备持续性与常规性，有的直接作为图书馆推送信息发布，相对而言随意性较强。

除了信息推送，公共图书馆往往会综合利用微信公众号的社群功能，主要有两类应用：（1）创建阅读交流群，群内可以发布各类与阅读相关的知识、资讯，可以举办线上讲座，也可以群员交流；（2）促使参与读书活动的成员在朋友圈发布关于所读图书、读书心得、阅读图照等信息。通过成员的阅读情况、阅读活动的朋友圈影响力来综合评定阅读推广成效。

多数公共图书馆通过应用公众号推送信息或是创建阅读专栏的方式来推广阅读。阅读专栏有自建及依托于商业阅读平台创建两种模式。部分图书馆依托于"超星微平台""书香中国互联网数字阅读平台""e博在线""畅想之星""智读""龙源期刊""汇文系统"等创建图书馆微信公众号中的阅读推广栏目。其中，前两个平台被采用较多。

（四）第三方平台

第三方平台是指独立于公共图书馆和读者两个主体之外，有一定公正性，能够为手机服务体系提供平台的第三主体，如支付宝平台、微信平台等。

以微信平台为例，公共图书馆手机服务平台可以利用公众号二次开发后的嵌入微信的网站作为入口，以微信小程序的形式作为服务模块，搭建一个手机服务平台。

第三方平台一般拥有庞大的用户，以微信为例，2019年微信月活跃账户数超过11亿。在庞大的用户基础上，第三方平台的业务环境、网络安全都要优于公共图书馆自己搭建的服务体系。

第三方平台搭建的服务体系有以下优点：

（1）易查找。不需要下载APP，不需要输入网址，只需要在第三方平台选择对应的程序就可以轻松查找到。

（2）易传播。可以通过分享，轻松传播给其他读者。

（3）维护成本小。涉及功能的修改和添加，只需要修改对应的功能模块，不会影响其他功能模块的正常使用。

（4）数据更安全。于第三方平台共同备案，享受第三方平台更为全面和方便的安全服务。

但也有如下缺点：

（1）开发功能受限。因为受到第三方平台的约束，开发自由度会受到限制。

从功能接口，甚至到类别内容，都受到第三方平台的管控，部分敏感内容容易受到封禁威胁。

（2）读者数据获取不完全。因为是基于第三方平台开发的，读者数据没有保存到本地，要自由完全地获取到读者数据会受到第三方平台的限制。

（3）不可控性。与第三方平台稳定性相关，如果第三方平台因为某些原因在业务上有波动（网络波动、平台倒闭），服务体系都会受到不可控制的波动，甚至崩溃。

第四节　公共图书馆数字资源建设与推广

数字信息是人们在日常工作和学习活动中所需要的必备资源，能够提高工作和学习效率，让信息以更加便捷的方式进行传递。公共图书馆中的图书资源多数是以实体化的形式存在的，如果没有适应时代的发展而对自然形式进行转变，会影响人们对阅读的兴趣，使基层群众减少前往公共图书馆的频率，这对于公共图书馆的可持续发展有着不利影响。当前公共图书馆数字化建设已经取得了一定的成效，但是仍然存在着较多的问题，导致公共图书馆的数字化资源无法得到充分利用。在这种情况下，作为公共图书馆的管理人员必须要重视在发展过程中存在的问题，结合公共图书馆的实际问题制定相应的解决措施。

一、数字资源分析

（一）数字资源的概念

数字资源也可以叫数字信息资源，是一种新信息资源类型，主要存储于电磁光介质中，以互联网传播方式，依靠计算机等终端设备读取信息，为广大读者提供便捷的服务。随着数字信息化、网络服务化的时代发展，数字资源已成为各大公共图书馆非常重要的网络文献资源。数字资源不同于传统文献，传统文献主要是以纸质印刷型为主，以缩微型、光盘音像磁带为辅；数字资源文献以电子数据的形式存在，利用互联网通信把图像、声音、动画、文字，通过计算机等终端设备展现出来。

（二）数字资源的类型

数字资源可以归纳为以下几类：（1）自建特色资源数据库；（2）多媒体作品库；

（3）传统印刷型文献二次加工后变成数字化资源；（4）机构网站自建网页信息；（5）资源商购买数字资源；（6）免费获取的等。

（三）数字资源的特性

1. 依赖性

数字资源有很强的依赖性。一方面，数字资源是虚拟的，其必须附着于一定的储存介质上才能得以显现，如果离开了储存介质，数字资源就是看不见摸不着的，便也失去了存在的意义。随着科学技术的不断发展，数字资源所依赖的存储介质也在不断更新换代，这也不断为数字资源的保存和管理带来新的挑战。另一方面，数字资源也依赖于技术系统和存储的人为因素。公共图书馆的数字资源便于读者查阅和检索，它是管理者通过收集、整理和系统储存的产物，因此数字资源的形态就依赖于拥有者对其的管理和保护，也依赖于存储它的技术系统，这决定了它的存在形态和利用方式。离开了这些因素的支撑，数字资源就可能成为毫无意义的信息资料堆积。

2. 易于更改

数字资源易于更改。传统公共图书馆以实体纸质形式储存信息资料，一旦形成难以更改，出现错漏只得重新印刷，而数字资源存储于物理媒介中，对于其中的内容可以随时读取、增减和复制，方便更改。而数字资源的这一特性是一把双刃剑，既有利于数字保护和管理者及时更新数字资源的内容和形式，使数字资源能够保持在准确且便于使用的状态；同时也使数字资源在传播过程中容易被篡改，增加使用者的辨别难度。

3. 易被破坏

数字资源易于破坏，主要来源于 3 个不稳定因素：一是数字资源的存储介质。如果存储介质被破坏就会影响数字资源本身。对数字资源储存介质保存不当，就会导致数字资源本身失效。二是网络环境对数字资源的影响。网络波动或不稳定造成数字资源储存或读取过程发生意外，从而导致数字资源难以读取而被破坏。三是网络自身的风险。如黑客、病毒等网络负面技术，对存储与网络上的数字资源威胁性较大。一旦受其侵害，数字资源则极可能被破坏，出现传输和储存的障碍。

这 3 种不稳定因素都增加了数字资源的易破坏性，无论是对数字资源暂时性的损坏还是永久性的损坏，如果数字资源在保存过程中没有及时进行备份或缺乏安全保护等措施，数字资源都很可能会失去自身的效用。因此，数字资源的易破坏性这一特性对数字资源的长期保存和安全管理是十分不利的。

4. 复杂多样

数字资源的复杂性主要是因为其内容较为宽泛，不同的储存系统有不同的检索和查阅的策略，不同的公共图书馆也可以选择不同的数据结构来转化数字资源，也可以选择不同的数据库和平台来储存数字资源。不同数据结构或不同数据库的数字资源，往往存在较大差异，这也增加了数字资源利用、储存、保护的复杂性。除此之外，数字资源可以以多种语种和结构形式呈现，这也使数字资源具有多样性，这种多样性一方面使数字资源的存储信息范围扩大且呈现方式多元化；另一方面也会给数字资源的长期保护和安全管理带来挑战。

二、公共图书馆数字资源管理

1. 做好数字资源备份及迁移

公共图书馆数字资源相对于传统的纸质资源来说更脆弱，容易被更改和破坏，因此公共图书馆要做好防患于未然的工作。只有做好事先的防备，数字资源遭到损害时才能够将损失降到最小。备份公共图书馆的数字资源，将数字资源被破坏时公共图书馆遭到的损害降到最低。及时的备份是为数字资源的长期保存增加了一层安全防护，备份的内容与原数字资源一致，即使黑客、网络故障等原因使数字资源受到破坏，也能在短时间内耗费最少的人力、物力，将数字资源恢复到原始样貌，解决数字资源损失问题。而数字资源的迁移问题是在科技发展下公共图书馆信息资源的长期保存与安全管理迎来的新任务。

数字资源由于具有对储存介质依赖性高的特性，加之其本身易于被移动、被复制，当数字资源所依赖的软件或硬件环境发生改变时，数据迁移就是无法避免的。系统的升级、数字资源保存技术的发展、软件或硬件的更新换代等原因都可能会需要数字资源迁移，而在这过程中如何让数字资源能够适应新的储存环境，并且能够及时被读取和使用是公共图书馆亟待解决的问题。因此，公共图书馆应当做好数据迁移工作，保证数字资源在迁移过程中不会发生意外，且在迁移后能够正常发挥其应有的价值。

2. 建立数字资源恢复系统及归档系统

由于数字资源易破坏和易更改的特性，公共图书馆的数字资源长期保存与安全管理必不可少的一个措施就是建立数字资源恢复系统以及数字资源归档。数字资源恢复系统的主要任务是及时修复被更改或破坏的数字资源。一方面，要定期进行系统检查，及时发现数字资源被破坏的问题；另一方面，在数字资源被破坏后，利用数字技术手段及时将数字资源恢复到原始状态，最大限度地保证公共图书馆数字资源能够时刻准确和完整。数字资源归档系统是将数字资源统一整理，通过一定的技术手段进行分类编号，进行系统、全面的管理的系统。这一系统既可以便利数字资源的查询，赋予每一份数字资源独特的数字名称，同时也有利于实现对公共图书馆数字资源的长期保存和安全管理，尤其是被大范围接受并垄断性的数字资源归档系统，有利于实现对数字资源的统一管理，对我国文学、社会、经济等各个方面的发展都大有裨益。

3.规范业务工作流程

随着现代计算机技术的高速发展，公共图书馆的数字资源和数字信息利用都随之进步。公共图书馆的业务也从传统的纸质文献的管理及提供线下借阅服务增加提供大量与数字技术相关的服务。例如，数字信息的编目、标引、检索，数字资源的管理系统，都逐渐加入图书馆的业务内容中；又如在发生公共卫生事件时，公共图书馆的工作重心也由线下服务转移到线上服务，线上的信息服务平台和数字资源管理就显得尤为重要。相较于传统公共图书馆的服务形式，现今的公共图书馆增加了数字资源管理、信息服务平台等业务，因此规范业务工作流程对促进公共图书馆的服务有条不紊地进行十分必要。只有将公共图书馆的业务工作流程进行梳理、规范并予以制度保障，让每一项服务都有规则可依，减少数字资源在服务过程中产生纰漏的可能性，一旦发生意外也能够根据整套流程的查验对问题进行具体把握，及时处理。由此可见，规范公共图书馆业务工作流程，既有利于数字资源的长期保存和安全管理，同时也有利于挖掘数字资源的多层效用，发挥数字资源的价值。

三、数字资源的建设与推广——数字图书馆

（一）数字图书馆概述

数字图书馆是信息数据化的产物，虽然目前已经有许多人有了使用数字图书馆的经历，但人们对于数字图书馆的理解仍存在不同之处。有的人认为数字图书馆更偏向于对信息的获取和整理，有的人则认为数字图书馆的功能更偏向为用户提供数据化的信息。但严格来说，数字图书馆介于两者之间，将图书馆的信息通过信息数字技术进行整理、加工、存储，然后再呈现给读者，实际上是一个具有特殊功能的信息服务平台。而数字图书馆的用户能够随时、随地查询馆藏资源的数据信息，让信息的获取更加便捷、更加快速。

数字图书馆是在传统图书馆基础上发展而来的一种新型信息处理技术，是面对社会的一种公益事业。数字图书馆可被看成是数字化信息资源库，其作用是将数字信息准确、快速以及便捷地传递给用户。数字图书馆并非实物形态，主要是通过对新型信息资源进行组织和传递参与社会活动，与传统图书馆的关系是传承了实体图书馆的资源组织方式，通过互联网和计算机技术收集和储备信息资源，并通过精准检索和知识分类等方法，将信息资源进行整合、管理和传递，从而方便读者随时随地查阅信息和资料。

（二）我国数字图书馆发展现状

相较于世界其他发达国家，数字图书馆在我国的发展比较晚，直到 20 世纪90 年代，我国才制定"中国试验型数字图书馆项目"。近年来在国家的大力扶持和关注下，各种国家级大型数字图书馆、高校以及部分城市的数字图书馆纷纷建立起来。成效显而易见，不仅使信息查询更为方便快捷，也让人们在经济迅速发展的背景下工作效率得到了提高。

1. 实现了计算机化借阅流通管理服务

以往的图书馆在登记借阅时采用卡片形式，很难从整体上了解图书的借阅情况，若要了解，需要查阅大量登记资料。现在，此工作基本实现了计算机化管理，电脑可以经由条码辨别书籍信息，还能帮助图书馆工作人员快速、高效地查询到所有书籍的借还情况，有利于提高工作者的工作效率，并能为借阅者提供更加快速有效的服务。

2. 基本实现了网络检索的服务

互联网技术的不断推进，图书馆的文献检索网络更为先进和及时，能为读者提供总体的借阅记录，让读者能够快速查找到需要的信息，并让读者对图书馆的所有文献信息有整体认识。

3. 图书馆的电子资源发展趋势较好

图书馆的所有文献资源中，电子资源是必不可少的核心部分。各个图书馆都在充实电子资源储量，从现状看，电子资源的利用程度还远远不够，读者的重视程度还有待提高。

4. 数字化进程还处于刚刚起步阶段

公共图书馆建设属于公益事业，公共图书馆是不以营利为目的的一种机构，而图书馆的数字化资金投入则非常庞大。一些经济比较发达的城市，图书馆的现代化建设紧跟时代要求，其数字化发展比较稳定，图书馆也只实现了管理的计算机化，要使图书馆的各项工作都实现计算机化，仍是一项非常艰巨的任务，需要大量资金和技术的投入。

　　总的来说，我国的数字图书馆已经取得了不错的进展，但是在发展过程中，仍有亟待解决或完善的地方。比如，虽然目前已建成很多大型的数字图书馆，但中小型的数字图书馆建设尚未完善；在智能设备如此普及的今天，可供查询的电子信息应面向更广泛的受众……除此之外，数字信息的存储对网络技术的要求较高，一旦网络系统发生故障或遭到黑客的恶意攻击，这些信息可能发生永久性的丢失，这样的损失是惨重的，所以，网络安全技术还应该不断提高。

四、数字图书馆服务创新的必要性

　　随着读者对数字图书馆资源需求的增加，数字图书馆的服务也应该具有创新性，不断满足读者的需求。新时代数字图书馆具有数据化的特征，具体表现如下：（1）数字图书馆的数字资源不仅来源于图书馆管理者的内部建设，用户也可以自行上传资料，这将会引发信息的爆炸式增长，使信息库的资源变得更为复杂；此外，用户对获取信息的质量和数量要求更高，因此，对资源信息进行整合就变得举足轻重，否则凌乱的信息归档不仅管理费力，也很影响用户体验，使他们无法及时获取有效信息；（2）数字图书馆掌握着大量的信息资源和用户数据，而这些大数据也蕴含着用户需求的变化，数字图书馆的管理者可以基于大数据技术分析，及时更新补充数字图书馆的内容信息。身处互联网的时代，对于网络信息平台而言，只有不断创新服务，提升用户体验，才能保持自身生命力。这就意味着，数字图书馆的服务应该不断地完善与延伸，不仅要利用庞大的数字资源，为用户提供完善充足的资料查询服务，也要善于利用用户的检索历史、身份信息等潜在的数据资源，为用户提供创新服务，如常用资源自动推荐服务、二十四小时在线的咨询服务等等。

五、发展数字图书馆的主要措施

（一）提高技术的兼容性

　　数字图书馆的技术服务应建立互联网时代的服务机制，在提供资源服务的同时，开发图书馆的使用性能和适用性能。数字图书馆可以提供的服务不仅仅局限于信息，还可以根据用户群体开发其特色化的服务。尤其是在信息化时代的今天，人们对网络的依赖性越来越强，只要数字图书馆具有足够的创新，就可将其功能渗透进人们的生活，可提供的服务也就越来越广泛。数字图书馆本身掌握的大数据就为这些服务的实现提供了数据支撑，以用户的需求为导向，提供更为人性化的服务，如为用户提供个性化链接、光盘检索、目录查询以及跟踪服务等等。

（二）优化馆藏资源

馆藏资源是数字图书馆中最重要的组成部分，数字图书馆如果想要长久、稳定的发展，那么就需要注重最基本的馆藏资源，不断丰富、扩增自身的馆藏资源，并且根据读者的需求合理地配置资源。首先，数字图书馆的馆藏内容要"全"，也就是要全面，馆藏资源应对文艺文化、科普、古籍古典等各个方面都有所涉及，保证馆藏资源的全面性，让读者能够找到自己想要阅读的馆藏类型。其次，数字图书馆的馆藏资源还要"精"，馆藏资源需要注重内容的质量，不可令其"鱼龙混杂"，质量参差不齐。一方面，要对现有的馆藏资源进行整理，将一些内容质量较差的书籍清理掉；另一方面，在扩展馆藏资源时，要选择内容质量较好的书籍资料，从而让读者享受更优质、更高效的阅读，提高读者对数字图书馆馆藏资源的认可度。再次，数字图书馆馆藏资源的优化还要考虑读者的阅读喜好，对于读者查询、阅览较多的书籍资料类别，需要进行保留并适当扩充，而对于鲜有人查看的过时的馆藏资源则需要将其下架，避免占用不必要的资源。最后，还要对数字图书馆全部的馆藏资源进行清点和整理，将其分门别类，构建完善的、系统化的资源数据库，从而让读者的馆藏资源查询更便利、更便捷：

（三）完善服务模式

随着数据信息的发展，人们对于服务的要求在逐渐提高，而社会的服务模式也在不断改变，传统的数字图书馆服务模式已经不再适应社会的发展，也逐渐难以满足读者的需求。因此，数字图书馆需要借助大数据时代的便利，改善自身的服务模式，从而提高自身的服务质量，满足读者当下的服务需求，促进自身的发展。一方面，数字图书馆需要运用大数据去统计、了解读者在数字图书馆中想要获得哪些服务，然后根据需求量逐一改进自身的服务，从而满足大部分读者的个性化需求。另一方面，数字图书馆也要自主学习、引进先进的服务模式。例如，在人工智能技术日益成熟的当下，就可以将此引入图书馆的服务中，可以购置人工智能机器人，将馆藏资源的全部内容系统化地录入机器人的芯片中，读者找不到某一馆藏资源的位置时，可以向机器人询问并让其带领读者去找到这一馆藏资源；也可以构建馆藏资源云资源库，让读者不必到图书馆就能阅览到图书资源，即使足不出户也能够随意借阅数字图书馆的馆藏资源。另外，还可以对读者的阅读信息进行统计和分析，根据其个人阅读喜好为其精准化地推荐一些其可能感兴趣的内容，从而提高数字图书馆服务的精准性。

（四）提高馆员素质

值得注意的是，数字图书馆与传统图书馆有着诸多不同。传统图书馆是由图书管理人员对馆藏资源及其他方面进行管理的，而数字图书馆相较于传统图书馆在管理方面更加简便，利用了大数据技术对馆藏资源等进行管理。这就意味着数字图书馆的管理工作有着较高的能力要求，图书管理人员需要较好地掌握、适应数据化的管理模式，必须要兼具图书管理的基础理论知识和数据化管理、信息技术相关方面的能力，从而才能够对数字图书馆及其馆藏资源进行良好的管理。所以，数字图书馆在图书管理人员、图书馆员的选聘环节，就要注重图书管理和信息化技术两方面的知识与能力的考虑，从而选聘综合素质更高、更全面的馆员。其次，在数字图书馆馆员的工作过程中，也要对其进行定期培训和考核，使其能力不断提高。最后，在数字图书馆引进新的数据化管理技术时，也要组织全体馆员学习，让图书馆员能够独立地对读者的相关信息进行整理、统计和分析，并且能够根据分析的结果提出个性化的服务方案，从而为读者提供更优质的服务。

第七章 公共图书馆地方文献创新管理

对于公共图书馆发展与文献建设工作而言，地方文献的搜集是一项重要内容，地方文献的整理不仅可以实现文献特色价值最大化，还可以提高公共图书馆服务质量，因此分析地方文献的收集工作具有重要意义。

本章主要论述公共图书馆地方文献创新管理，分别介绍了公共图书馆地方文献概述、公共图书馆地方文献的搜集工作、公共图书馆地方文献的整理工作和公共图书馆地方文献创新服务四方面内容。

第一节 公共图书馆地方文献概述

一、地方文献概述

（一）地方文献概念

地方文献，长期以来对其概念存在广义与狭义两种理解。广义的理解是，地方出版物、地方人士著述、地方史料；狭义的理解是，地方史料，即内容上具有地方特征的区域性文献。后一种理解已经越来越被图书馆界所认同和接受，但仍然存在分歧。尽管地方文献的定义存在分歧，但对地方文献的收集和整理是每一个公共图书馆的工作之一。

地方文献是一个地区的长期的历史记录，动态地记载着某一地域内的自然、经济、政治、社会与民族习俗的沿袭与演变，既是地方图书馆特色馆藏的重要组成部分，也是科研人员从事相关研究工作时不可缺少的参考文献。地方文献在内容上，包罗万象；在时间上，更是跨越一个地区文明发展的整个进程。

（二）地方文献类型

1. 按载体划分

（1）原始材料型。如甲骨文、竹简、木简等。

（2）纸质型。如传统的线装古籍、平装书、手稿、信札等。

（3）感光材料型。如照片、缩微胶卷、电影拷贝等。

（4）存储介质型。如录音带、录像带和计算机应用的磁盘和光盘等。

（5）硬盘存储型。如固态电子存储芯片、网络服务器、云服务空间等。

2. 按文献出版特点划分

（1）图书类文献。指编辑出版的地方年鉴、地方志、地方史、地方概览、专题资料汇编、地方丛书、文献汇编等正式出版和非正式出版的图书资料。

（2）报刊类文献。指正式出版或非正式出版的当地机关报、专业报、期刊等报刊资料。

（3）数字文献及其他多媒体文献。指自行制作与采集的数字文献与多媒体文献。

（4）散页类及其他文献。指舆图、图片、票据、证券、文告、传单、商标等，如：各地景点胜迹介绍、区域或机构的形象宣传、特色节会或民俗文化资料、企业和产品介绍等。

3. 按文献记录方法划分

（1）手写型。指用钢笔、毛笔等手工书写的各类文献。

（2）印刷型。指通过拓印、油印、铅印、凸版印刷、凹版印刷、平版印刷、丝网印刷、孔版印刷等所成批量生产的各类文献。

（3）刻录型。指刻在甲骨、竹、木、石等物体上的文献。磁盘通过电磁流，VCD、DVD 等光盘通过激光，将转码后的信息刻录在介质上的文献。

（4）拍摄型和下载型。指照片、缩微胶卷、电影拷贝、硬盘存储、网络服务器、云服务空间等。

4. 按文献出版方式划分

（1）正式出版物。指以传播为目的，贮存知识信息并具有一定物质形态，符合出版法规规定，经批准同意出版的公开出版物。正式出版物可以分为广义出版物、狭义出版物、传统出版物、新型出版物、其他出版物等。其中广义出版物分为定期出版物和不定期出版物两大类。定期出版物又分为报纸和杂志（也称期刊）两类；不定期出版物以图书（包括书籍、课本、图片）为主；狭义出版物只包括图书和杂志，不包括报纸；传统出版物包括报纸、杂志和图书等印刷品；新型出版物为非印刷品的出版物，如唱片、缩微胶片、录音带、录像带、光盘等，通称为缩微制品、电子出版物；其他出版物主要根据出版者的不同，将出版物划分为政府出版物、机关团体出版物和一般出版物等；

（2）非正式出版物。指根据出版法规规定，无须批准同意的、不公开发行的内部出版物等，如宣传资料、简介等书刊、讲义等。

5. 按文献出版时间划分

（1）古代文献。指民国元年（1912）年前以各种形式记载、呈现的各类文献。

（2）民国文献。指民国元年（1912）年至1949年中华人民共和国成立前，以各种形式记载、呈现的各类文献。

（3）当代文献。指1949年中华人民共和国成立后，以各种形式记载、呈现的各类文献。

6. 按版本形式划分

（1）刻本。指雕版印刷而成的书本，亦称刊本、椠本、镌本。

（2）石印本。指用石印印刷的图书，采用药墨写原稿于特制纸上，覆于石面，揭去药纸，涂上油墨，然后用沾有油墨的石版印书。

（3）铅印本。指以铅活字排印的线装书。

（4）影印本。指采用照相技术将原本复制的文献资料，可以原本影印，也可以缩印。

（5）稿本。指已经写定尚未刊印的书稿。其中，由作者亲笔书写的为手稿本，由书手抄写又经著者修改校定的为清稿本。稿本分为作者首次撰写的初稿本、作者或他人所修订改写过的修改稿本、最终修改完成的定稿本。

（6）抄本。指按原书抄写的书籍。

（7）拓本。指摹拓金石、碑碣、印章之本。拓本用纸紧覆在碑碣或金石等器物的文字或花纹上，用墨或其他颜色打出其文字、图形来的印刷品。按用墨分，可分为墨拓本、朱拓本。按拓法分，可分乌金拓、蝉翼拓，拓本实物最早见于唐代。

（8）复印本等。指所有的内容都是复印而装订而成的文献资料。

7. 按文献传播范围划分

（1）公开发行。指通过中介机构向不特定的社会公众发行的文献。公开发行有三种方式：机构发行、自办发行和两者兼有。公开发行也可以看作是正式出版物。

（2）内部发行。指仅发放给特定对象的文献，内部发行一般为非正式出版物。

（3）保密文献等。指具有绝密、机密、秘密等保密级别的文献。保密文献一般为内部出版物。

8. 按文献文种划分

（1）汉文。指内容以汉语为主反映的文献。

（2）少数民族语文。指内容以少数民族语为主反映的文献。如藏语、维尔语等。

（3）外文。指内容以外国语为主反映的文献。如英文、法语、德语等。

9. 按文献内容划分

按文献内容划分，地方文献可划分为政治、军事、经济、文化、教育、文学、历史、地理和工业、农业、科技等地方文献。

（三）地方文献的基本特征

地方文献是当地非常重要的非物质资源，通过不同载体承载，并由丰富的、多形式的文献内容组成，是图书馆独特的藏书体系，是其他馆藏资源无法比拟的，是独一无二的馆藏资源。其基本特征体现在以下几个方面：

1. 地域性

地域性是地方文献的基本特征，是否具有地域性是判断文献能否确认为地方文献的重要依据。地域性属于"地理学"范畴，它包括人文地理与自然地理，从内容学科分类体系架构看，人文地理包括人生地理、行为地理、军事地理、文化地理、聚落地理（村落、家落、乡村地理）、历史地理（地理沿革、地区演变、地望、历史地理、政区沿革）等。自然地理包括地貌、地图、地文、水文景观、土壤、化学地理、数理地理等。地方文献记载一个区域自然和经济等各方面的情况，一个地区在历史上所经历的自然灾害、气候水文等变化，人口迁移与增减，各个时期的政治、经济、文化、宗教，甚至动乱、战争等情况都在地方文献中予以记述、反映，从而形成本地区的经济特征、生活习惯和文化传统。反映、体现地域性各方面的特性，是地方文献最根本的特征。地域性特征表现在地方文献产生于特定的自然地理环境和人文地理环境的土壤中，折射出区域内人们的独特的生活方式和文化心理。这种土壤是地方文献得以孕育和创造的"培养基"，只要这种土壤的性质不发生根本性地改变，在历史空间里，得益于生活形态的相似和对语言信息高度认同，地方文献在区域系统内的传播无疑具有了明显的优先性，它所阐发的对自然、历史规律的认识，在当下也必然能成为资政借鉴的一面明镜。

首先，文献应该从不同角度记载、分析、研究当地历史、现状和未来，其内容应以当地历史资料和现实资料为依据，反映当地自然资源与社会环境的沿革、变化和现状。其次，文献记载的事件不是发生在当地，但是与当地发生关联，比如当地史志资料记载的当地烈士参与的战斗故事，可能发生在国内其他地区或者国外，但因烈士属于本地人士的，也可将其认定为地方文献。最后，文献记载的内容发生在当地之外，但会对当地产生影响的，也属于地方文献。比如国家对贫困地区支持性政策对于贫困地区来讲属于地方文献，再比如国家就某一领域的表彰决定、某一地区代表到其他地区参加经验交流大会的，也属于地方文献。

2. 真实性

地方文献必须真实、客观地展示当地的历史和现状，其每一份资料都经过深入研究而成。因此，其文献内容真实，资料数据准确。地方文献中一批资料由手工完成，尤其是从古代传承下来的文献资料，比如手稿、画册、史志资料、20 世纪中期之前的文献资料等。

3. 广泛性

地方文献形式多样，内容丰富，涉及领域广，对当地自然、社会、人文等历史和现实进行真实记录。地方文献涉及社会环境、自然环境两个领域。自然环境包括天文、地理、地形地貌、水文地质、气候气象、矿产资源、物种分布等，社会环境包括人文历史、地方政权、社会变革、制度创新、社会经济、地方文化、体育、教育、民族、宗教、民俗、语言和文学艺术等。地方文献时间跨度长，从有文字记载且有人类在当地活动开始，便有了地方文献，只要有人类活动的地方，文献就不会中断。大跨度、多领域、多学科、丰富内容的地方文献可以全方位、多角度地反映某一区域的整体风貌，使后人不会出现认识上的偏差，也为后世研究人员提供了充实的理论依据，促进其做出科学判断，地方党政领导可以做到科学决策。在图书馆建设中要注意地方文献形式多样性带来的无序性，与从广泛性引发的不规范性问题。

（四）地方文献作用

1. 提供历史依据

地方文献是记录区域经济状况的主要文献。在历史的发展长河中，山川河流等大自然发生着变化，某些矿产资源和传统工艺，可能面临枯竭和失传。地方文献真实记录了区域内各方面演变的过程，可以为民众还原历史、分析未来提供依据。地方文献可以指导人们利用当地优势发展经济，保护稀有资源的合理开发利用，传承传统工艺，繁荣民间制造，进而挖掘文化潜力，坚定文化自信。

2. 提供史料支持

地方文献最为突出的一个特点是体现地方文化。地方文献在地方文化的继承和宣扬方面发挥了提供历史资料、传承文化特色、促进文化繁荣的作用。比如，对古建筑进行修缮时，可以借助地方文献资料再现古建筑风貌。又如，对于当地一些即将失传的表演艺术，可以借鉴相关文献资料对其进行抢救性传承。一些已经失传的传统工艺、民间特色小吃，通过对地方文献研究，可以再次被后世了解和掌握，这些工艺和特色文化将有可能被传承和发扬。研究地方文献的历史资料可以发掘民族交融的历史渊源，可以促进民族团结和友谊，增进民族大团结的凝聚力，既能满足群众的文化要求，又能传承地方原来的文化特色，进而为学者研究区域特色提供必要的理论基础和学术依据。

3. 提供丰富资料

地方文献跨越年代长，涉及领域多，内容丰富全面，手法客观真实，是一部历史百科书，是历次史志修订的重要参考资料。地方史志修订人员要先博览有关资料，从中选择合适的内容作为基础资料，再进行分析、对比、选择和归类，共按照史志修订要求将其进行组合，修订成地方史志或编撰成新的断代史、专业史，也可以通过新的排序、演绎、研究、提炼，形成新的史学研究成果，充实地方文献资料。

4. 为地方建设决策服务

地方文献中蕴含的丰富的政治、历史、经济、文化信息可以为地方政府部门的行政决策提供参考和借鉴，以制定出切合当地实际情况的发展方针和建设规划，为地方经济发展和文化建设服务。

（1）为宣传地方历史文化服务

诸如地方志书、史料辑撰等类型的地方文献，是向公众展示本地历史轨迹、文化传统等的绝佳宣传资料。

（2）为塑造地方文化形象服务

地方文献彰显了地方的悠久历史、深厚的文化传统底蕴，在对外交流传播的过程中无疑为地方树立起良好的文化形象。

5. 爱国爱乡教育的生动教材

地方文献的记载内容翔实、形象生动、通俗易懂，极具感召力，易于众多人群阅读借鉴，尤其适宜青少年阅读。地方文献能够使青少年通过文献资料进一步了解家乡的山川风貌和风土人情，了解家乡的仁人志士、英雄烈士、历史名人，培养青少年爱祖国、爱家乡、爱人民、爱自己的情操，孜孜不倦的学习精神与建设家乡的信念，使他们从小学习过硬本领，造福家乡人民。

6. 促进社会发展进步

地方文献传播以及后续开发利用过程中衍生的一系列附加产品，丰富了社会生活，促进了社会生产。如被誉为"中国第一库"的镇江民间文艺资料库，是收藏、保存和研究镇江地方文献、民间文艺的资料中心，不但以丰富的地方文献传播着地方特色文化，还以此为依托，集中展示当地的民族传统工艺、民族传统艺术，促进了当地的特色文化发展及相关研究的深入，同时引起了社会各界的关注，以"窗口效应"推动着相关旅游、商贸等产业的发展，发挥出推动地方经济的强大影响力。

（五）地方文献建设的意义

（1）地方文献记录了地方社会和区域地理发展变化的轨迹。地方文献发端于特定的人文地理环境和自然地理环境的土壤中，是反映特定区域有关自然现象、社会现象、群体活动方式的记载物。所以，诸如历史变迁、人民生活状况、风土人情、科学技术发展水平等关乎地方社会、地域自然的一切状况，都得以在地方文献中传播。

（2）地方文献对社会思想教育和对人们的道德起着规范作用，对社会相互关系的具有协调功能。地方文献记录了一个地域在漫长历史中形成和发展起来的人们普遍认同的精神境界和伦理道德，使受众人群在阅读文献的过程中不自觉地形成以文献传播内容为模本的主流价值观、人生观等，并以此为社会正统来规范自己的行为意识，协调个人与社会、个人与个人的关系，实现文献传播的教育、教化功能。

（3）地方文献使地方优秀的物质文明、精神文明得以传续和发扬，对社会遗产的具有传承功能。人类在漫长的岁月中发展的文明既是历史的不断沉淀，也是文化世代传播与交流的结果。地方文献记录的生产力、生产关系、经济发展、社会物质文明和传统文化，经过一代代人的传播、发扬、创新，实现了文化和知识的延续与再生。从而不断拓展人类社会发展和人类自身发展的动力和能力。

二、地方文献与其他文献的关系

（一）地方文献与地方文化的关系

文化的发展是社会发展的必要组成部分，而文化表现在多个领域。民族优秀文化经过代代继承与不断发展和弘扬，最终成为各具特色的地方文化。简单来说，地方文化指某一地区在社会发展历程中所形成的物质与精神成果。随着地方文化慢慢积累、逐渐深化与拓展，地方文献逐渐形成。本质上，地方文献是该地区在文化积累过程中客观环境与人类主体活动的记录。从现实角度讲，长期的文化积累和文献记载导致地方文献和地方文化互相渗透，相互影响，形成"你中有我"的局面，并分别对应记录群体的认知与实践，二者不断传承，继续交替前行。因此，在积极弘扬地方文化的使命中，对于地方文献的搜集、整理与研究是极为重要的一环。各地区发展历程与自然环境各不相同，导致各地区形成风格迥异的独特文化。地方文化具有鲜明的历史特点与时代气息，而地方文献作为客观事实的载体，记录了地方文化的灵魂与精髓，基本涵盖了该地区的一切社会发展因素，是地方每个阶段发展的记录、集成与外在表现。地方文献保证了地方文化能够被一代又一代的群体了解和继承，对地方文化的交流、传播与发展具有明显的推动作用。地方文献与地方文化并不仅停留在简单的单向链接中，二者相互依存，相互促进，共同成长。由于各地区地方文献地域性显著，不同地方文献对该地区文化艺术推动作用又各具特色，

（二）地方文献与地方史志的关系

在地方史志中，除少部分地方史外，绝大部分是地方志。地方志是有关地方事物的百科全书，是记载一个地区（或行政区划）内自然和社会各个方面的历史与现状的综合性著述。地方志与地方文献都属于文献范畴，而地方志是地方文献的一种载体形式。在所有地方文献中，地方志最能反映该地区的地方特色，也是最具研究价值与参考价值的文献种类。地方志较为全面地记录了该地区自然、政治、经济、文化和社会的历史与现状。对地方史志的搜集是所有地方文献搜集中的重中之重，地方史志也可以被看作是该地区大量不同领域地方文献的大集成。在地方志编纂形成过程中，艺文志包括各历史名家的著作、思想与生平记录，是地方文化中最为耀眼的明珠。

地方文献是地方志编制修订的资料来源与事实依据，是地方志存在的客观基础。地方文献的广度与深度直接决定了地方志的丰富与严密程度。地方志内容越广博、翔实，其文献对应的文化价值越珍贵，越具有现实意义与研究价值。如果地方文献的记载足够真实详尽，涵盖领域广阔，其本身能够就某一历史结论或事件形成多角度的推断与验证，那么地方志的真实性与可靠性就可得到保证。由于地方志是该地区地方文献的集大成者，因此各地方志具有独特的地方属性与研究价值。历史在不断进步，地方文化在不断发展，地方文献也在不断扩充与完善，地方志的编修必然是一个动态连续的过程，每隔一段时间，地方志需要依据既有的大量地方文献完成自我更新。

（三）地方文献与地方档案的关系

地方档案是地方文献中较为常见的一种记录形式。客观上讲，地方档案是地方文献较为直观的概括性描述，是人们全面系统了解地方文献的重要索引。地方档案包括该地区一切时期具有保存价值的信息，通常以叙述性文字、简明的图表或声像等为记载方式，按照时间点的不同，可以区分为现行档案和历史档案。

我国现行的档案工作可以分为文书档案与技术档案两种类别，其中文书档案与地方文献整理具有更多关联性。进入现代社会，各地的档案管理工作已经有了较为细致的制度和划分，档案的搜集与整理直接由政府相关部门完成，并从中选择重要信息编纂为该地政府机构的正式档案，并加以保存和记录。

由于地方文献涉及种类繁多，详略不一，其真实性考究难度各异，政府档案几乎难以同时兼顾档案材料的广博性与真实性。从这个角度出发并作为政府档案管理部门的基层数据提供者，地方档案馆与地方图书馆能够被视为政府相关部门的下级组成单元，发挥一定程度的搜集整理职能，从而分摊政府档案管理部门的工作压力，进一步拓展地方档案的内容与广度。在配合相关政府部门进行档案工作的同时，地方档案馆和地方图书馆同样能够独立地进行地方文献的搜集、整理工作，并向社会提供珍贵的文献输出，在整体工作框架中，可以与政府相关部门呈现既合作又独立的工作模式。

三、影响地方文献传播的因素

（一）受众人群的文化素养因素

非均衡性是文献传播过程中的不可避免的现象，地方文献亦存在这样的传播瓶颈。地方文献反映自然地理、风土人情、历史文化，大都带有较为浓重的学术色彩。因而不同于主要功能是娱乐大众的通俗类文献，受众的文化水平、术业专攻、治学造诣等都是地方文献得以顺利传播的重要条件。

（二）社会环境因素

生活安定和平、经济繁荣发展、物质资料富足丰沛，在这样的社会背景下，促使地方文献资源大量生产出来，而且能保障社会流通渠道的顺畅，亦激发了人们安身立命之外的更高的精神追求，使地方文献的传播效果容易达到其最初的传播理想。反之，社会的不安定因素和社会发展的不平衡则是地方文献传播过程中的严重阻碍。

（三）文献的内容特征因素

地方文献创作所用的语言符号、反映的内容情境、与社会大众生活的交融程度等因素也影响着其传播的范围和效果。

第二节　公共图书馆地方文献的搜集工作

一、地方文献搜集的重要性

（一）区域文献保护的需求

地方文献负有保存地方历史、描述地区现状的重要职责，是弘扬中国文化、服务社会发展的重要推动因素。随着社会不断发展，尤其是现代化信息资源的几何级增长，地方文献资源增长也同步呈现明显的加速度趋势，其在图书馆藏书体系中的占比也在同步增长，逐渐成为一个丰富文献资源、形成特色馆藏的重要构成部分。与此同时，图书馆应注意到这一趋势，应该对日新月异的地方文献资源进行系统搜集、整理、开发与保存，推动地方文化事业和社会经济事业发展，进而为我国国民社会发展与科研生产积蓄力量。同时，图书馆自身也可以利用整理地方文献的机会，形成独特的馆藏文化，加强自身建设，从而突出图书馆的社会职能，提高自身社会地位。

（二）特色馆藏建设

1. 充实馆藏文献资源

地方文献的搜集可以使图书馆馆藏文献资源更加丰富，为其提供更好的信息咨询服务，使图书馆在社会上更具影响力，让更多读者愿意前往图书馆，还可以推动物质文明和精神文明建设。地方文献的范围非常广泛，内容也十分丰富，是宝贵的资源。所以，图书馆应将地方文献的搜集工作放在重要位置，使其特殊作用能够充分发挥出来，从而推动地方经济发展。

2. 藏书建设的体系化

图书馆藏书建设的要求是体系化。图书馆藏书的特色和社会价值主要体现在体系化上。每个图书馆都要有藏书体系，并且要有自身的特色和重点，使读者的基本需求和专门需求能够得到满足。因此，在建立图书馆藏书结构时，要注重搜集地方文献，且搜集到的地方文献要能够体现图书馆藏书体系特色。

3. 从事多学科的研究

各领域的学术研究在近些年得到快速发展，很多人在研究时会参考古代文化典籍，各个地方都在进行编史修志，这些变化都增加了人们对地方文献的需求。对于地方经济发展和科学研究而言，乡镇志、市县志、省志、人物传记、家谱等都具有重要的意义。对地方文献的搜集有利于对本地经济、人文的研究，有利于社会主义精神文明建设的推进。因此，在图书馆藏书建设中，地方文献搜集工作是非常艰巨的任务。

二、地方文献搜集的原则

（一）"有重点有放弃"原则

地方文献是公共图书馆特色资源建设的重点。体现特色，确立优势，建立起独有独强的难以替代的地方文献资源体系，是各个公共图书馆所追求的共同目标。但因人力、经费、馆舍场地等条件的限制，无论是那一个公共图书馆都不可能采集到当地所有的地方文献，为此，各个公共图书馆要根据自身的定位、职责、任务，制定地方文献资源建设的目标，根据自身的优势与特色、当地政府工作的目标与需求等情况，确定地方文献搜集重点与范围，做到有所为有所不为，有重点也有放弃。

（二）搜集时间不分古今原则

每个地方的发展历史不尽相同，有的拥有几千年历史，有的具有几百年历史。记录这些历史的材料就是地方文献。首先，当代社会的地方文献资料异常丰富，在电视、网络等现代科技技术的协作下，这些原始的一手资料能够直观地展现在人们眼前，并帮助人们还原当地的原始情况，是帮助人们探索当地经济发展、政治改革、科技运用、文化和教育事业发展的重要材料，后世要特别注重对其进行保护，否则很容易在历史进程中将它们丢失，若只在后续对其进行修复和完善，将需要付出沉重的代价，有的文献甚至永远无法找回，这将影响对当地现实情况的了解。

其次，创建具有完整内容和多样类型的地方文献，能够帮助图书馆不断完善当地的文献收藏和保管体系，有利于对当地的文化进行宣传和推广，也有利于利用单位图书馆进行文献推广，能够增加图书馆的影响力，并提高图书馆的利用价值。

最后，随着时间推移，很多古代文献由于保存方法的失误已经遭到破坏。面对这种情况，要将这些文件按照现代科学的方法进行析出。对当地文献的收藏是一件长远的事情，文学工作者要根据从近到远的原则搜集资料。在地方文献搜集工作中，古代和近代文献要尽量做到详细，现代和当代文献要更加注重地方特色，针对具有多种版本的文献要进行严格筛选。所以，图书馆在文献搜集工作中要坚持科学性原则，不能因为时间久远就不做搜集。不论是古代的、近代的、现代的还是当代的文献，都要进行完整搜集。

（三）搜集内容不分正反原则

人类历史发展的趋势呈螺旋上升，在环境因素约束下，人们会经历由肯定到否定再到肯定的历史进程，这也造成地方文献的历史特性，使地方文献成为历史的见证者和记录者。

地方文献要通过详细、完善、正确的方式进行收藏和价值整理，这是一项系统工程，地方文献搜集主要从地方政治经济、文化教育、风土人情、社会发展等方面开展工作，其资料范围更是横跨国内国外。只要是反映当地实际情况的资料，不论是专业还是非专业，都要及时搜集和记录，交代清楚事情的起因、经过、结果及其造成的影响意义。搜集资料要有质量保证，特别是对非官方机构的资料、约定俗成的民间传说和网络上的相关言论等，要特别注意甄别其真实性；要以文件真实性、利用和保存的价值作为筛选标准，使得搜集到的资料能够客观、公正、概括性地反映当地实际情况。

地方文献是一种文化遗产，需要被永久保存，在搜集过程中要以当地标准进行搜集，要充分尊重资料的历史性和地域性，对于负面的史实材料要进行客观记录，这些都是后人了解和研究当地文献的重要参考。因此，在搜集地方文献中必须坚持"质不分反正"的原则。

（四）搜集地域不分内外原则

人是保存地方文献的主要对象，在历史发展进程中随着人员的流动，文献资料外流不可避免。当地文献工作者以保护当地区域文献和资料发展为目标开展工作，需要遵从地域性原则。通常对地域的划分主要以行政区域划分为标准。这种分类方式符合图书馆文献管理者工作的目标和意义。然而，"不同时代的行政区域也会发生变化，以现代的省、市为分界线的情况下，有些重叠的区域会随着时间变化发生地域变动。所以在搜集资料过程中，地区不能够分为明确的内部和外部地区，在地域范围内和地域范围外的所有资料都要进行详细搜集，特别是具有高价值的资料，更是如此"。

（五）搜集体裁不分新旧原则

传统文化的变革带动了地方文献体制的革新。在文献类型上，部分专家认为"具有历史价值的资料"也要包含在内。公共图书馆应搜集本地的、有价值的、能够利用视频、声音、照片、语言记录的地方文献资料。随着科学技术的发展，承载地方文化的新型媒介已成为当代最重要的地方文献信息来源，所以，要加强新兴媒体对地方文献资料的关注度。有些高质量的地方材料在当地报纸、电视、网络等媒体中产生，这些媒体能够对当地动态进行实时播报，如果不重视这些媒体的作用，不及时进行资料搜集，会造成有价值文献资料的流失。

传统的文献工作者由于生活年代和使用习惯的影响，容易忽视高科技下的文献资料。通过网络途径，声音和视频资料等具有传播速度快、保存容易、表现直观、信息存储量大的特点，网络逐渐成为人们生活中常用的表达和传播媒介。因此，搜集文献时要坚持载体不分新旧的原则，要特别注重对新兴媒体材料的搜集。

（六）搜集种类不分点面原则

要反映地方实际情况，需要对官方的、非官方的，完整的、不完整的资料进行全面搜集和整理。如果做不到这一点，则很难真实反映当地情况。所以，搜集地方文献的工作要不分点面地开展。不论是文字完整、信息量大的重要事件资料，还是文字残缺、信息量小的零碎信息资料，都要进行详细搜集。搜集的过程要以图书馆的基本方针和原则为指导，要结合当地政治、经济、文化发展和读者的切实需求，要搜集对图书馆有用的资料。有些比较冷门的资料没有太多的利用价值，不需要投入大量的人力、物力，要对它们进行判断和筛选，不符合搜集条件的应不予以搜集，以此保证搜集的质量，并将时间和精力投入其他更有价值的文献资料中。

（七）普遍搜集与重点搜集相结合原则

要将完整搜集和局部搜集相结合，并对有价值的局部进行重点搜集。从单一图书馆体系来讲，当地政治经济、文化教育等文献十分重要，但是对当地具有历史意义的重大事件、重要贡献者是比这些文献更重要的资料。例如，沈阳既是九一八事变发生的历史地，又是张氏父子的居住地，沈阳图书馆在文献资料搜集工作中要将历史事实，官方出版机构与非官方出版机构制作的文献资料，国内外、中英文的资料等，及时进行完整搜集，并形成以九一八事变为主的文献资料库。

（八）搜集渠道不分主辅原则

图书馆可支配的预算是有限的，甚至是紧缺的，文献的搜集工作又是一个漫长的、工作量大的过程，所以，图书馆应发动社会各界力量向图书馆捐赠文献，遇到特殊情况时可考虑对文献进行购买，以避免文献资料的流失。

（九）"需要什么收什么"原则

目前，大部分公共图书馆的地方文献搜集工作，多数的做法是见到什么就收什么，能收什么就收什么。地方文献工作的目标与考核、业绩评价也是以新增地方文献的数量为依据。这一做法，是数量型的发展观在起作用，无助于图书馆特色资源建设体系的建立。

公共图书馆要形成自身独有的地方文献特色资源，必须要改变见到什么就收什么，能收什么就收什么的被动做法，要根据自身的定位、职责、任务、优势所确定的地方文献资源建设目标，实行"需要什么收什么"，实现地方文献搜集工作从数量型、被动型，向质量型、整体效益型转变，做到目标明确、主动采访，提升地方文献搜集工作的针对性，提高地方文献搜集工作效益。

公共图书馆地方文献搜集工作把握"需要什么收什么"原则，要注重以下两点。一是注重馆藏地方文献体系完整性、系统性、独特性建设的需要，特别是要注重从本馆职责要求和所存在的短缺，做到有意识地加强与弥补。二是注重读者的需要、社会的需要。要从读者、社会的需求角度去考虑，对需求旺盛、利用率高特别是拒借率高的文献有必要加强投入，做出相应的政策性经费倾斜。

三、地方文献的搜集渠道

（一）呈缴

根据《出版管理条例》及当地政府所发的文件，将当地图书馆确定为当地收集、保存、提供利用地方文献资料的工作机构，要求各机关、企事业单位及其他组织，凡编辑出版的各类文献资料，如图书、刊物、报纸、音像制品（CD、VCD、DVD）、画册等，均须呈缴给当地图书馆。呈缴是比较可行的地方文献采访征集的主要方式。但实行呈缴，往往持续性不强，实际效果也不理想，需要地方文献工作者发挥主观能动性，充分利用政策，做好地方文献的征集工作。

（二）征集

公共图书馆地方文献工作人员通过外出走访、打电话或发联系函（邮件）等途径，向所在区域相关单位、人员征集地方文献。

（三）购买

地方文献购买可通过订购与现采的方式来完成。

（四）赠送

由作者、收藏者自愿把相关文献赠送给图书馆。

（五）交换

图书馆之间、图书馆与个人之间开展文献交换。《中华人民共和国公共图书馆法》第三章第三十条规定：公共图书馆应当加强馆际交流与合作。国家支持公共图书馆开展联合采购、联合编目、联合服务，实现文献信息的共建共享，促进文献信息的有效利用。

（六）复制

由于种种原因，某些文献特别是一些专题文献和古籍文献，现已很难收集到，可以通过复印、数字化等途径解决。

四、地方文献搜集范围

地方文献之所以与其他文献不同，是因为其具有地方特点，主要包括两方面：一是文献形式的地方特点，二是文献内容的地方特点。和当地有关的文献内容是内容的地方特点，体现在作者、出版等方面，例如该地区名人传记和该地区出版物等。因此，在确定地方文献搜集范围时，既要注重文献形式的地方特点，也要注重文献内容的地方特点，既要考虑当地的现实需要，又要考虑今后长远需要。

（一）地方特点文献的搜集

在搜集地方文献时，内容上具有地方特点的文献是重中之重，地方藏书也通常主要由这些文献构成。对于地方的政治、经济、文化发展而言，内容上具有地方特点的文献具有很重要的参考价值，所以其搜集范围更宽，只要内容具有地方性均要搜集在内，尽可能搜集所有与当地有关的文献资料，让读者在选择时有更大的空间。对于内容具有地方特点的文献搜集范围，主要包括以下几个方面。

1. 地方史志的搜集

（1）地方志的搜集

地方志是首要部分，主要包括中华人民共和国成立前编写的与当地相关的岛屿志、关志、所志、卫志、里镇志、乡土志、县志、厅志、州志、府志、通志等，以及在中华人民共和国成立后编修的连队史、厂矿史、村史、乡（公社）史、县志、州志、省志等。有关地区的省馆还要搜集已经撤销建制地区的原省志。例如，已经撤销建制的西康省处西藏自治区和四川省范围内，所以西藏自治区馆和四川省馆都需要搜集《西康志稿》《西康概况》等原西康省志。

（2）总志的搜集。对于没有地方特点的全国地理总志，可以摘抄、复制其中与当地有关的内容进行搜集。

（3）专志、山水志、游记的搜集。其内容综述了全国专志和山水志等不在地方文献搜集范围之内的作品。同样，也是摘抄、复制其中与当地有关的内容。要对与当地有关的区域性专志、游记、山水志内容进行搜集，不论是哪个历史时期的文献都要进行搜集。中华人民共和国成立之后编写的关于当地的名胜古迹介绍、水文水利志、财政税收志、交通志、矿物志等，不仅要搜集正式出版的内容，还要搜集没有出版的书稿。

（4）杂记类古地理书的搜集。杂记类古地理书对于关中地区的地理历史研究具有重要作用，其中与当地有关的要进行搜集。

（5）古籍中区域史志的搜集。古籍中的区域史志对于地区情况记录不够全面，但是其对于历史地理有详细记载，也应该将其收录进来。

2. 其他地方史料的搜集

除上面所说的几种文献外，其他文书文献和历史资料在此被归为其他地方史资料。这些文献资料不仅数量多，并且情况也比较复杂，因此有很多问题需要仔细斟酌。

（1）注意"史料"的搜集范围并与"文物"相区别。文物和史料不同，但是它们也有一定的联系，无论是文物还是史料都具有历史价值。但不同的是，史料是文字资料，而文物是历史留下来的实际物品。敦煌卷子、甲骨文等古代文字资料是文物和史料重叠的部分，既是文物又是史料。对于图书馆来说，具有历史价值的文字资料是主要的搜集对象，而博物馆主要搜集具有历史价值的实物。一些古代文字资料既是文物又是史料，这时博物馆负责实物原件的搜集，图书馆搜集这些实物原件的复制品。其原因在于图书馆要为读者提供阅读服务，复制品可以让读者看到想看的内容。

（2）可适当搜集反映或涉及当地历史的文艺作品。和历史文献不同，文艺作品不能将社会现实直接反映出来，但优秀的文艺作品可以将社会现实间接反映出来。因此可以搜集一些能够真实反映当地历史的电视剧本、戏剧、民族史诗、小说等资料，但是在搜集时要对其选择标准进行严格把握。

（3）对古籍中地方史料的搜集。我国有着悠久的历史，古籍数量庞大，涉及地区资料的古籍不在少数，人们可以通过复制、购买等方法搜集这些资料。在史部古籍中除了上述内容之外，其他古籍中也有很多能够节录的地方史料。子部图书有着非常庞大的体系，地方文献的搜集范围不包括通用性的技术论著和泛论性的学术著作，但应对其中有地方特点的内容进行搜集。集部古籍中大部分是文学作品，地方史料更多地出现在地方官吏的别集里，应使用复制、摘抄的方法将这些资料搜集起来。

（4）区域内革命史料的搜集。无论是当地的社会主义革命、新民主主义革命还是旧民主主义革命的史料，都应该大力搜集。现代革命史料的搜集原则是实事求是。

3. 现实地方文献的搜集

目前，对于地方文献中是否包括现实地方文献，目前还没有达成共识，然而这些现实资料在进行地方文献搜集时不能被忽视。其原因在于，这些资料对今天而言是现实资料，但是对于未来而言则是历史资料。文献刚开始产生时比较容易搜集，因为具有很多复本；如果搜集不及时，等其真正成为历史资料后搜集起来则非常困难。在社会建设中，这些现实资料有很重要的作用，因此应该对其进行搜集，但是如何划定搜集范围需要进一步讨论。现实地方文献搜集现实资料时应慎选，从严格掌握。

（二）地方人士著作的搜集

关于文献搜集范围是否包括地方人士的著作，目前存在两种看法：一是主张不搜集没有当地内容的著作，二是只要是地方人士的著作都纳入搜集范围。要把所有当地人士的著作都搜集进来比较难，因此可以只对当地名人的著作进行搜集。

1. 区域内名人著作

大多数区域内名人著作都反映了当地政治、经济、文化等方面的情况。很多著作的内容与当地有很大联系，其写作背景也会与当地有关，有利于当地历史研究。

2. 完整搜集名人著作

如果可以将当地的名人著作完整地搜集，当地图书馆的地方特色则会更强，对于地方志的编纂也非常有利。要把所有地方人士的著作都搜集起来是难以实现的，其原因在于地方人士众多，即使不搜集古代著作，现当代地方人士著作的数量也非常庞大。如果只搜集地方名人著作，搜集工作则更容易，并且地方名人的著作会更具有参考价值。

3. 区域名人的传记等

对于当地的历史研究来说，当地的名人传记、年谱、家谱等具有很大的参考价值，所以地方文献搜集范围应包括当地名人的著作及其传记。

（三）地方出版物的搜集范围

图书馆界对于地方文献搜集是否应该包括地方出版物没有达成一致观点。对此，应该认真分析，不同情况不同对待。

1. 当地的正式出版物

地方文献搜集范围应包括当地的正式出版物，无论其内容有没有地方特点都要搜集，原因是根据《省（自治区、市）图书馆工作条例》，要尽可能全面地搜集当地的正式出版物，因为这些正式出版物通常会包含地方特色内容，其在出版方面也有地方特点，将其搜集进来有利于给读者提供全面的阅读服务，也方便管理。

2. 出版地作为界定范围

（1）出版地的变化。出版物有自己的生产地和生产者，其生产过程分为精神产品生产、精神产品的加工和再创作、物质产品生产三个阶段。生产精神产品的过程中需要物质，同样生产物质产品的过程也需要精神。例如，在图书生产过程中，首先要创作编写书稿；其次是出版人选择和加工已经创作出来的书稿，使书稿的使用和审美价值进一步提升；最后要将书稿印刷成图书并大量复制。拥有版权的出版单位和出版人所在的地点是出版地，拥有版权的出版单位和出版人所在地的出版物是地方出版物。

（2）出版地应该作为界定地方文献的范围。无论是出版单位还是出版人自身都具有比较鲜明的地方特点，一定程度上体现出地方政治、经济和文化方面的特点，也会受到地方政治、经济和文化影响。在图书出版过程中，出版人要选择、加工和修改书稿，因此出版人的审美直接影响图书内容。出版人在图书印刷之前做出脑力工作，以让地方出版物具有明显的地方特色，这也是地方文化的重要组成部分。评估著作的学术含量以及定位，可以更好地展现出其思想和人文倾向。

（3）在出版地原则下灵活选择。出版业在古代和现代有明显区别。在古代，中国图书的出版量处于世界领先地位，并形成三大系统，分别是家刻、坊刻和官刻。到了近现代，出版印刷行业使用新技术，每年出版的图书多达 10 万多种，而每种又至少有数百万册的发行量。每年每家出版社至少出版上百种图书，其出版量更是多达几百万册。如果将其全部纳入地方文献搜集范围，则这项工作难以完成。如今，出版业的发展越来越迅速，图书数量越来越庞大，地方文献的搜集工作也需要变通。目前，根据出版地原则，各地图书馆要结合自身情况灵活处理。在经济水平较低、管理条件不好、出版量又很大的地方，要采用比较严格的方式，反之要采用相对宽松的方式。对有关当地内容和当地人士著述内容的出版物要进行搜集，其他出版物的搜集情况要考虑以下条件：一是出版物被列入出版工程规划，意义重大，有较高价值，二是出版物在国内外有一定影响，三是出版物获得市级以上奖项，四是出版物在印刷和设计上有本地特色。

五、地方文献搜集的问题

（一）重视不够，资金不足

由于对地方文献认识的僵化和不全面，很多人不明白为什么要广泛收集地方文献，包括相关的地方领导，对地方文献重视不够、了解不够，所以不会为收集工作提供资金和其他帮助，许多出版社或相关部门对公共图书馆的发函不予理睬，或者直接拒绝，这些都增加了文献搜集的难度。地方文献的收集离不开上级部门的财政支持，经费短缺已成为文献收集中的最大问题。

（二）宣传力度不够

在进行文献资料搜集时，工作人员要积极将搜集到的情况、工作意义等内容宣传给社会大众，扩大地方文献搜集工作的社会影响力；通过舆论引导激发当地有关部门、单位、文献爱好者和个人的捐赠热情。地方文献通常是分散的，特别是非官方出版机构的文献资料在搜集上更加困难。这些非官方出版材料主要是机关团体的相关资料、印刷的地方材料、专业人员的相关汇编材料等。没有刊登过的资料主要包括个人日记、相关文献的手抄本、书籍的原稿等，还包括名人的自传材料。

（三）地方文献载体形式不明

地方文献的载体具有多样性，这也对地方文献搜集造成了一定的困难。随着科技不断发展，磁性材料、互联网传输等新兴技术被用于文献存储，丰富了文献的存储形式，网络信息文件、语音文件、视频文件、电子文档文件等得以与纸质文件共存，这在某种程度上造成了搜集的混乱。文献工作者除利用传统的纸质获取材料外，还要进行系列资料文件格式转载等工作，这也造成新问题的出现。

（四）地方文献资料概念不够明确

要做好地方文献资料的收集工作，首先要了解地方文献的收集范围和地方文献的概念。如果收集整理范围不确定，往往会出现文献资料收集整理内容的错漏和收集的不完善，不仅浪费人力、物力，并且容易收集到许多无用的文件。

（五）收集渠道复杂

一个地区的文献资料众多，且种类也比较多，有的是报纸，有的是笔记或者其他记录；地区分布也比较分散，比较不容易被发现，可见收集渠道非常复杂，再加上相关部门不重视和人力物力投入较少，则导致地方文献资料的收集与整理工作开展困难。

六、地方文献搜集的适应对策

（一）寻求政府部门支持

地方文献是全社会的责任，要呼吁社会各界积极加入，公共图书馆无法独自完成完整的搜集工作。积极争取政府的支持，通过呈缴制度和地方正规文件的发布，调动有关部门的积极性，帮助文献搜集工作步入正轨。图书馆从上到下、从领导到普通职工要具有高度的思想觉悟，要充分意识到文献搜集的重要意义，知晓其对当地政治经济的影响作用。特别是在身处互联网时代的今天，地方文献的作用越来越重要，它是帮助地方经济建设、促进区域文明建设的重要手段。图书馆地方文献工作是帮助当地发展市场经济的重要辅助工具。

（二）建立专门的机构和人员

健全稳健的文献搜集制度是保障文献搜集工作有序进行的关键，为此，要成立专门小组、安排专业人员，进行目标明确、重点突出的搜集工作。文献工作者要具有社会责任感、专业文化素养，熟悉当地政治、历史、地理人文特色，能够准确搜集所需资料。图书馆要坚持以人为本的原则，为文献工作者创造更好的条件，不断完善他们的知识结构，不断提高他们的专业素质，不断增强他们的社会责任感，积极调动每名文献工作者的工作热情，使其投身地方文献事业中。

（三）建立地方文献征集网络

文献征集是一项烦琐、工作量大、涉及多部门的工作，文献中有很多非官方出版机构的资料，它们增加了搜集的难度。文献工作者要通过相关出版部门了解实际情况，并与相关出版人员建立合作联系；在日常报纸剪辑工作中要搜集资料，同时发挥现代互联网技术的信息搜集能力，通过高科技手段帮助获取相关动态信息；积极参与地方相关活动，如出版社会议、学术研究会议等；利用采访、暗访形式搜集资料；发挥当地科委、党史办公室、学术研究机构、教育部门、高校、企业等的作用，进而形成资料搜集的网络系统。

（四）加强地方文献交流协作

公共图书馆内部的系统协作、与外部图书馆的学习借鉴和信息交流等都是促进馆藏发展的重要途径。除此之外还要加强与档案管理局、博物馆、文物管理局等单位的合作，通过团队合作的力量进行目录制作、资源共享等分工合作。

（五）充分发掘馆藏并提供优质服务

很多高价值的文献和其他馆藏书目混杂在一起，需要管理人员对其进行细致划分。为此，管理人员应多学习、多读书、多做笔记，将高价值的文献进行归纳、整理和编排，并按照特定的目录将其放在引人注目的位置。这种方式可以丰富馆藏，并为后续的馆藏服务提供保障，为馆藏提供资源储备；按照馆藏优势对二次文献进行进一步挖掘、编写，进而发展检索体系的完整性。

（六）馆藏地方文献展览的举办

公共图书馆的专题展览活动和文献陈列形式要根据当代社会热点问题、当下的形势与政策进行规划，重点展示当地历史渊源、文化精神、民俗特色、名人名言等。地方文献分类具有专属规律特性，不同省、市、县都有各自文化、政策、经济发展特色，尽管同一地区具有相似性，具有统一的指导思想，但是其在细分方面又具有差异性。

（七）确立地方文献的明确定义

由于不同地方对地方文献的理解不同，收集和整理的内容也不同。因此，界定地方文献资料的概念就是把握地方文献资料收集与整理的范围，这是做好地方文献资料的收集与整理工作的前提。地方文献资料涉及面广，相关工作者应注意去其糟粕，取其精华，减少人力物力的浪费。

（八）提高思想认识

文献资料的收集和整理是相关部门文献管理的重要组成部分，也是相关部门管理规范化发展的有效保障。在收集整理地方文献数据的过程中，长期存在文献数据不真实、不完整，这往往是因为对文献资料的收集整理缺乏认识和重视。因此，有关部门应做好地方文献收集和整理的宣传工作，尤其是提高地方文献资料收集整理部门以外的其他部门的认识。所以，有关部门要充分认识收集整理地方文献资料的重大意义。

（九）加强领导

在公共图书馆地方文献资料收集整理单位内部，要加强合作，加强请示，形成合力。根据地方文献资料收集整理工作安排，细化收集整理工作任务，明确收集整理标准要求，并指定专人负责，坚持到底。另外，要采取实事求是、科学严谨的态度和方法，确保数据来源的准确性，全面、客观、真实地记录地方风土人情，按时、保质、保量地完成地方文献资料的收集和整理工作。各级文献资料管理部门可以组织和派出地方文献资料收集整理人员深入基层，进而加强地方文献资料的收集整理，指导地方文献资料收集整理工作，确保地方文献资料收集整理工作在地方上的推进。

（十）加强工作团队建设

要做好地方文献资料收集整理工作，必须依靠文献资料收集整理人员的参与和支持，因为他们是这项工作的参与者和执行者。首先，有关部门要做好地方文献资料收集整理人员的思想教育工作，定期组织内部地方文献资料收集整理人员进行学习和交流，提高他们对地方文献资料收集整理工作的认识，使他们真正了解这项工作的内涵和重要性。其次，要做好相关部门地方文献资料收集整理人员的培训和技能提升工作。鉴于数字文献管理的不断发展，应有效巩固地方文献资料收集整理人员在信息和数据处理方面的能力水平，可以在收集工作开展之前，组织相关人员进行信息化培训，掌握一定的信息化办公技能方可进行下一步的收集或整理工作，为地方文献资料收集整理工作奠定基础。

（十一）建立健全地方文献收集机制

为了做好地方文献的收集和整理工作，必须要完善相关机制。首先，公共图书馆在收集整理地方文献资料时，应建立统一的监管机制，建立规范的地方资料收集和整理流程，督促地方文献资料收集整理人员严格按照监管流程进行地方文献资料的收集和整理。其次，为加强地方文献收集和管理的技术投入，相关部门应提供一定的资金，保证地方文献收集整理的信息化建设和数据建设，借助相关的计算机网络技术来提高地方文献收集整理人员的收集整理效率和质量。应注意的是，一定要建立相关保障机制，从而确保地方文献收集整理工作的顺利实施，如不断完善地方文献收集整理人员的监督管理机制，通过有效的监督管理，确保地方文献收集整理工作的科学化、规范化。

（十二）群众性收集

单单靠公共图书馆工作人员收集文献资料是远远不够的。一般来说，文献资料种类多，涉及广泛，相应的文献资料也比较多，且分布比较散，收集困难大。针对这个问题可以进行广泛宣传，或者开展相关文献资料征集活动。在政府的支持下，可以开展相应的宣传活动，如举办地方文献展览，以展示地方特色、文化、历史、民俗等内容，或举办座谈会等活动，向广大人民群众介绍地方文献资料的重要性，说明收集地方文献资料的紧迫性，让广大人民群众知道地方文献资料的不可替代性。充分调动广大人民群众的积极性，带动广大人民群众自发收集和整理地方文献整理，从而形成良性循环，彻底带动地方文献资料的收集和整理工作。还要对征集上来的地方文献资料进行编号，向捐赠者颁发证书，通过广泛宣传和征集活动，可以收集最全、最详细的地方文献资料，同时也能巩固群众基础，增强文化认同感。

第三节 公共图书馆地方文献的整理工作

一、地方文献分类

（一）地方文献的分类标准与方法

地方文献分类的依据是分类表，同时分类表也是组织藏书的工具。分类表实际上是一个逻辑系统，其内部存在着一定联系，内部结构决定了分类表的系统功能。只有对文献及信息的中心内容有了合理归纳和准确分析，才能对其进行正确归类，其中的关键是需要对类目的含义做出准确分析和正确判断。如果不能准确掌握类目的含义，分类也会出现错误。

（二）分类标引细则的制定

分类法的制定以普通图书馆为基础，带有综合性等特点，这种分类法并不一定适合所有的图书馆，尤其是有着较强专业性的图书馆。每个图书馆都应当根据自身情况，比如所承担的任务、所具有的性质、所面对的读者等制定更富针对性的分类细则，让分类工作有章可循。图书馆学的分类标引是基础性学科，其实践性和操作性较强，需要综合运用多个领域的知识。公共图书馆的馆藏文献形式多样，内容复杂，有的论述一个主题，有的论述几个主题，有些文献突出体例，有些侧重的是体裁。面对这些纷繁复杂的情况，要保证归类的准确性，需要有相关的规则对其进行约束。

分类工作的质量可以通过分类细则进行衡量，制定细则时要充分考虑各种因素，比如需要确定各种学科类目标引是简略还是详细，如何对馆藏的特殊类型文献做出处理，如何对类目进行复分，如何规定标引的相关程序，等等。同时，要不断总结在使用过程中出现的新问题，并加以改进和完善，避免因人为原因而出现分类方面的差异，减少工作人员的主观性和随意性，进而保证分类工作有较高的质量。为了让分类工作能够有章可循，相关人员总结出分类和标引工作的基本规律，并将其加以概括，形成能够被共同认可的分类规则。这种规则需要以学科属性以及专业属性作为依据，遵循一致性、实用性、专指性原则。在对文献进行分类时，应当符合分类法的要求，进而体现出逻辑性以及系统性。

（三）严格执行分类标引的工作流程

为文献进行分类标引是一项非常复杂的工作，其工序较为烦琐，但又必不可少，每个环节都会对分类标引工作的质量以及速度产生直接影响。文献分类工作主要分为五个步骤：一是查重，二是分析主题，三是归类，四是类号的确定，五是复核。其中，分析主题以及归类是两个重要环节。在进行主题分析前，需要先明确文献及资料的中心内容，也就是明确文献主要的研究对象、专业性质以及学科性质，并且要厘清文献资料的用途以及编写目的，才能对文献进行正确归类。

二、地方文献的主题标引

（一）主题与主题字段的标引

文献标引所具有的专指度，可以通过其主题词以及主题词的相关组合得到反映。对于图书馆来说，地方文献是其中重要的一部分资源，在进行分类时应当尽可能突出文献中具有地方特性的内容。

1. 地方文献的主题标引

在对地方文献进行整体标引后，还应当进行互见标引以及分析标引。比如在对地方文献中的一些多卷书进行标引时，应当先按照全书的主要内容进行集中标引，在此基础上再按照不同的分卷进行分析标引。

要对文献的主题词进行灵活选用，按不同方式进行标引。我国针对地方文献的管理，有一部综合性的标引工具书——《中国分类主题词表》，但是很多带有地方特点的词汇并不能完全被收录在内。如果按照正式的主题词进行划分，则会有一些文献难以被正确标引。为了保证文献标引的准确性和专指度，应当先用主题词进行标引，再按照地方语言的不同特点进行进一步标引。

2. 地域主题字段的标引

很多地方文献会将地域作为研究对象，所以地域也应当被看作是标引的主体。在进行文献标引时，可将地方区域作为主标目，进而让文献所蕴含的地方特色得到显现。将主题标引与分类标引相结合，再通过计算机系统读取数据，这样用户能够按照不同的途径进行文献检索，进而更加突出文献所具有的区域特点。

在一些馆藏丛书、正史、文集中散落着大量地方文献，比如一些地方人物的重要传记、地区的自然地理介绍、社会及经济发展的历史等资料。图书馆的重要任务是对这些资料进行收集和整理，使之收集完成后能够形成馆藏特色。地方文献中还有一些零散资料，这些资料也应当按照主题标引的方式编辑成册，再按照不同的学科进行分类标引，这样不仅有利于图书馆对馆藏文献的管理，还便于用户对文献进行检索与利用。

（二）主题标引出现的问题

地方文献有着明显的史料特征，所以读者习惯于按照不同时间、地点、人物、地域对其进行检索。对于地方文献来说，主题检索能够对地方文献的内容以及特征做出直接反映。

现阶段，图书馆系统中实行的《汉语主题词表》是一部基础性的词汇表，各行业以及机构均能从中挑选出词汇加以使用。但是，因为地方文献大多描述的是某一特殊地域的人文以及自然现象，其专指性以及地域性较强，若使用《汉语主题词表》的标引方法对地方文献进行分类标引，会有一些文献的主题概念无法被精准地表达出来，其原因在于《汉语主题词表》中的词汇无法反映地方特色。

（三）主题标引时的注意事项

使用地域主题标引的条件是，当一个区域的名称出现在文献中而且这个名称会影响到文献的内容时，可以按照具体的内容将其标引为行政划分的最小级的地名。如果地名出现变化，则应当将新旧两个地名均设为检索点。如果文献内容涉及一些具体的人或机构，则应当使用团体及个人主题进行标引。在按照团体主体进行标引时应当使用团体的全称，如果人名有别名或笔名，也应当一同进行标引。在对主题词进行标引时不论涉及何种类型，标引所具有的深度都十分重要，其标引方式需要根据读者需要来确定。

三、地方文献编目

编目指对各种文献、图书、数字资料、有声资料的相关内容进行妥善组织、保管与记录，是对书目的控制，也是对信息的组织。这是图书馆的基础性工作，也是非常重要的一项工作。对于图书馆来说，编目属于自身的核心业务。编目是对文献信息进行描述、揭示、组织、报道，让文献能够被读者充分利用。进行编目就是要对书目进行记录，并且将其汇集成整个图书馆的目录，以做好对书目的控制。

四、地方文献的典藏

文献典藏也称为典藏，是指将文献按照任务、服务对象、地区特征、发展方向和性质得以分类和加工，并根据一定准则进行系统、科学和目的化的保护和管理，做好文献典藏工作可以更好地为读者提供服务。

文献典藏具有两方面特点：其一，藏书数量需要达到一个最为合适的规模，也就是要求在人员配备、馆舍条件、任务要求和经费确定的情况下，让藏书能够获得最大效用，发挥最好效果；其二，藏书质量需要达到一个最佳状态，即依据既定目标对藏书利用率进行评价、统计，从而对藏书流通的速度、方向和范围进行控制，达到和读者最佳的沟通效果。若藏书的使用价值消失，需要及时删除，以确保馆藏文献信息的质量达到一个理想状态。

文献典藏是公共图书馆工作的重要核心部分。学术界基本上从两个方面理解文献典藏：一是认为藏书管理和藏书组织是藏书组织管理的两个重要工作，而且藏书典藏只包括藏书组织的部分；二是认为典藏指文献的组织管理，认为管理和组织是一体的，不能区分对待。

20世纪90年代后，公共图书馆在现代化社会进程中发生了巨大变化，历经了从"藏书建设"至"文献资源建设"，再到"信息资源建设"的发展历程。对传统理论体系而言，这是一个重要冲破，它为图书馆馆藏建设带来了一个质的改变。文献典藏是藏书组织管理的核心部分，最后发展成为现在的馆藏信息资源组织管理概念。现今，文献典藏也在不断发展和完善中。图书馆典藏工作的主要目标是对已经搜集到和已经加工的地方文献资料进行一定的组织和管理，并以此建立典藏目录，进而反映地方文献的存放地点、价值、调拨等情况。图书馆典藏是图书馆地方文献工作中的重要组成部分。基于网络条件下的典藏工作有别于以往的手工典藏工作。网络技术的支持让典藏工作的功能获得极大拓展，使其从单纯的文献业务工作桥梁功能和业务质量的调控功能，发展到对馆藏地方文献的利用、对地方文献的质量把控和资源共享共建等功能上。因此，典藏工作在网络技术支持之下，其准确性和效率化都获得了较大保障，使得其提供的服务更符合读者需求，进而让图书馆的地方文献藏书结构向着实用化、科学化和合理化方向发展，确保地方文献资源实现最佳利用。

第四节　公共图书馆地方文献创新服务

一、地方文献资源体系建设

（一）地方文献资源体系

根据相关词典对"地方""文献""地方文献""体系"等词语的定义，地方文献体系是"文献的体系"，是地方文献相关事务所构成的，具有相互关联的各类载体文献的体系。

（二）地方文献资源体系形式

地方文献体系围绕"地方"这一中心点，构成一个相互联系的整体。这一整体，因为内容相互关联、相互联系，甚至你中有我、我中有你，而形成系统。

1.馆藏地方文献资源体系

馆藏地方文献资源体系，从字面上来理解，就是某一图书馆的地方文献资源的总聚合，是一个图书馆所收藏的反映本地区政治、经济、文化、艺术、山川、河流、人物、习俗、气候、物产、资源等各方面事物的各类载体文献的总聚合。

馆藏地方文献资源体系建设要根据本馆级别、地位与任务，本馆目前已有条件及发展目标，科学制定体系的原则、重点。馆藏地方文献资源体系建设的总体原则与要求是系列齐全，品种丰满；规模可观，有效覆盖；结构合理，载体多样；特色显著，形成优势；有效整合，合理布局。馆藏地方文献体系建设的重点是特色文献资源的建设。

2.区域地方文献资源体系

因行政区域内有多家图书馆及其他单位都在收集、保存相应内容的地方文献，区域性的地方文献资源体系建设原则与要求，是各家图书馆及相关单位要做到层级分明、各有重点、优势互补、适度重合，并在实际工作中做到各负其责、胜任职守。

（三）地方文献资源体系建设原则

不管是馆藏地方文献资源体系，还是区域地方文献资源体系建设，地方文献资源体系建设均需遵循以下六项原则。

1.系列齐全原则

凡是内容与本地有关，并以各种形式记载、表现的一切资料，均属地方文献的内容范围。因此，地方文献的资源体系建设要做到系列齐全，做到图书类文献、报刊类文献、数字类文献等系列文献门类完整，形成本地区功能完备的文献储备体系。每一类文献做到自成系列。如图书类文献，在建立实施地方文献资源体系时，图书馆应做到凡是内容与本地有关的所有图书，都要纳入地方文献资源体系建设范围，将不同年代出版、不同载体形式反映本地内容的地方年鉴、地方志、地方史、地方概览、专题资料汇编、地方丛书、文献汇编等正式出版和非正式出版的图书资料都列入地方文献。

每一个系列做到相对完整。如年鉴类地方文献，就有统计年鉴等综合类年鉴，也有文化类、体育类等行业类年鉴；按载体形式分，有图书类的年鉴，也有以数字光盘类的年鉴；按出版年代分，有古代时期年鉴、民国时期年鉴、现代与当代出版的年鉴。凡是涉及年鉴类地方文献的，要想方设法做到不同类别、不同载体、不同时期年鉴完整齐全，形成完整的年鉴体系。主要品种做到无缺漏。如采集地方年鉴类地方文献，就要保证反映本地区各方面情况的主要年鉴完整齐全，特别是要实现在时间上的完整性、延续性，做到无缺漏。如对统计年鉴，同样要收集完整不同年代出版的统计年鉴，做到凡是出版的资料，都要收集和纳入，形成在时间上无缺漏的统计年鉴体系。

2. 功能互补原则

地方文献的内容丰富，载体形式多样。在建设实施地方文献资源体系时，要做到不同类型文献在功能与价值内容上的互补。地方文献资源体系建设功能互补原则，主要在以下四方面做到互补。

一是在内容上做到互补，做到综合类、行业类地方文献实现互补。

二是在学科上做到互补，做到不同门类、学科的地方文献实现互补。

三是在时间上做到互补，做到同一类别的地方文献在时间上保持延续性，实现互补。

四是在表现形式上做到互补，做到同一地方文献在点与面、点与线、文与图等表述方面，实现互补。

3. 有效覆盖原则

无论是馆藏地方文献资源体系，还是区域地方文献资源体系，要形成体系，数量是基础，只有形成一定的数量规模，才能实现地方文献的有效覆盖。"有效覆盖"主要指文献在时空上涵盖度的有效性，以及层次上的丰富性。它包含两层意思。一是文献反映内容对本区域的有效覆盖，即某一特定图书馆必须收与本区域有关的文献，并作适度延伸。如市级图书馆，除收藏有市级文献外，还需量力实现向上、向下延伸，适度收藏一些省级和所辖各县区的重要文献。二是时间上涵盖，不同年代产出的文献与反映不同年代的文献，力求广泛网罗。

4. 载体多样原则

地方文献按载体划分，可分为甲骨文、竹简、木简等原始材料型文献；传统的线装古籍、平装书、手稿、信札等纸质型文献；照片、缩微胶卷、电影拷贝等感光材料型文献；录音带、录像带和计算机应用的磁盘和光盘等存储介质型文献；固态电子存储芯片、网络服务器、云服务空间等硬盘存储型文献五种类型。图书馆通过采购、征集、复制、下载、析出等途径，应尽可能收集不同载体的地方文献，构建立体多维的地方文献体系。

5. 特色显著原则

核心文献是地方文献建设重点。从理论上而言，凡是内容与本地有关，并以各种形式记载、表现的一切资料，本着"多多益善"的原则，所有内容、所有资料都应列入地方文献资源体系建设的范畴，但因馆藏条件、人力、经费等限制，一个图书馆不可能收集与本地相关社会科学、自然科学各门类的全部资料。因此，在筹划建设地方文献资料体系时，一定要有所侧重，确定地方文献体系建设的重点，形成核心文献。核心文献是地方文献资源体系的骨骼、架构，而普通文献、相关文献是地方文献资源体系的皮肉。总之，地方文献资源体系建设的关键是要围绕重点，建设重点，实现人有我全，人全我强，人强我优，从而形成地方文献的特色文献，强势文献，打造优势文献资源品牌。

6. 合理布局原则

地方文献在内容与载体上的多样性，要求地方文献资源体系的建立与完善，要做到两个合理布局。

一是馆藏地点的合理布局。地方文献按出版物的类别分为地方年鉴、地方志、地方史等图书类文献、机关报、专业报、期刊等报刊类文献、数字文献及其他多媒体文献、舆图、图片、票据、证券、文告、传单、商标等散页类其他文献。这些文献的保存与利用，有的实行各职能部门分散管理与服务的办法。如新中国成立后的地方文献存放在专题文献部或地方文献部，新中国成立前的地方文献存放古籍部，机关报、专业报、期刊等报刊类文献存放在报刊部，地方年鉴、地方志、地方史等图书类文献存放在借阅部，电子类地方文献存放在数字资源部或电子文献部等。有的则实行集中管理的办法，将涉及地方文献的所有文献由统一的部门进行管理并为读者提供服务。地方文献资源的分散保存、管理，会减弱地方文献资源体系的凝聚力、服务能力与效率。为有效发挥地方文献的作用，建议各类地方文献实施集中收藏、集中提供的办法，馆藏地方文献实行统一保存、统一管理、统一提供服务。

二是内容征集保存的合理布局。我国公共图书馆实行的是层级服务体制，省级馆、地市级馆不可能将省级区域、地市级区域的地方文献内容全部收录，并纳入所建立的地方文献资源体系。这一做法，不但不可能，而且也没有必要。区域性的地方文献资源体系应该本着合理分工负责的原则，按行政区域在内容征集、保存、服务等三方面确定重点、做到合理分工、合理布局、形成互补。

二、地方文献数字化建设创新

地方文献蕴涵巨大的价值，数字化开发促进其价值的更大发挥，当今地方文献数字化已发展成为地方文献工作的重要方面。文献数字化是通过一定的技术手段将文献转变为能够为计算机信息系统识别的数字信息，并进而存储到计算机系统中去，以达到存储、开发利用的目的。目前这种数字化又可以进一步细分为两种方式，一种是初级数字化，简单地将文献转变为数字文献，如通过扫描把文献转变为 PDF 文件；另一种是深入数字化，即数据化，在初级数字化基础上，把可"读"的数字化文献进一步提取相关描述内容，以便计算机进一步理解文献内容，从而能通过计算机对文献进行深入的分析并发现文献内容之间的关系。

（一）地方文献数字化的理论基础

1. 对地方文献建设的再认识

地方文献最鲜明的特征是其地域性，它源自一个地域特定的自然和社会大环境中，是社会历史发展长河中沉淀下来的文化精髓。对一批地方文献进行分析整理后大致能够反映出某一地域连续时期内的社会发展过程。

2. 文献信息资源及其服务能力

这是构建图书馆核心竞争力的主要内容。如果公共图书馆的资源都是常规渠道的采购、相似模式的建设，雷同的纸质图书、纸质期刊和商业化数据库的购买，那么图书馆在国家文献信息资源保障体系中的重要作用就会大大削弱。由于地域的局限，经济发展相对滞后，地方公共图书馆的经费基本都不甚宽裕、高端人才资源也储备不足，难以突出规模和信息优势。在高科技日新月异的环境下，若只是疲于对新技术的追逐利用是不可取的也是行不通的。如何促进图书馆的发展和综合实力的提升，数字时代图书馆文献信息资源建设的出路在哪里？许多业内专家认为文献信息资源及其服务能力是构建公共图书馆核心竞争力的主要内容。所以地方文献的建设及其数字化是公共图书馆优势和特色的最好体现。

3. 深入开发和利用地方文献的必由之路

纸质图书与电子图书的发展趋向最终会怎样，多年来一直有争论。而就在 2012 年 3 月，拥有 244 年出版历史、被公认为是当今世界最知名和最权威的百科全书《大不列颠百科全书》宣告将停止印刷出版，今后只保留数字出版服务。这个消息在图书馆界、传媒界以及印刷出版界等众多行业和领域引发了不小的冲击，许多人不得不重新审视人类知识载体的最终去向。在通信产品极度丰富和互联网已经触手可及的今天，数字化图书以其携带的便捷和检索的便利成为读者最佳的选择。另一个不争的事实是，对于地方文献而言，除了纸质载体之外，还有金石碑刻、崖刻等多种不可复制的特殊载体，保护性利用的问题迫在眉睫，数字化途径是圆满解决这一难题的最佳选择。

（二）地方文献资源数字化的意义

地方文献具有鲜明的地域性和稀有性，随着时代的发展，地方文献资源的载体与传播形式都发生了极大的变化。公共图书馆对馆藏地方文献资源进行数字化，不仅有利于发展地方文化，促进地方经济发展，对于提升自身的服务能力和影响力也具有十分重要的意义。

1. 更好地保存特色地方文献

地方文献资料中有很多老报纸、老照片、老家谱、民间散件（如契约、戏单、书信等）等较为珍贵的特色资料。这些资料相对于普通书刊在使用和保存上更为复杂，需要更好地保存条件和保护技术。这些资料数字化以后，可以长久保存，方便利用和开发，减少对文献的搬移和翻动，降低珍贵地方文献资料的破损和遗失的可能性，从而对文献起到更好的保护作用。

2. 更好地发挥其利用价值

将地方文献资料数字化后，地方文献的内容及其相关属性具备了可检索性，读者可以按照书名、作者、年代等多维度对地方文献进行查找，甚至还可以根据文献中的某些字词进行精准查找，为读者利用地方文献提供了极大的方便。同时，数字化的地方文献资源可以放到网络上，以便更多读者使用，能更好地发挥地方文献资料的利用价值。

3. 更好地丰富馆藏数字资源

地方文献资源数字化后，数据可以进一步制作成地方文献特色数字资源库，极大地丰富、完善馆藏数字资源。目前图书馆的数字资源通常由外购的数字资源和自建的特色数字资源组成，外购的数字资源对各家图书馆而言都是千篇一律，真正反映图书馆数字资源特点的一定是图书馆独特的特色数字资源库。

（三）地方文献数字化建设的原则

制订地方文献数字化建设方案，必须立足科学长远的战略规划。应该围绕以下原则进行地方文献的收集与数字化建设：

1. 地域性原则

具有专属地方特色的文献最能体现公共图书馆资源"人无我有"的优势，这部分文献理当首先被纳入规划范围，如地方志书类、反映地方重大历史的系列专题文献。

2. 民族性原则

地方特别是边疆地方，大多是少数民族聚集的地区，而这些民族文献由于记载内容针对性较强，其适用面不宽泛，所以发行量不大，随着时间的推移，很容易遗落失散或损毁，所以对其保护性利用的意义尤为重大。

3. 特色性原则

数字化内容要突出馆藏特色和地域特色，有特色才具有吸引力和生命力。要考虑扬长避短，人无我有，形成自己的数字化资源特色和优势。因此，在建设特色数据库时，应注重能体现出馆藏特色、地方特色、专题特色等。特色数据库的独特性，是它的生命力所在，是其存在的价值。同时在建设特色数据库时应避免"大而全"的现象，要集中力量，有重点地开发某一领域或某一专题的数据库。

4. 保护性原则

地方文献很多是发行量不大的非正式出版物，或是很多当地的珍贵历史文献，如地契、票据、戏单等。这些文献资料由于稀少或者年代久远，遗散、纸张泛黄、破损等现象比较严重，"藏"和"用"之间的矛盾突出。建设地方文献数字化资源可以将有较高文献价值和历史价值的珍贵古旧地方文献，按年代由远至近，按破损程度由重至轻依次遴选进行数字化的再生性保护。

5. 统筹性原则

要结合本地实际和本馆现实情况，对馆藏地方文献资源进行全面科学的评价，统筹规划，避免地方文献数字化建设内容重复建设和资源浪费。

6. 适度性原则

地方文献数量庞大、种类繁多，建设内容要根据本馆业务能力和技术实力，先易后难，避免求大求全，着眼点可以小，但力求做精做深，达到"人无我有，人有我优"的效果。

7. 实用性原则

地方文献数据库建立的最终目的是为了更好地发挥地方特色资源的功能，最大限度地满足读者的需求。要把握读者特色需求热点，根据本馆确立的数字化原则，优先选择利用率比较高、用户需求大或有较高学术价值的特色地方文献资源进行数字化。

（四）地方文献数字化的实施步骤

1. 确定建设目标

通过对馆藏地方文献资源的梳理分析，明确所需数字化的资源内容、数量、呈现方式，在此基础上拟定建设目标和任务。

2. 设计数据库内容框架

根据目标任务，设计数据库内容框架，即拟定数据库的栏目，确定数据库的主体脉络及层次结构，为其后数据库平台设计提供依据。

3. 收集整理相关资料

根据数据库内容框架，按照设计对相关资源进行进一步的收集、归类、整理，尽可能地充实资源内容，保证数据库的数据量。在收集整理相关资源时，可设置资源登记表，记录资源情况，便于随时掌握资源整理进展。

4. 选择数字化加工标准

为了保证数据的标准化、规范化，提高数据质量，在对地方文献进行数字化加工前，需确定所要采用的加工标准。全国图书馆标准化技术委员会制定的《图书馆馆藏资源数字化加工规范》（GB/T31219）对多种资源类型的数字化加工标准进行了规定，在具体数字化时，可以根据所要数字化的文献资源对应《图书馆馆藏资源数字化加工规范》中的相关类型确定加工标准。国家图书馆近年也推出了针对文本、图像、音频、视频等数据类型的加工标准与工作规范，也可作为参考标准。

5. 数字化加工

数字化加工，各馆可以根据自身情况选择自行加工制作，或者委托专业厂家加工处理。一般推荐后者，加工效率和质量会有较好的保证，但是需要图书馆加强对加工过程的管理，以保证文献在加工过程中不被损坏，加工完成的数据不被外流。

6. 开发数字资源发布和管理平台

加工好的数字资源需要发布才能被读者利用，通常需要搭建一个发布平台和管理平台。发布平台对数字资源进行发布和展示，一般具有资源导航、资源搜索、资源浏览等功能。管理平台具有用户及权限管理、栏目分类管理、资源编辑录入、审核、搜索、批量转移等功能。

三、地方文献藏阅空间设计

"藏"和"阅"是公共图书馆非常重要的两大功能，公共图书馆藏阅空间设计对于提升其服务功能至关重要。做好地方文献工作，也应考虑怎样更好地设计地方文献的藏阅空间，在环境布置上应注重地方文化元素的融入，在分类排架上要区分文献本身的专题性和不同载体文献资源的区分，充分认识设置不同类型的专题阅览室、专题馆对地方文献藏阅及阅读推广工作带来的影响和作用。

近年来，随着信息技术与网络技术的迅猛发展，以及自 2006 年始我国倡导的全民阅读理念，使社会大众对公共图书馆有了新的要求。公共图书馆的使命已从传统的服务向融资源保存、文化传播、互动交流、知识分享、传习展示等多元化方向发展，图书馆已经从馆藏资源为中心向以读者为中心转变。由此带来公共图书馆的空间布局和设计也发生很大变化，各式各样的交流互动区、亲子活动室、沙龙分享室、音视赏析区等空间已成为公共图书馆布局设计中举足轻重、不可缺少的区域。地方文献作为公共图书馆拥有的一种最具特色的文献资源，其藏阅空间的设计在遵循图书馆传统布局的基础上，也应与时俱进，朝多元化方向发展。图书馆在空间设计上需从馆藏资源、读者需求、服务职能、地域特色、专题特色等五个层面加以统筹考量。

（一）馆藏资源

馆藏资源的合理布局，主要是为了能达到三方面的要求，一是能让读者更便捷、更清楚地获取资源；二是让图书馆员能更高效、更有序地管理资源；三是能让馆藏资源有一个更安全、更适宜的安身之地。一般情况下，公共图书馆都会设立地方文献查阅室，方便读者查阅。图书馆应从资源的珍稀程度、保存年代方面考虑地方文献采取何种保存方式。图书馆的馆藏资源一般分成两大类：纸质文献和数字资源，地方文献亦如此。但从资源的载体来看，地方文献比一般的馆藏文献更多样化。

1. 文献书籍资料

图书馆对不同类别的书籍资料的保存方式有所不同，应根据现有条件，分类、分区管理。古籍地方文献、民国时期地方文献，因年代久远，对保存条件要求较高，一般实施闭架保存，可放入古籍书库或民国时期文献书库，给以必要的恒湿恒温等保护措施，最好在库内划一块专门的地方文献保存区，将地方文献与普通的古籍和民国文献区分开。有条件的图书馆也可对现当代地方文献实行闭架和开架相结合的方式保存：读者利用率高的文献应以开架为主，而对于那些史料价值高，且无复本，又很难采集到的文献，则应实施闭架保存。

开架保存和闭架保存各有利弊。开架的书籍便于读者取阅，也有利于图书馆获取地方文献征集信息，譬如某位读者来查阅某方面地方文献，在开架状态下，他会反馈这方面文献的出版信息，从而起到查漏补缺的作用；而开架保存的"弊"

是不利于地方文献妥善保存。闭架保存会降低地方文献的利用率，但有利于其保存的完整性，避免出现因开架带来的缺失损坏的现象。

2. 报刊资料

地方报刊的收藏布局也应开、闭架相结合。新近采集到的单份报刊可以开架方式加以陈列，可以让不同区域、不同县域的报刊分别陈列。按年或按季度、按月对每份报纸或期刊加以装订，合订本再挪至闭架的专门书库加以保存。这样做的目的，是为了展示本地区报刊印制出版的情况，从而得到更多的反馈信息。在一些图书馆的地方文献室，专门设有地方报刊查阅区，新近征集到的地方报刊按所辖地区，分区排架。这样布局既方便读者取阅，也便于工作人员了解某一地区的报刊发行和征集情况，在开架的状态下，每天工作人员都可查看报刊期数是否完整，从而及时查漏补缺。

3. 音、视频资料

光盘、磁带、唱片、照片等载体的地方音视频，因其材质的特殊性，必须使用专门的收纳柜加以闭架专室保存。在保存时，应注意控制好库房的温湿度，录音带、录像带、光盘等磁性材料最好温度控制在15摄氏度到25摄氏度；除了必要的防尘防污、防火防光，还需要防磁防震，以尽可能避免外界的影响；为方便读者查阅，公共图书馆可对这些音视频资源进行数字化加工，通过相应的数据库平台供读者阅览。

4. 地方散页

地方散页包括契约、文书、舆图、手稿、传单等，这些资料宜闭架专柜保存，最好给予防火、防水、防虫、防尘等一些原生性的保护措施。

（二）读者需求

在地方文献阅览室的设计和布局上，图书馆应以读者的阅读需求和身心适宜为根本出发点，在达到一般阅览室所要求的采光、家具舒适度等标准外，还应考虑三点：一是单人能用的阅览桌面积比普通阅览桌的面积要适当扩大一些，这是因为查阅地方文献的读者一般以研究为主，查阅的文献量会比较多，而且读者查阅时会作相应的比较研究并摘录笔记；二是阅览区要具备相对私密性，最好设立半开放式专家包厢，不同的读者在查阅文献过程中不至于相互影响；三是在查阅室内配备影印设备，地方文献一般不外借，读者对复印、扫描的需求较多。

（三）服务职能

地方文献工作除了"藏""阅"两大服务职能外，也可以拓展一些比较"活"

的服务职能。如在地方文献室设立新征集地方文献展示架、珍贵地方文献展示柜，开展各种各样的"展示"活动；可开辟新书首发、新书捐赠活动区，经常邀请本地的一些作家举办新书首发活动、捐赠活动，对于集聚本地著述人士、提升地方文献征集力度都有益处；也可设立读者沙龙交流区，设置20—40人的席位，组织地方文化方面的主题沙龙。

（四）地域特色

在地方文献藏阅空间设计上应注重融入地域文化特色和当地历史渊源。譬如可选用反映地方特色的照片或书画作品、当地独具特色的工艺品作为装饰品。绍兴图书馆的历史文献馆设立六个专家包厢，专家包厢的门额题字分别用明清以来绍兴历史上较为知名的六家藏书楼来命名，分别是"世学楼""澹生堂""越慢堂""书钞阁""铸学斋""粹芬阁"。这一命名方式既符合读者爱书、品书的氛围和图书馆藏书的氛围，也彰显了绍兴自古以来的读书藏书文化传统。

此外，地方文献藏阅空间设计上也可以从当地的特色典籍的一些元素中进行挖掘，如选取当地有特色、有代表性的古籍地方文献作品内容进行影印，做成装饰画或墙体小品，如用当地知名画家的书画作品作为模板设计做成的屏风，用地方古籍线装书页内容做成雕刻版画，用地方碑文拓片复制成的装饰镜框画等。

（五）专题特色

大多数图书馆在建设地方文献资源过程中，会根据自身的文献特色类分一些文献专题，并设置不同的专题文献区，那么这些专题文献区在其空间布局和设计上应有其专题特色，营造专业阅读氛围，从而吸引更多的专业人士来专题文献区阅览或交流。首先可以用软隔断如屏风、博古架、木质书架等，置于各专题区之间，使各专题文献区有明显的区分和标识；其次各专题文献区布置时，可注重相应的专题设计元素，如富有专题特色的阅览座席、书架、家具以及墙面小品、饰品。如家谱专题文献区，可在墙面装饰名人家规家训的版画；在名人专题文献区，可放置名人的雕像、照片、画作；在布置地方特色产业专题文献区时，可考虑放置与该特色产业相关的产品加以实物展示。

第八章　公共图书馆文旅融合实践探析

被誉为"诗和远方"结合的国家文化和旅游部的成立，让文旅融合迈入一个新时代。而公共图书馆作为公共文化体系的重要组成部分，需要顺应时代发展潮流，转变工作理念，创新服务举措，实现可持续发展。文旅融合时代下的公共图书馆在弘扬全民阅读的同时，可与景区景点、民宿等旅游发展融合，也可与旅游活动内容融合，促进图书馆发展的同时促进当地旅游的发展。

本章主要论述公共图书馆文旅融合实践探析，分别介绍了文旅融合的时代背景和理论内涵、公共图书馆文旅融合的发展路径和对公共图书馆文旅深度融合的思考三方面内容。

第一节　文旅融合的时代背景和理论内涵

一、文旅融合的发展背景

2018 年 3 月 13 日，国务院机构改革方案提请第十三届全国人大第一次会议审议。根据该方案，国家旅游局与文化部合并，组建文化和旅游部，作为国务院组成部门。2018 年 4 月 8 日上午，新组建的文化和旅游部正式挂牌，为新时代公共图书馆与旅游深度融合发展创造了文化管理的全新体制环境。公共图书馆与旅游深度融合摆上了重要的议事日程。

（一）文旅融合发展的必然性

1. 传统文化与现代文化融合发展

文化现象是特定社会生产方式和生活方式的结晶，社会形态发生了变化，人民的生产方式和生活方式也会随之改变。我国传统文化大多是在农耕社会形成的，随着社会进程的工业化，传统文化形态的保护和传承就开始变得非常困难。历史赋予的财富都是弥足珍贵的，是老祖宗留给我们后人的宝藏。我们要将这一宝贵财富用遗址、基建、图文展示等现代文化方式保留或保存下来，展示给世人、旅游者，促进旅游业发展，带动地方经济增长，让这些历史财富真正变成宝贝，为后人造福。

旅游，将历史文化古镇、古城、古民居一一展示在旅游者面前；旅游，让各种文化节事活动和礼仪有了观众，有了感受者；旅游，把已有的非物质文化遗产和传人通过各个场景展示给世人、旅游者，让世人、旅游者在体验、感受中体会我国博大精深的历史活态传承文化，让各级非物质文化遗产项目得以传承、保留，也让更多的人参与非遗文化项目的传承，成为非遗传承人。所有这些都是旅游文化力量推动的结果。同样，我们借助旅游业将当地的古城各镇、遗产保护、非物质文化遗产传承等发展壮大，让更多的人熟悉和了解。如：近两年新兴的民宿有的就是在老房子的基础上发展起来的。老房子对当地居民来说，价值没那么大；但对于游客而言，则包含着民俗文化的符号。村落、民宿变成景观，既保留了民俗文化，也发展了旅游。这种文化和旅游的融合让传统文化和现代文化融合得有血有肉，有声有色。

2. 以文化感知和文化体验为核心

文化是人类与自然共生的结果，是人类社会生产和生活的表现方式。不同的社会有不同的生产生活方式，也形成了与此相对应的建筑、礼仪、风俗、习惯、节气、服饰、音乐、艺术、制度等。当这些生产和生活方式固化、沉淀后，便形成了文化。如此丰富的文化资源，人们可以在旅游中去感知、去体验我国博大精深的民族文化、各个时期的历史盛况。将这些文化用历史文字记载下来，形成地方文献，并将这些地方文献收集在一起，可成立地方文献室或地方文献库，并通过互联网呈现，不用新建馆所就能让世人了解，就能让游客熟知，同时也让博大精深的中国文化得到进一步传承和保护。

（二）文旅融合发展

通过探索现代化文旅融合模式，一定程度上，能发挥更加到位的产业化结构发展效果，具备资源整合能力，在文旅融合发展中，能将既定的产业发展机制有效打造，利于各种传统文化的科学传承，在不断进行经济模式的探索中，也能找到可持续化的经济发展之路，在文旅融合发展过程中，能发挥出较高的旅游产业优势，在带动地区产业经济发展的过程中，也能不断继承和开拓地区丰富发展内涵，对文化发展具有正面促进作用。

二、文旅融合发展特征和意义

（一）文旅融合发展特征

1. 整合性

在新时代发展的背景之下，任何行业之间的融合都不是简单地"1+1=2"的过程，而是将两者合二为一，形成一个有机整体，做到你中有我，我中有你。在文旅融合的大背景之下，人们旅游的目的一是为了享受精神生活，二是为了能够通过旅游学习到不同地方的文化特色，在身心放松的同时，感受不同城市和地区的文化，包括艺术、建筑、文化遗产等多个方面。公共图书馆作为各地方知识储备的重心，在促进文旅融合上扮演着重要角色。

2. 契合性

文化和旅游各自都有着非常强大的群众基础，将两者良好结合，就是强强联合，成为全新产业，更好地带动地方经济的发展，与此同时，文化和旅游在不断深入融合的过程中也能互相学习，在优势上互补，起到"1+1 ＞ 2"的效果。

（二）文旅融合发展的意义

文化作为体现我国综合国力的关键环节，是软实力的一种，我国文化产业的发展历史不长，虽然自改革开放以来，经济的飞速发展也让世界上更多国家感受到了中华优秀传统文化，但是我国文化产业的发展和发达国家相比依然有不小差距，文化产业的竞争力不强。把文化和旅游融合起来，能够良好解决这一问题，能够为文化传播创造天然条件，让文化更具有创造力和发展活力。通过旅游的方式来丰富文化特色，增添人民群众的精神体验。

三、公共图书馆在文旅融合时代的使命

（一）承担会展旅游的重要使命

随着经济发展的不断深入，我国图书馆的发展从某种意义上来说已经和世界图书馆事业的发展进程不断融合，在互相交流中不断碰撞出思想火花，经济全球化的发展也让中外交流更加频繁，会展旅游也成了一大特色。国家图书馆举办过多次国际会议和学术论坛，在世界范围内都具有一定影响力，与此同时，各种不同文化主题展览的开办，能够极大程度上推进图书馆作为会展旅游的重要使命，能不断强化图书馆在人们心中的地位。

（二）体验式旅游功能

就目前情况来看，体验式旅游得到了全方位发展，在很多地方我国都参考了国外先进的发展理念，开创了旅游宾馆住宿的模式，在各大乡村、城镇都建立起了民宿书吧。以公共图书馆的形式带动了文化和旅游的相互融合，在林间松涛、白云彩霞之中，给游客创造出一处静谧的角落。比如浙江省丽水地区的图书馆和民宿书吧，从文化的层面来看，已经成为该地区特有的文化标志和名片。这种特别的方式为我国其他地区图书馆的创新发展提供了经验参考，也极大提升了乡村旅游的质量。

（三）使图书馆成为旅游景点

在文旅融合的时代背景之下，公共图书馆需要不断创新，发展自己的特色。例如天津的滨海图书馆，已经被海外媒体和众多游客认为是去天津必看的景点之一，不管是外部造型还是内部设计都呈现出其独有的特性，也能起到图书馆"关乎人文，化成天下"的使命。图书馆内部的设计别具一格，满足了人们的精神需求。与此同时，独特的造型给读者和游客都带来了别样的视觉享受，让图书馆在具备文化传播使命的基础上，更具有吸引力，在潜移默化的过程中成为旅游景点。

第二节　公共图书馆文旅融合的发展路径

一、公共图书馆的文旅融合实践

（一）举办各类型会议论坛展览

近年来，各级公共图书馆先后召开了一系列规模大、影响力强的国际图书馆会开展了一系列国际学术论坛交流活动，举办了极具影响力的大型展览活动。例如，由中国图书馆学会、中国国家图书馆主办，四川省图书馆、成都图书馆承办的"2019 中英图书馆论坛"在四川开幕，来自英国大英图书馆的专家学者和"鲜活的知识"英国图书馆联盟的代表，国内部分公共图书馆专家以及四川省内 21 个市州及部分县级图书馆、高校图书馆馆长共计 120 余人参加了开幕式。

（二）图书馆文化地标的创建

近年来，各级公共图书馆纷纷建设了新馆，图书馆在设计之初就以打造文化地标为目标，更具特色的外观，更现代、人性的服务设施和服务理念，让读者眼前一亮。通过微信、抖音等社交媒体，"网红"地标吸引众多游客纷纷前来感受文化氛围。例如，四川省图书馆新馆于 2015 年 12 月 26 日开馆运行，2017 年全年接待读者近 197.9667 万人次，新增注册读者证 3.7528 万个，外借纸质文献近63.9557 万册次，现场参与活动读者 59.3609 万人次，线上参与读者达到 150 多万人次。2017 年 10 月天津滨海新区图书馆对外开放，作为天津新的文化地标，获评 2018 年《时代周刊》"全球最值得去的 100 个地方"之首，凭借极具未来感的颜值与不断丰富的内涵，成为众多游客与读者必选的"网红"打卡地。滨海新区图书馆为读者和游客提供了强烈的视觉冲击，让读者可以在阅读的同时，带来更多美好的体验，让每一位到馆的读者都能在书山中有所感悟。

（三）图书馆与书店结合

以"方所书店""言几又"等为代表的高颜值书店通过阅读空间、氛围的打造带给读者阅读体验，受到很多读者的喜爱，成为都市"网红"地，引来读者纷纷"打卡"。2018 年 4 月初，由成都图书馆首创的"城市阅读空间"项目正式启动。该空间作为成都图书馆分馆，公共阅读服务部分纳入成都图书馆统一管理、统一考核。"城市阅读空间"由书店向读者提供不低于 20 平方米、不少于 10 个座位的场所。图书馆则根据书店不同读者群的特点，提供 2000 册图书并统一管理。同时，结合读者群特点，每年开展公益阅读活动不低于 20 场。这些"城市阅读空间"将与其他"城市阅读空间"以及公共图书馆实现通借通还，让读者就近借还书。首批 20 个"城市阅读空间"就包括了"三联韬奋书店成都店""方所成都店""散花书院"等知名书店。

二、公共图书馆与文旅的融合模式

（一）公共图书馆作为旅游景点

藏书文化是我国自古以来的优良文化传承，在我国很多地区都完好地保存了古代图书馆的建筑，吸引着来自全国各地的很多历史文化爱好者和文学墨客。我国对古代图书馆建筑的保护和藏书文化的发扬与传承非常重视，如今，古代图书馆建筑已经成为所在城市的重要的文化名片和文明发展的重要标志。这样的古代图书馆可以作为旅游景点资源进行开发，创建古代图书馆旅游景点文旅融合模式。

（二）公共图书馆融入景区

旅游景区通常以景观的新奇性和趣味性来吸引游客，文旅融合发展中可以将外观设计独特的图书馆建设在旅游景区，这样既可以增加旅游景区的文化底蕴，又可以提高游客的观赏兴趣。这也是当前文旅融合发展中一种主要的运营模式。

（三）公共图书馆延伸旅游服务

公共图书馆本身就是一种服务性质的事业文化机构，在促进文化传承、提高全民文化素养和提高人们精神生活品质等方面发挥着重要的作用。如果将公共图书馆的这一系列服务功能延伸到旅游行业，可以在很大程度上提升公共文化服务的增长点。这也是文旅融合发展的一个重要模式。

三、公共图书馆文旅融合的发展路径

（一）树立文旅融合理念

自古以来便有"行万里路不如读万卷书"之表述，但不管作何对比，将"行万里路"与"读万卷书"结合起来才是践行文旅融合理念、丰富人们精神内涵的重要途径。为了在文旅融合背景下实现服务创新，公共图书馆必须树立并优化全新的文旅融合理念，明确发展目标。公共图书馆管理层要主动学习国家政策，并组织工作人员进行市场调研，了解本馆情况、地区文化特点和人们需求，在此基础上树立正确的融合理念；加大宣传力度，组织研讨会、分享会等活动，帮助中下层工作人员了解文旅融合知识，明确公共图书馆创新服务的重要性与必要性，转变工作理念，为服务创新奠定思想基础。在顺应文旅融合发展趋势下不断调整融合途径，提高我国旅游业、文化业以及图书馆的发展水平，为图书馆的管理提供更多的发展方向和机会。

发展融合就是在公共图书馆和旅游的建设发展中，实现你中有我，我中有你。公共图书馆在不影响原有服务的同时，推进文旅融合。我们要厘清社会对公共图书馆的需求，明确定位和工作使命，丰富服务和管理方式，理论提升、实践完善。在新时代的种种新文化冲击下，传统服务增量是责任。如何实现增量？公共图书馆人要敢于思考，在地方财政有限的情况下，要充分利用第三方资源，正如《公共图书馆法》中所提及的"鼓励公民、法人和其他组织自筹资金设立公共图书馆""国家鼓励公民、法人和其组织依法向公共图书馆捐赠，并依法给予税收优惠"，我们要在文旅融合的背景下开发旅游资源，与民宿融合、与景区景点融合、与乡村旅游融合、与文创产品融合，促进地方公共图书馆和旅游的结合，创新文旅融合的切入方式，实现载体创新、功能的拓展。在公共图书馆平台上宣传当地的旅游资源，将地方旅游资源融入图书馆中，可将当地有特色的旅游资源（景区景点、文创产品、导视图、全景游）在数字图书馆中进行展示，也可融入图书馆的展厅进行展示，还可在公共图书馆氛围营造中融入当地的旅游特色，要少而精，以更好地在图书馆平台中推荐、推广属地的旅游资源，但不能喧宾夺主。

另外，也可在图书馆总分馆制建设中与旅游融合发展。《公共图书馆法》中明确指出了"公共图书馆是社会主义公共文化服务体系的重要组成部分，应当将推动、引导、服务全民阅读作为重要任务"。以立法的方式明确了公共图书馆的重要任务——全民阅读。公共图书馆人要充分发挥使命担当，在公共图书馆发展中突出"文旅融合"，有条件的地方，还可以通过建立公共图书馆分馆的方式实现公共图书馆文旅融合发展，在景区景点建、在机场或火车站建等；有资金的可由政府建，没有资金就引入社会资金指导企业建，也可充分利用社会资源，鼓励公民、法人和其他组织参与公共图书馆总分馆制建设；也可引导有条件的民宿、景区景点、星级酒店等结合自身的特色文化、自身民宿（景区景点）的发展历程、文化传承等来建设公共图书馆。特别是乡村旅游的发展，每一个点都有自身的特色，可将这些特色整合起来，以图文解说、小视频展示、实景呈现、展馆等方式展示给市民或游客观看，让市民在收看收听感受中了解当地的风土人情、地域文化、特色文化，既增长了见识又愉悦了身心。

（二）提高公共图书馆的旅游服务质量

在文旅融合发展新时代下，公共图书馆要迎合新时代发展要求，不断创新提升旅游公共服务效能。一方面，在旅游行业旺季期间适当将景区内公共图书馆的开放时间进行延长，并且充分结合游客的具体实际需求，提供全方位、针对性服务，以提高图书馆在旅游景区的服务效能。另一方面，以旅游景区公共图书馆的服务空间为基础，创新符合游客心理需求取向的公共图书馆服务资源，增强旅游景区公共图书馆的地方文化特色和趣味性，优化公共图书馆阅读区域环境的舒适度。另外，还可以适当增加部分文化娱乐活动空间，以陶冶游客的情操，提高游客的兴趣，促进文旅融合的发展。

从不同层面将公共图书馆的文化元素渗透到旅游行业当中，游客在旅游过程当中对于文化的体验和感悟不仅仅局限于某一个景点艺术形式的设计或者布局，而需要从多视角、全方位地去渗透公共图书馆中的文化元素，在旅游服务的各个环节，包括衣食住行等都可以体现丰富多彩、风格独特的文化元素，让游客在旅游的全过程都能够感受到浓厚的文化气息，和优良的文化传承精神。当前，随着人们经济生活水平的提高，人们对文化精神质量的追求也越来越高，这就在很大程度上推进了我国旅游事业的快速发展，很多旅游景区纷纷建立了文化色彩浓厚的酒店和休闲娱乐场所，这是我国文旅融合发展的一个重要体现，同时也是公共图书馆文化元素渗透到旅游行业中的一个重要途径。

（三）创新公共图书馆文创产品

2016 年 5 月，国务院办公厅转发文化部等部门《关于推动文化文物单位文化创意产品开发若干意见》通知，各级公共图书馆高度重视文创工作，积极探索和创新，国家图书馆走在图书馆领域文创产品开发前列。2017 年 9 月，"全国图书馆文化创意产品开发联盟"在北京正式成立，37 家副省级以上文创开发试点图书馆全部加入，正式拉开了图书馆抱团进行文创探索的序幕。2019 年 5 月，文化和旅游部提出要"推动新时代旅游景区发展和文创产品开发工作，更好推进文化和旅游深度融合，更好促进文化和旅游高质量发展"。公共图书馆要顺势而为，大胆尝试，以文化创意产品开发作为文旅融合的突破口。

公共图书馆做文创最大的优势在于其馆藏，作为传统文化的宝库，图书馆的馆藏不缺审美趣味，在产品设计和创意上，图书馆要充分利用好丰富的馆藏资源为文创产品提供创作元素，通过挖掘图书馆文物史料和地域文化资源，加上文化创意，结合当地的旅游特色资源，可以设计成极具历史、纪念和实用价值的特色旅游商品，既能满足顾客的体验需求和购买欲望，也能延伸图书馆旅游产品链条。截至 2016 年，全国共有 12274 部古籍入选珍贵古籍名录，堪称中华民族重要的文化财富和精神家园。图书馆做文创的重点就在于挖深度、讲故事。图书馆可以将馆藏古籍原文或原图印制在各类型文创产品上，让书写在古籍里的文字都"活"起来。如上海图书馆推出的《缥缃流彩》线装笔记本体验套装，甘肃省图书馆文化创意产品以馆藏名人书画为素材开发的衍生品——甘图珍藏笔记本和蝶恋花系列文化创意产品等，让游客、读者在参与和体验中更加深入地感受了公共图书馆传播文化的无穷魅力。图书馆要把握好图书馆事业与文化创意之间的关系，使两者相互促进，相互支持，共同开创文化产品新局面。

（四）加强文化和旅游在宣传方面的融合

宣传工作在文旅融合发展过程发挥着重要的促进作用。在文化事业与旅游行业深度融合发展的新形势下，公共图书馆要充分利用新时代下的多种途径，比如互联网、移动终端等，不断促进旅游行业与公共图书馆的交流、沟通与合作，做好充分的文旅融合发展宣传工作，构建一套优质、高效的文旅融合发展宣传体系，不断提升人们对文旅融合发展的认知、理解、参与以及支持度，有效促进全民文化素养的综合提升。

公共图书馆与旅游行业的融合发展是社会时代发展的一个必然趋势，同时也是人类文明发展的一个精神需求。在当前文旅融合发展的新形势下，公共图书馆要不断加强与旅游行业融合发展的重视程度，充分结合自身优势和区域文化特色，不断加大文旅融合发展资源的开发与利用，有效促进文旅融合新模式的高质量发展，有效满足人们精神生活的高质量追求。

（五）加强与文化旅游部门的合作

公共图书馆可以和旅游场所合作，根据景点特色从图书馆有针对性地选取文献资料，然后在景区内部建立分馆，帮助其建立竞争优势，增加对游客的吸引力；根据地区文化特点，图书馆可以和旅游部门沟通，共同举办历史文化节、打造文化旅游商业街，或者生产具有地区特色的文化产品，将经济效益与社会效益融合，同时，公共图书馆可利用 APP、网站等搜集游客信息，为他们提供差异化旅游服务，如，文章推送、多样化体验活动，提升游客体验，扩大地区文化的影响力；与文化和旅游部门沟通协调，开展地区、国家间研学旅行活动，如，公益活动、夏令营、交换生等，将学习与旅行紧密联系起来，推动文化传播；在飞机场、地铁站、高铁站等旅客密集处，建立借阅台，帮助游客快速了解地区文化特色；在公共图书馆内部开设讲解专区，帮助读者了解图书馆发展历程、图书文献资料种类、特色书籍等，也可以利用图书馆网站向外地游客提供文化服务，多元化文化传播渠道。公共图书馆管理层要具备品牌意识，利用高质量的文化服务建立特色文化品牌，增强传统优秀文化的生命力。

（六）强化公共图书馆的文旅公共服务属性

第一，通过空间场所的互联互通，公共文化机构可以成为全域旅游的重要节点，实现由传统提供公共文化服务的阵地，向文旅融合发展的多功能空间场所的转型。公共图书馆应注重馆舍建设、空间布局、文化服务等方面的旅游资源开发，逐步打破传统单一的借阅服务模式，重视图书馆空间服务的延伸与拓展，建成城市新的文化地标。

第二，增强公共图书馆的旅游服务意识。公共图书馆应加强建立文旅融合的系统思维。首先，要结合区域发展特点、本地文化特色，探索与之相适应的发展方向和具体办法；其次，要与其他产业协同发展，充分利用各自优势，联合开发文化资源，建设融入旅游产业发展的创新路径，促进公共图书馆向旅游业的延伸服务。

第三，重视品牌产品的开发。公共图书馆应结合自身的馆藏资源，联系当地的历史典故、文人逸事等，开发、打造具有一定规模和影响力的主题系列活动，建立彰显地方特色与优势的品牌。同时，在打造服务品牌中，应突出图书馆文化价值的内涵，展示自身的价值观，通过优质的服务和读者感知价值提升公共图书馆的声誉。

第四，主动参与文旅融合的项目。文化产业与旅游业之间存在一定的交叉性，旅游为文化的传承与传播提供了重要的途径，而文化又为旅游提供了丰富的内容，充实了旅游的内在价值。同时，当前的政策背景和体制环境，以及科学技术的创新与应用，为文旅融合型产品的开发创造了更加丰沃的土壤。图书馆应以积极主动的姿态参与文旅融合项目，围绕"住、食、行、游、购、娱"6个旅游要素，与相关企业、机构合作，创新、有效地提升自身的文化形象，借势提升图书馆的文化影响力。

第五，融合文旅服务。例如，山东省图书馆以文旅融合为契机，提出一系列服务创新策略。一是提高文献资源的优化配置，不论是实体文献还是数字资源，不断丰富文旅类资源的建设，同时，全面梳理整合馆内数字资源，对接山东文旅专栏，合力打造线上文旅服务品牌；二是提升文旅融合服务，加强尼山书院与大明湖景区的深度融合，开发形式多样的文化活动如国学讲堂，推出国乐杏坛丝竹雅集夜间演出，利用好自身优势，探索"文化＋旅游"等模式，提升服务水平，助推文旅融合发展；三是开发系列文创产品，建成并开放了3000平方的文创空间。依托文创空间、创客空间等，围绕馆藏资源、传统文化和民间技艺，开展传统文化公益体验活动，打造线下读者创意体验平台，吸引读者到馆，提升公共文化服务水平。四是整合文旅资源，提升文化影响力。为增进文旅融合，让文化人了解旅游，让旅游人认识文化，2020年编辑《文化旅游融合参考》资料，编选有关国外先进的文旅工作经验，对公共文化、传统文化、产业融合、文化旅游等重点领域的工作进行深入探讨，找到融合的创新点，以促进文化和旅游工作深度融合。

（七）立足地域优势和大众需求

文旅融合下的公共图书馆发展，需打造较为突出的文化特色，能以独特的文化魅力，给广大游客留下深刻印象，而要能形成地区特色，就要借助传统的文化底蕴，立足地区的优势特点，在文化发展中，能具备兼容、创新发展能力，将公共图书馆作为地区文化特色彰显的重要窗口。因此，要对地区的特色优势全面挖掘，分析可进一步优化发展的路径，在地区的发展过程中，能提升文化建设价值，获得更加到位的文化建设优势，突出文化建设效果，保障在文化建设发展层面上，能发挥出良好的地域优势，在地域文化底蕴的基础上创新，整合地区资源，开创地区公共图书馆建设的特色化、现代化服务体系。

公共图书馆最终的目的就是能服务大众，获得大众的认可，要做好大众需求调研，在发展过程中，能引入公共图书馆建设发展机制，在大众需求管控层面上，能发挥出更加到位的信息沟通交流机制建设，在服务模式的探索中，能获得大众的可靠评价，提升公共图书馆服务升级模式的管控力，提升服务水平，发挥较高的服务价值，避免存在服务发展模式建设上的资源浪费问题。

（八）拓宽发展路径，实现内容的融合

文旅融合，关键在创新，我们要将公共图书馆的活动和旅游的活动有机融合起来，挖掘每个地方的历史文化故事，将地方的非物质文化遗产名录、非遗传承人、文化经济、人文故事、优秀典型人物等地方文献以文字或情景故事视频等，编成情景剧，以经典诵读的方式定时定点在景区景点小舞台上进行展演，让游客在观看中进一步了解旅游地的历史文化、风土人情，丰富旅游地的精神文化生活。譬如：我们可以将新津的民间传说和民俗文化，如罗老二修吕仙祠、天地精灵梨立魂、新津黄辣丁的传说、聂龙的传说、宝资山的传说等编成情景剧，以经典诵读的方式定期在成都市新津区梨花溪风景旅游区、斑竹林等景区景点进行展演，并将展演地点和时间公布，让游客在观看中增强感知，进一步加深对新津的了解；也可将这些情景剧录制成小视频，在数字图书馆中展示、在图书馆其他"互联网＋"上展示；又或者，我们可以充分结合当地的地方文献，利用"互联网＋"旅游的方式实现文旅融合。特别是当前"互联网＋"阅读的方式在公共图书馆中运用到极致，自助借阅机、自助办卡、数字图书馆等无处不在。将这些编排的具有地方特色的情景剧拍成小视频或者文字融入数字图书馆"互联网＋"模式发展中，有条件的可投入景区景点、民宿、绿道等人口集中地方，让更多群众或游客在观看中去感受、去体验，从而了解当地的民俗文化、掌握其精髓，传承当地的优秀

文化精髓、扩大当地文化影响力和传播力，加深对旅游地的文化感官认知，既实现了现代文化和传统文化的融合，又真正实现了公共图书馆与旅游的融合。

（九）鼓励社会参与和技术创新

在服务工作的开展过程中，应能突出社会参与能力，在文旅融合发展前提下，需要将社会参与作用发挥出来，主要是能引入社会力量，在公共图书馆运营服务创新、个性化元素加入等方面，在文化服务过程中，能发挥出更加到位的管控效果，整合大众智慧，激发大众对文化的认可力，利于在建设公共图书馆的过程中，获得更加到位的发展管控优势，提升服务发展效果，保障地区发展科学稳定。

在公共图书馆的发展过程中，需要始终跟进时代发展的步伐，在技术创新方面体现较高的服务效果，能保障在服务工作开展中，获得较高的服务优势，突出服务能力，发挥较高的服务水平，在服务工作开展中，可以发挥更加到位的管控价值，利用技术创新科学应用，提升服务水平，打造多样化文化传播服务路径，探索个性化服务模式，提升服务效果。

文旅融合背景下，公共图书馆作为文化旅游建设的一大亮点，是对地区服务水平提升、提升城市文化内涵的重要建设模式，应积极探索科学发展路径，发挥出公共图书馆应有价值。

（十）公共图书馆深入到景区中进行发展

公共图书馆在文旅融合时代锲而不舍地找寻着文化与旅游相结合发展的关键点，在文旅融合时代，公共图书馆已经不再只为旅游行业提供单一的信息资源开发、建设以及服务等工作，而是需要有效打破场地、设施设备以及工作人员方面的限制，立足于市场来探索发展目标，以便突破两者融合之间存在的局限。2019年，我国黑龙江省建设了一座森林书房，这座森林书房不仅拥有丰富的书籍，还配备有公共文化服务一体机、计算机以及网络等设施设备及资源，在森林书房建设投入使用后，其为景区中的游客提供了另一个文化旅游的选项，这样能够极好地提升景区的服务质量，并促使公共图书馆中的资源利用效率得以提升。为了有效推进文化与旅游的融合发展，金陵图书馆也与南京的玄武湖景区建立了合作关系，其在玄武湖景区中设置了信用智能书籍借阅柜、文旅数字阅读机以及室外朗读亭等先进的阅读设备，同时还在景区各处设置了雕塑，其上有对应的二维码，游客只需要使用手机扫码就能进行阅读，能够免费获得景区中的数字文化资源。

公共图书馆深入到景区中进行发展是相关人员在文旅融合时代找寻到的一条

创新发展道路，在这一方式中，旅游景点能够为前来参观的游客提供对应的文化服务，这一举措能够有效提升旅游景点的文化内涵及服务质量，使旅游能够有效融合文化，使旅游更具深度及广度。另外，公共图书馆在将纸质书籍、数字文化资源以及文化设施设备投放到景点之后，其能够促使公共图书馆的服务得以有效扩展。

（十一）建立健全文旅融合体制

目前，我国在文旅融合时代背景下构建的公共图书馆还处在初期阶段，为了能够在文旅融合时代背景下发挥出公共图书馆自身的功能，需要从国家层面上强化文旅融合机制。对此，公共图书馆的创新发展需要严格遵守我国出台的公共图书馆法，强化文旅融合理念，并以此为创新发展基点。在对公共图书馆进行规划研究的过程中，政府需要做好对应的公共图书馆基础设施建设工作，并将不同方面的文旅元素渗透其中。在文化与旅游进行融合的时代背景下，为了能够促使公共图书馆得以创新发展，政府需要对公共图书馆的整体布局进行重新考量，并对公共图书馆的人员岗位进行科学合理的设置。另外，公共图书馆需要注重建立安全管理条例、参观的内容以及文旅融合体制，以便能够完善公共图书馆的创新发展机制。

第三节　对公共图书馆文旅深度融合的思考

文旅融合作为新时代背景下的文化宣传方式，对公共图书馆的服务与创新具有非常重要的促进作用，因此，公共图书馆要充分借助文旅融合背景下的优势，不断提高公共图书馆文旅服务知名度，不断丰富旅游文化内涵，使游客既能领略美丽的自然风光，又能体验丰富的风土人情，同时还能收获精神享受，获得充实完美的旅游体验。

一、公共图书馆文旅融合发展的意义

公共图书馆在我国公共文化服务体系建设中占据非常重要的地位，在提升全民文化素质、推动文化服务产业发展方面发挥举足轻重的作用，在促进社会主义精神文明建设和创建书香社会环境的过程中承担着极其重要的社会责任。虽然公共图书馆在优厚的国家政策和政府财政的支持下得到了稳定的发展，但是仍然不容乐观，市场化程度不够高。文化和旅游一体化融合发展模式的推出在很大程度上刺激了文化产业的发展和新型旅游事业的兴起，推进了公共图书馆发展的转型升级和高质量发展。

（一）促进文化资源进一步开发

公共图书馆是全民重要的文化中心，文化资源的开发和特色服务的创建是促进公共图书馆高质量发展的重要基础与保证。公共图书馆与旅游的融合发展有效地将特色文化资源很好地转化为了优秀的、能够很方便被全民所学习和接受的文化资源。

（二）提升公共图书馆的文化服务质量

文化和旅游的融合发展给公共图书馆增加了很大的趣味性，增强了读者在阅读过程中的舒适感、愉悦感和获得感，更加优质地满足了读者的精神需求，提高了公共图书馆服务大众阅读的魅力。

（三）传承与发扬本地区特色文化

中国有上下五千多年的文明历史，孕育了很多璀璨的中华优秀传统文化，当前我国在发展的过程中，走的是建设中国特色社会主义发展道路，各个地区的特色文化和传统文化的融合，构成了属于具有中国特色的社会主义文化。作为公共文化服务体系的重要机构，图书馆要融入地方特色资源，将本地区的特色文化遗产职能充分体现出来，并进一步对本地区的特色文化资源优势进行深入挖掘。

（四）促进社会文化教育

"全民阅读"连续第八次写入政府工作报告，成为党和国家部署的重要工作之一。公共图书馆作为社会文化教育的重要机构，是推广"全民阅读"的主要部门之一。在开展建设文旅融合时，要对文化传播重点关注，这与图书馆的服务理念相吻合。因此，基于文旅融合下开展公共图书馆管理时，要对核心的文化发展充分了解，通过图书馆文化信息的优势，为广大人民群众提供更加丰富、多样化的文化服务，使人们旅游体验得到改善。

同时，还能够使整个民族群体文化自信心得到提升，从而促进我国文化传播的快速发展。例如，万州建设的首个城市书房定位于多元知识空间，智慧互联服务。坚持以群众为中心，通过平等、开放、免费、就近、便捷的服务，保障群众公共基本文化权益。通过布局设计和功能整合打造集图书借阅、学习交流、文化体验、文化沙龙、志愿服务等为一体的多元知识空间；通过资源共享、数字化建设实现刷卡进出、自助借还、扫描下载、通借通还、智能荐书等智慧互联服务，为当地的文化传播提供了重要支持。万州区书房 24 小时全天开放，读者只需凭身份证刷卡，进屋办证就能免费借阅。

（五）促进了旅游业文化发展

作为文化传播的重要场所，公共图书馆蕴含了历史和文化的变化，不单单可以为读者提供阅读服务，还保存了海量的历史图片、古典书籍、历史文献等资料，具有非常重要的历史传承价值。这对于我国传统文化的了解和研究也具有重大意义，可以对不同时期、不同地区的典故历史和风土人情进行分析。对于旅游行业来说，就可以通过这些文献资料，对当地的风景、建筑等等进行详细介绍，赋予其内在价值，提高景区的吸引力，使各个景区的内涵和文化更加丰富，为建设具有特色的旅游景区奠定良好的基础。

二、公共图书馆文旅融合的文化耦合点

人们在旅行活动中通过吃、喝、玩、看等形式获得直观感受，而阅读主要是浏览文献资料实现情感共鸣，获得精神上的满足，从本质上讲，阅读与旅游是一样的，它们都可以给人们带来主观感受。在信息技术发展下，人们可以通过音频、视频、图片等不同方式进行阅读、旅游，这推动了文化旅游的深度融合。

时代发展下，人们实际需求、科技水平、国家政策都发生了一定改变，为了提高市场适应能力，公共图书馆和文旅融合都需要转变，双方具有天然的耦合性，公共图书馆可以为文旅融合提供丰富的文化资源，而文旅融合可以推动公共图书馆的服务创新，扩大受众覆盖面，二者互为表里、相互促进、相互提高。随着教育水平的提升，人们的消费心理开始转变，不再"走马观花"式旅游，而是越发注重旅游活动的文化性、独特性，追求沉浸式体验，而公共图书馆可以为其提供专业指导及丰富多样的文化资源，提升服务品质，实现高质量发展。

除此之外，国家政策也是重要因素之一。当今时代，国家间的竞争愈发激烈，而推动公共图书馆和文旅融合的发展，可以建立健全公共服务体系，增强人们的幸福感和文化自信，进一步提升综合国力。

三、公共图书馆文旅融合的服务价值

（一）服务资源有效整合

公共图书馆的构建，使得文化集成和收集整理能力提升，尤其是在公共图书馆探索实施各种可靠服务模式的前提下，很多的专业化管理优势不能有效发挥，在人员管控中，应能做到具备较高自身资源整合发展优势，在文化资源的开展利用层面上，能获得更加到位的管控效果，具备较高的旅游开发优势，能全面提升图书馆的服务影响力，为城市发展带来较高美誉度。

（二）服务能力提升

公共图书馆是文化建设发展的重要部分，开放图书馆的文化资源，能对地区文化的传播起到重要作用，尤其是在文旅融合背景下，能通过公共图书馆的可靠服务模式打造，使得外地游客，对当地文化特色具有深入的认知了解，利用地区的文化传播，扩大地区文化建设影响力。

（三）服务价值全面彰显

公共图书馆在文化建设发展中，能有效转变城市服务的态度，在文化旅游模式的开展中，最大化获得服务价值保障，能提升服务水平，保障服务效果，做到在公共图书馆的建设过程中，凭借良好的多元化服务机制，发挥创新作用。通过提供良好的公共图书馆服务，能有效彰显地区的开发式文化发展理念，借助文化旅游产业的不断深入发展，对服务价值能起到较高的发展管控效果，在发展过程中，应能发挥出较高的组织文化建设发展能力。在人才吸引、发展模式的兼容方面，都具有突出优势。

四、公共图书馆文旅资源融合

传统意义上，公共图书馆的任务是为了引导、帮助、推动全民阅读。随着我国经济水平的不断提高，人民生活水平的不断增长，公共图书馆被赋予公共文化服务体系重要任务。文化和旅游作为新时代的两个重要课题，两者之间是相辅相成、相互促进的，公共图书馆作为文化传播的重要主体，在文化和旅游融合的过程中扮演着不可替代的角色。

随着我国经济的不断发展，人民生活水平也不断提高，旅游在人民生活中的占比也越来越大，这也使人们对旅游的需求越来越多，对旅游的要求越来越高。

而我国的旅游行业发展仍然不够完善，不仅旅游项目和形式较为单一，而且旅游服务也缺乏地方特色，大大削减了不同城市的旅游魅力，没有充分通过旅游开发向游客展示地方的风土人情。为了能够改善此现状，我国逐渐迈入文旅融合时代，文旅融合有三种形式：第一种是具有文化特点的文化符号转变为旅游景点；第二种是具有文化元素的休闲娱乐产业成为旅游产业的组成部分；第三种是文化产品本身的知名度使其带动了旅游产品的热度。公共图书馆作为文化传播的重要场所，本身就承担着传播文化、促进文化繁荣的历史任务，而在新时代文旅融合背景下又被赋予促进旅游行业发展的新任务，使其在文旅融合的发展进程中承担着不可替代的作用。在文旅融合背景下，公共图书馆应当如何进行资源融合与创新发展，在推动我国文化和旅游发展的同时促进公共图书馆的创新进步，成为新时代公共图书馆需要研究的重要课题。

文旅融合背景下，公共图书馆资源融合的步伐加快，可以说文旅融合给公共图书馆资源融合带来了不可多得的机遇，促进了公共图书馆进一步创新和发展，但是同时公共图书馆也面临着极大的挑战。文旅融合背景下，公共图书馆资源融合的机遇主要有以下两个方面：一方面，公共图书馆资源融合具有良好的外部法治环境。2018 年 1 月施行的《中华人民共和国公共图书馆法》明确指出了社会主义公共文化服务体系离不开公共图书馆这一重要组成部分，将公共图书馆的建设格局细化为政府主导、社会参与，提出了公共图书馆要加强资源融合的要求，为公共图书馆资源融合提供了法制保障。《中华人民共和国公共文化服务保障法》等相关法律法规也逐步指出各公共文化机构之间要互相协助、相互借鉴、互联互通，资源的借鉴、融合能够促进各方共同协调发展，显然已经成为公共图书馆的发展趋势。

另一方面，随着社会的发展，人们对阅读和旅游的需求有所增加，文化和旅游都急需创新来吸引人们的参与。在经济不发达的时期，人们的需求往往停留在温饱层面，但随着人们生活水平的不断提高，对阅读和旅游的需求也不断增加。因而，全国公共图书馆的流通人次在不断增长，国内旅游人数和入境旅游人数也大幅度增加。大量的需求倒逼文化和旅游行业的发展、创新，从而提供更高质量的阅读和旅游服务。公共图书馆通过资源融合促进自身进一步发展和创新是顺应时代的行为，公共图书馆的文化和历史资源丰富了旅游产品的内涵，提升了旅游产品的品质；同时，旅游行业的发展也为公共图书馆资源注入了新的活力。

文旅融合背景下，公共图书馆资源融合也面临前所未有的挑战。文旅融合意味着公共图书馆必须做好各部门之间协调合作的工作。虽然文化和旅游部的组建一定程度上解决了文旅融合管理主体不明和职责交叉的问题，但是文旅融合需要制定切实可行的方案，在实际操作过程中仍然需要多部门之间的配合，各部门之间的职责也需要进一步细化，统筹协调各方，促进各方顺利合作是工作的重难点。除此之外，文化和旅游毕竟属于两个不同的区域，公共图书馆更加擅长文化资源方面的服务，在文旅融合过程中需要整合自身资源，发挥自身优势，巧妙地与旅游行业融合，从而真正使两者相辅相成、互相成就。对许多历史、名人、地理的资源记载如何活化运用到旅游发展中，如何将传统文化融入现代文化的环境下，让读者、游客都更加容易理解和接受，如何根据自身特点进行有机融合是值得深入研究的问题。

五、公共图书馆文创产业的推广

近年来，国家为了深入发掘文化文物单位馆藏文化资源，促进优秀文化的传承传播，增加文化产业的收益，特出台相关条例鼓励各级公共图书馆积极发展文化创意产业，努力开发并推广文创产品，在传承推广优秀文化文明的同时，满足人们在精神方面日益增长的需求，并为文化产业的蓬勃发展提供一定的经济支持。文创产品是对千百年来沉淀下来的优秀文化进行深度挖掘后，融合文创开发人员的创意、智慧所凝结出来的优秀作品。

（一）公共图书馆文创产品的特点

1. 文化性

文创产品作为文化艺术的衍生产品，将无形无质的文化以具象化的形式表现出来，其核心内涵是将其代表的历史文化及人文精神以更容易被世人所理解的方式表达出来。文创产品的本质就是表现文化、推广文化、促进文化的传播与传承。公共图书馆文创产品的特点，即是在作为文化衍生物推广传播文化，吸引当代年轻人更多关注的同时，为逐渐消失的历史传统文化寻找新的传承人，将图书馆的馆藏文化资源无形中传播给每一个人。文创产品还可以与当地传统地域文化相结合，推动本土文化的传播发展，打造地方特色文化，带动当地旅游产业的发展。而对于公共图书馆本身来说，文创产品的开发推广，可以帮助图书馆有更生动有趣、让人印象深刻的宣传形象，吸引更多的读者，与读者之间建立更紧密地联系，达到弘扬优秀文化、推广阅读的目的。

2. 创意性

公共图书馆文创产品是将本馆 LOGO、古籍经典、书籍外形、题名封面、馆藏经典片段、名人名言及名人字画等文化元素，与新颖的创意设计相结合而生产出的一系列相关产品。文创产品的外形常基于馆藏经典作品的内容与元素进行创意设计，可能涉及当地地方特色的文化传统元素。最常见的创意设计是对馆藏古籍的历史文化名人、经典人物、片段、标语、字画及所涉及的历史环境等因素进行结构重组，制成包含单一元素或综合多种元素的便捷生活用品，如信笺、书签、明信片等。正面建立公共图书馆的良好社会形象，树立公共图书馆的公共文化品牌，提升社会知名度；为公共图书馆量身打造文创产品品牌，树立独立、精准，便于传播，充分挖掘自身馆藏文化资源的历史价值和文化价值，与公共图书馆的公益形象匹配，有直接的联想度；有吸引力，能够自带流量吸引大众关注；有具体的功能并且有传播价值。如安徽省图书馆根据馆藏文化中的徽州版画、古籍等元素自主设计的文化创意产品。

3. 时代性

文创产品是历史与现代的结合，传统文化以文创产品为载体，跨越了时间与空间，与人们进行灵魂上的对话。文化创意产品作为能够打动人心、饱含意义的"别样"文化载体，如今已经成为文化文物单位弘扬优秀历史文化的最佳纽带。开发兼具实用性与价值内涵的文创衍生品，不仅可以融合各馆特色馆藏，"让文物说话"，更是实现图书馆文化教育职能与文化产业职能共同繁荣的重要途径。在"文创产品"这个词尚未提出之时，它所对应的概念是"旅游纪念品"，即纪念逝去的传统文化，引起大众的共鸣，满足人们对于文化体验的精神需求。相比之前片面表现传统文化、形式老旧无新意、缺少文化内涵的"旅游纪念品"，现在的文创产品将优秀传统文化展现得更加全面，造型样子也更加别致新颖，让大众把文创产品带回家的同时，感受到历史的传统文化并纪念。

（二）公共图书馆文创产业推广现状

1. 相关政策不完善

虽然近年来，国家一直在出台相关政策文件来鼓励促进公共图书馆文创产业的发展进步，但从我国各地公共图书馆文创产业的发展水平来看，国家的政策条文还不够完善，同时也没有完全落实到位，以致不同地区的文创产业发展水平参差不齐。同时，由于公共图书馆属于国家公益单位，文创产业由相关部门全权负责，其在没有相关政策的支持下也难以大力发展推广文创产业，因此对于通过开发文创产品获得经济效益之事也逐渐失去信心，阻碍了图书馆文创产业前行的脚步。

2.培养机制不健全

公共图书馆文创产业发展的过程中，不论是开发还是推广，都需要大量的人才。大多数图书馆的经费均由国家财政拨款，除去图书馆日常运行、举办活动等，可分配给文创产品的开发与推广的经费极其有限，为了减少经费支出，图书馆往往将设计开发、宣传营销、服务推广等一系列任务都交由馆员完成。虽然这样一来，支出的确大大减少，一方面，开发过程会因经费不足而一切从简，产品质量也会大打折扣；另一方面，相比专业人员，馆员的创意设计比较单一，文创产品的科学性、美观性、实用性及地方文化的特性都无法达到一个较高的水平，无法吸引大众的眼球，以致不能在现有的文创市场中占领一片独有的领地。

3.设计开发不新颖

文创产品的开发，应结合当地文化与现代流行审美，将两者有机融合在一起，在此基础上发散思维，创造出具有本身独特特点的文化表达产品。在此过程中，开发研究人员的灵感和创新设计能力会直接决定文创产品表达文化思想的能力，以及大众的受欢迎程度。但就目前来说，大多数公共图书馆文创产品的开发设计都局限在现有的最常用的表现形式中，艺术表现张力不足从而使大众产生审美疲劳。高新科技给我们的日常生活带来了极大的变化，但在文创开发设计方面，高新技术的运用相对来说仍然较少。在这方面，中国故宫博物院做得就比较出色，无论是带领孩子们进行角色扮演，了解皇帝一天的衣食起居和工作，还是以"实体书＋手机 App"新鲜游戏互动模式呈现故宫历史故事的《谜宫·如意琳琅图籍》APP，都充满着创新性。用户在游戏的过程中，既能对传统印象中神秘模糊的故宫形象有所了解，又能放松心情。

4.推广模式太单一

由于文创产品的历史前身是旅游纪念品，所以大多数图书馆对文创产品的定位还是纪念品，推广方式多以在当地旅游景点售卖为主，推广模式相对单一。在互联网的极速发展下，各种商品的销售都可以通过互联网来进行，文创产品也不例外。例如，2008 年就已经入驻互联网平台的故宫淘宝，在摸索尝试近 5 年后，打造了萌系风格，创造了一年近 10 亿元的惊人销售纪录，同时也收获了外界的肯定与鼓励。故宫淘宝的发展历史，值得各地图书馆在文创推广时学习借鉴。

（三）公共图书馆文创产业推广策略

1.完善相关政策，培养专业人员

一方面，政府和相关部门应当完善图书馆文创开发推广的相关政策，并落实到位，为图书馆文创产业的发展提供稳定的保障，让各级图书馆管理人员能够大胆地发展文创产业，积极创新。另一方面，完善的政策文件，也意味着图书馆可以获得更多文创发展经费，同时吸引外界的投资资金，为文创产业的开发推广提供充足的经费，保证文创产业开发推广的正常运转。有了充足的经费支持，图书馆可以挖掘专业的研发设计及营销推广人才，设计出更有创意、更受大众喜欢的文创产品，同时吸引大众的眼球，让大众关注到更新换代后质量优秀的文创产品，推动文创产品的宣传，促进文创产业的发展。图书馆还可挖掘馆内人才，学习其他图书馆和博物馆文创产品开发推广的成功案例，从中吸取经验，提高本馆文创产品的开发推广水平。

2. 利用互联网打造地方文化特色

要想使图书馆文创产业发展，就得具有独特性，在大众的心中留下深刻印象，增加大众对于图书馆文创产品的喜爱程度。要实现这一点，不同地区的图书馆可以根据本馆馆藏资源的优势，把馆藏优秀古籍资源、当地特有的风俗习惯及传统文化，融合现代人群大众审美倾向，设计出具有图书馆文化特色及当地地方特色的文创产品，打造独有的图书馆品牌，既让当地的民众更具地方自豪感，又引起外地的朋友对图书馆馆藏历史文化传统及地方特色的兴趣，从而在促进文创产业发展的同时带动当地旅游业的发展。

文创产品除了以礼品的方式赠送广大读者外，还可通过互联网吸引更多的受众。利用互联网推广文创产品，在各个自媒体平台以诙谐有趣的方式向大家进行推广，并积极互动，吸引大众的关注，让更多的读者通过网络了解并购买文创产品，促进文创产业的繁荣发展。

第九章　新业态下公共图书馆创新发展趋势

本章主要论述新业态下公共图书馆创新发展趋势，分别介绍了公共图书馆新业态的发展特征、公共图书馆的创新发展呈多维状态和中国特色公共图书馆新型智库建设的定位与发展三方面内容。

第一节　公共图书馆新业态的发展特征

一、重视用户数据

一方面，长期以来，传统图书馆往往过于重视文献资料等机构化数据的采集，忽视用户信息的收集，但是在新业态下，除了加强文献资料数据的采集，还要对采集的数据进行分析、挖掘、整合，让它们产生更多有利的价值，以提升公共图书馆的核心竞争力。另一方面，公共图书馆要提升读者服务质量，就需要借助科技的力量，对计算机和大数据进行运用，完善非结构化和半结构化的数据，重视用户信息和数据的收集，对这类数据进行分析、分类挖掘，发挥其价值和意义，为公共图书馆的服务提供参考依据，实现图书馆服务和业务的融合发展。

二、探索大数据服务

新业态背景下，人们的日常活动轨迹都或多或少地被信息系统记录一些信息数据。把这些信息数据进行收集、挖掘、整合及分析之后，就可以还原一个社会个体的运行轨迹和全景，这就是大数据分析的结果。公共图书馆要想取得发展，避免边缘化，就必须对大数据进行探索，引进大数据和计算机技术。一般来说，公共图书馆可以采取以下两种大数据服务方式：首先是图书馆大数据。例如读者的检索历史、借阅习惯等，是对现有资源进行收集、分析、挖掘。其二是用户大数据，这类分析是针对公共图书馆的用户群体信息进行参考，分析用户所需的，但是无法对全部的用户进行分析，可以通过其他渠道获得客户大数据信息，但是会面临技术和知识产权的问题，解决这些数据所面临的问题也是公共图书馆创新发展的关键。

三、利用数据分析工具

大数据业态下，用户在互联网上的轨迹无时无刻不在产生着半结构化和非结构化的数据，如果可以收集到这些数据，对数据进行挖掘分析就可以更好地研究人们的关联性和需求性，对需求进行分类，制定数据模型，提高个性化推广精确度。对公共图书馆来说，迫切需要提升大数据技术以促进图书馆的发展，提升竞争力。目前已应用的分析技术有网络分析、数据融合、数据分析挖掘、可视化分析、数据聚成等。特别是可视化分析、聚类分析及数据挖掘技术对图书馆数据技术分析起到了促进作用。

四、提升图书馆服务智能化

借助大数据技术，公共图书馆可以提升智能化服务，新业态背景下图书馆对技术的要求也越来越高，智能化服务的程度也更上一步台阶。首先，从公共图书馆自身来看，图书馆提高智能化水平可以处理复杂的数据工作，既能节省人力物力，又可以实现人工无法完成的工作。其次，从读者来看，智能化程度可以提升服务水平，读者可以更加轻易便捷的获取需要的文本、视频、图片等信息，节约读者的信息搜索时间，提高读者的阅读体验感。最后，从知识流通来看，有利于知识由隐性向显性转变，有利于知识的挖掘、发现、整合。对于图书馆的知识流通来说，智能化的发展可以提高知识的传播。

五、同步关注阵地服务和网络服务

在新业态背景下，公共图书馆在探索服务创新的过程中，加强对网络在线服务的重视，也重点关注线下阵地服务的多元化开发，力求能通过完善服务体系的构建，形成新的服务模式，确保能实现对阵地服务和网络服务的协同发展，从而展现图书馆服务的独特魅力，真正发挥公共图书馆在提供公共文化服务方面的优势。

六、资源无限支撑服务无限发展

对新业态背景下公共图书馆读者服务的创新发展情况进行分析，能看出在新业态背景下，读者服务发展过程中全面加强对数字技术和大数据技术的重视，对读者服务资源进行了全面整合，归纳整理了多种类型的图书资源，在一定程度上使互联网信息技术支持下图书馆发展过程中能实现对资源的无限整合，可以在海量的资源中筛选出合适的资源为读者群体提供相应的资源供给服务，服务效能也得到了显著的提升，对于新时代背景下服务模式的重新构建产生着重要的影响。

七、服务工作突出强调个性化

在中国社会经济体系建设呈现出全新发展状态的情况下，社会大众对公共文化服务的需求也呈现出多元化的发展状态，公共图书馆在发展过程中，为了满足读者群体的需求，需要结合大数据技术和人工智能技术对读者的个性化服务需求进行准确判断，按照个性化服务需求制定个性化的服务方案，使读者群体服务彰显出个性化发展特征，保障图书馆所开展的服务得到读者群体的高度认可。

八、资源集群化发展迅速

新业态下，公共图书馆的资源载体价值不断提升，改变了传统学科融合和资源结构，更多普通人可以通过加入数字公共图书馆平台获取相关的信息，实现移动化、多渠道的信息互通方式。公共图书馆的资源集群效应越来越强劲，依托于日益完善的互联网环境，事物和数据得到有效的链接，使得资源集群更具价值。创新业态的不断增多，公共图书馆资源价值本身的不断多元化，对社会信息数据量提升发展的辐射和带动作用不断增强。

九、公共图书馆的需求带动效应提高

新业态下，公共图书馆的发展带来了一定的社会效益和经济效益。在经济效益方面，大数据发展使得公共图书馆能得到更多社会群体资源的加入和助推，近年来智能终端的出现使得大数据在该领域应用的规模不断扩大，尤其是带动了我国数字公共图书馆的快速发展。多元化"智能终端"的出现，使得数字化公共图书馆边界的模糊消解，改变了传统公共图书馆业态方式，拉动了包括智能感知图书馆、移动数字公共图书馆等的发展，公共图书馆的需求带动效应水平也得到显著的提升。在社会效益方面，信息技术让很多人看到了公共图书馆的发展方向，也产生了公共图书馆新业态创新的热情和希望，新技术与新公共图书馆业态的融合，公共图书馆服务中的信息双方之间通过全方位感知的方式进行交流。公共图书馆新业态也促进了成本的降低，促进公共图书馆资源的聚集与协同创新能力提供技术基础。公共图书馆在发展过程中不断创新发展环境，分布式计算技术、自助图书馆、复合型图书馆等创新模式层出不穷，实现人、信息、资源的互动互联，同时新的智能元素也在源源不断地加入到万物互联框架中，进而实现公共图书馆新业态的资源聚集作用，更好地发挥整体创新能力，进一步降低成本，对整个公共图书馆新业态发展起到促进与发展的作用。

第二节　公共图书馆的创新发展呈多维状态

一、公共图书馆城市书房

（一）建设的意义

1. 城市文化发展水平的体现

中国社会巨大的进步，离不开每个城市的快速发展，改革开放以来，中国城市建设取得了举世瞩目的成就，各城市科学规划、四通八达、高楼林立，城市现代化工业建设步伐稳健有力。城市经济发展的成果促进城市文明建设，是城市文明建设的发动机。各城市对公共文化投入的比重逐年增大。当今公共图书馆馆舍面积越来越大，馆舍馆体建筑设计新颖，部分公共图书馆建筑已经成为城市地标建筑，是城市现代文明的象征。公共图书馆建设城市书房，单馆以点状服务于城市街道或者社区，整体呈网络覆盖整个城区，24小时不打烊的服务，突破传统公共图书馆服务地域与时间的限制，成为公共文化服务体系的补充和延伸。城市书房，对读者准入几乎无门槛限制，包容性强，社会各阶层，各行业的读者都能在城市书房享有平等的阅读权利，在节奏紧张，竞争激烈的城市，城市书房给予读者的温暖阅读环境，彰显了现代文明进步。公共图书馆的繁荣，城市书房作为一种新的阅读体验，将阅读变得精致而富有内涵，造型精美、环境温馨的居家型书房，将家书房的私人体验，转换为城书房的共同拥有，成为城市文化发展水平的体现窗口。

2.公共图书馆深度服务读者的途径

城市书房具备基本的公共图书馆服务职能，读者可在书房内进行图书借阅、阅读阅览、文化休闲等各种读书活动。城市书房在对外服务上实现 24 小时不间断，实现了部分只有夜间才具备阅读条件读者的阅读愿望，是公共图书馆服务的延伸。城市书房，引入了家居书房的特色，考究的装潢，温馨的阅读环境，满足了读者对书房式阅读氛围的需求，读者在城市书房读书，不仅是阅读行为，更是一种文化体验，让读者在书房读书，好地方读好书，是一种深度服务读者的途径。

3.助力阅读推广，促进全民阅读事业

城市书房延长了公共图书馆的服务时间，其广泛的布点，形成网络，间接地扩大了公共图书馆的馆舍面积，扩大了公共图书馆服务的范围。城市书房的创建，以其小巧，美观的装潢成为点缀城市的亮点，为公共图书馆起到了良好的窗口展示效应，为阅读推广起到了影响广泛的宣传作用。城市书房便捷、舒适、齐全的服务，吸引着读者喜欢上阅读，有助于读者良好阅读习惯的培养，城市书房是分布在城市各处推进阅读推广的支点与有力抓手，将美好的阅读体验带给民众，助力阅读推广，促进全民阅读事业。

（二）建设探索

1.政府主导，引入社会力量参与建设

城市书房光靠政府财政投入建设力量是有限的，应考虑由政府主导，扶持城市书房建设，并引入社会力量共建城市书房，实现广泛的共管、共运、共享。比如政府出台优惠政策，鼓励有实力的企业出资，出力建设城市书房，政府统筹协调提供场地；企业认领场地建设城市书房并出资负责基建、装潢和内部设施设备购置，定额提供每年的后续运行资金，保障城市书房服务；公共图书馆负责图书馆相关运行的技术、图书、数字资源等支持，并提供业务指导。政府政策可允许企业获得认建城市书房的冠名权，并在税收等其他方面给予优惠，调动企业参建城市书房的积极性，同时也减少政府的财政投入，减轻负担。社会力量参建城市书房，有利于建设和运行资金的筹集，增加城市书房布点数量，完善城市书房布局网络，提升城市书房建设质量。政府主导，社会力量共建城市书房，更有利于促进形成全民建设城市书房，全民享有城市书房的良好局面。

2.统筹运行维护和安全保卫工作，引入服务外包

城市可以考虑以市级公共图书馆为牵头单位，建立专业的城市书房运维，安保团队，统一为市内公共图书馆城市书房提供系统运行维护、机器设备保养、安

全保卫巡逻等服务。市区范围内，由运维保卫专业团队日常巡检维护，郊区的可考虑派驻专门人员负责片区，就近片区可形成联保联动。运行维护和安全保卫具体工作可积极引入服务外包，将城市书房的运行维护和安全保卫交与专业公司实施，市级公共图书馆对服务外包公司做好业务指导、监督和绩效考核工作，有助于城市书房运行维保和安全保卫工作的有效展开。

二、真人图书馆

（一）起源

真人图书馆活动最早出现于丹麦。在 2000 年春天，一个叫"停止暴力"的非政府组织在罗斯基勒音乐节上创办了一项新的活动，活动目的在于反暴力、鼓励对话和帮助参加节日的游客之间建立积极的关系，这是真人图书馆的雏形。之后，该组织的成员之一，罗尼·勃格（Ronni A bergel），创办了"真人图书馆"组织，和其他成员一起在不同国家培训活动组织者，组织"真人图书馆"活动。目前，全球有超过 70 个国家成立了相应组织，开展真人图书馆活动。真人图书馆又称活体图书馆。作为一种阅读推广形式，"以人为书"是这种活动的主要特征。具体来说，这是一种将个人的阅读行为立体化的活动。它把"人"作为可借阅的书，把人的经历与知识作为读者阅读的内容，把真人书与读者的交谈作为书的阅读方式，以达到鼓励交流、分享经验的目的。连续 4 天，每天 8 小时，50 多个不同的主题一共吸引子超过 1000 人参与活动，这使图书馆员、组织者和读者对这种活动的影响感到震惊。

（二）特征

1. 主题范围广

作为活动开展核心的真人图书，选择范围非常广泛。可以是某个领域的专家，也可以是有独特经历的人，尤其是社会中本身就有大量的学者，各种有特长的各行各业社会合作人士，这些都可以作为真人图书的来源。每本"书"可以分享给读者的内容来自于个人丰富的经验和感悟，可以带给读者更为深刻地体验。

2. 互动性强

"真人图书馆"活动中，读者的阅读行为通过和真人图书的交流实现，真人图书的分享内容根据读者的提问而定，更有针对性。互动交流的形式易于激发读者的阅读积极性和阅读效率。

3. 操作性强

"真人图书馆"活动的开展关键在于真人图书的选择与读者需求的满足，活动的硬件要求不高，线下活动通常需要满足的硬件要求是符合活动人数需要的独立场所，而空间资源正是图书馆的优势之一。线上活动可以借助各种社交平台或者是现在蓬勃发展的直播网站等，在网络发达、各类电子终端盛行的今天也是非常容易实现的。

（三）运作形式

"真人图书馆"活动根据真人图书和读者的数量，可分为"一对一""一对多"和"多对多"这三种类型。在早期的"真人图书馆"活动中，以"一对一"的形式为主，即每本真人书在同一时间仅和一位读者进行交流。这种形式方便真人书与读者进行私人的、深度的交流。但是随着"真人图书馆"的发展，其主要活动目的由最初的反暴力、鼓励对话转变为经验分享和交流学习，"一对一"的活动形式限制了参与活动的读者人数，活动效率较低。"一对多""多对多"的形式在同一时间能容纳更多的读者，真人书与读者的交流、真人书之间观点的碰撞、读者之间的互相学习触发了各种交流与思考，在有限的时间、空间中读者收获更多的经验，活动效果和氛围更为凸显，因此逐渐成为更常见的形式。

（四）实施细则

"真人图书馆"活动的开展关键在于活动组织、真人图书挑选和真人图书管理三个方面。

1. 活动组织

开展真人图书馆活动，需要成立一个固定的活动团队，才能保证活动的有效持续开展及不断深化。在公共图书馆中，活动团队可以由图书馆员组成，有了固定的团队之后，组织者需要根据调研和相关经验制定活动章程，保证每次活动的流程，从真人图书的征集挑选，到活动举行及后续管理都有可依据的规范和准则。

2. 真人图书挑选

作为公共图书馆，在挑选"书"的时候，选择主题及范围很广泛，同时由于读者类型不固定，读者需求不是很明确，增加了挑选的难度。

3. 真人图书管理

真人图书也是一种馆藏资源，需要进行资源建设与管理。在活动结束后，按照详细的真人图书借阅规则，对真人图书进行编目，对活动交流内容中不涉及隐私、经活动参与者同意的内容进行记录、整理，使隐性知识显性化；通过各种平台，提供给更多的读者参阅，使资源的利用更加充分。另外，在开展活动的同时，随着经验的积累，不断探索活动的评价体系，使活动效果进一步提升。

三、智慧图书馆　智慧图书馆作为一种新型的图书馆发展模式，在一定程度上突破了时间与空间的限制，实现了图书资源的共享，为读者提供了网上阅读、预约座位等全方位一体化服务，其公共文化服务平台的建设为广大读者在使用智慧图书馆期间提供了更加完善的指引，提高了查找、阅读书籍的效率。

（一）内涵、特征

近年来，随着计算机技术、网络技术、云计算、物联网、人工智能的发展，图书馆的数字化建设已成为社会发展的基本趋势，公共图书馆也不例外，充分将传统的图书馆功能和现代科技结合，建设具有时代特征的、更丰富功能的智慧化公共图书馆十分重要。智慧图书馆起源于欧美大学图书馆，2003 年，芬兰奥卢大学图书馆首次提供"Smart Library"服务，图书馆将其解释为"Smart Library，是一种可以帮助用户找到所需图书和相关资料的、不受空间限制的、可被感知的移动图书馆服务"，2009 年，世界著名的电子计算机厂商 IBM 公司提出了"智慧地球"理念，这个理念不断拓展延伸，也渗透到图书馆领域，"智慧图书馆"逐渐发展起来，走入了人们生活中。很多学者试着给智慧图书馆一个定义，目前接受度最高的是学者陈鸿鹄提出的：智慧图书馆是把智能技术运用在图书馆建设之中形成的一种现代化建筑，是智能建筑与高度自动化管理的数字图书馆的有机结合和创新。

智慧图书馆是时代的产物，它既有传统图书馆的特点，又离不开新兴科技手段，是数字化、智能化、网络化的新型服务系统，具有鲜明的特点：（1）全面感知。智慧图书馆配备了先进的测量、感知、信息捕捉和传递设备，可以随时随地的感知图书馆的环境、图书信息、数据资源、用户需求、图书馆的运行状态，并对感知到的数据进行自动化分析和处理并做出有效的反应，极大地提高图书馆的管理效率和服务能力。（2）立体互联。智慧图书馆的所有服务、管理、各项业务、各个系统的运转流程，都渗透着智慧技术，通过通信网络将电子设备、图书馆、馆藏资源、用户联系在一起，并且是跨空间、跨部门、跨要素的立体网络式的互联，彻底改变了传统图书馆的运作方式。（3）协同运行。智慧图书馆通过各种智能设备和信息技术，大数据分析跨部门、跨地区的信息，重新定义管理模式，将所需信息准确提供给需求人，从而达到最佳运行状态。尤其是通过互联网、物联网、云计算、云存储将信息发布在网络平台上，实现信息的共享共用、有机整合，加速信息从点到线、到面、到立体的转变，实现图书馆服务与管理更高效、更便捷的协同化运行。（4）智慧服务。智慧图书馆通过物联网、自动化、智能化的体系，能为读者提供打破时空的个性化服务，这是传统图书馆没法做到的。

（二）积极影响

1. 提供更加丰富的图书资源

智慧图书馆采用最新的数字化技术，将所有的馆藏图书信息进行串联，并将其展示在平台上供读者自行筛选，实现了使用者与图书馆工作人员的紧密连接，促进了知识的进一步共享。

2. 提供更加便捷的服务过程

相比传统纸质图书馆，智慧图书馆的建设进一步改善了其当前的管理模式、提高了服务效率，便于图书馆工作人员对图书资料进行管理，同时，帮助读者在借阅书本过程中节约了时间，进一步提升了其服务水平。

3. 提供更加便利的渠道

智慧图书馆的运行宗旨是以人为本，从惠民的角度出发让每一位读者都能够获得接触智慧图书馆知识信息的机会。智慧图书馆的建立与发展为广大人民群众的学习与工作提供了便利，在一定程度上改变了人们的生活方式。

第三节　中国特色公共图书馆新型智库建设的定位与发展

在当今的社会发展过程中，我国所具有的图书馆建设水平得以进一步地提升，而公共图书馆如何以更加智慧化的模式进行建设，受到了社会的广泛关注。在新时代背景之下，以及各类创新性技术的应用过程当中，对图书馆进行信息化以及智慧化的构建，能够使图书馆更好地对公众进行有效的服务。而在公共图书馆进行智慧化的构建过程当中，新型智库有着极为重要的应用效果，以智库为基础，能够使公共图书馆的发展过程中获得更加科学性地发展指导，并且使公共图书馆所具有的服务能力得到全方位的提升。

一、新型智库创新发展的内涵

（一）内涵分析

与传统的图书馆知识服务模式相比，新型智库知识服务无论是在制度举措、服务理念还是运行机制以及管理方式上，都做到了系统化、全方位的更新和优化，不仅能够有效适应创新驱动战略的实施和部署，甚至也能够为社会整体知识机构的更深层次发展提供高效且科学的知识资源。尤其在各级各类图书馆不断向社会相关部门传递信息情报的情况下，文化的宣传以及知识的积累不能局限于文化服务领域，还需要在技术创新以及知识经济创新等方面予以一定的推动和革新。

基于此，新型智库知识服务就是其中一个重要的公共图书馆改革方向。除此之外，为了能够适应与时俱进的信息时代的发展，我国各级各类图书馆也需要对自身的知识服务体系进行有益的探索。

（二）创新驱动

从政治的角度来讲，当前我国正处于不断深化改革的黄金时期，对各行各业而言，创新都具有决定性意义。尤其在公共图书馆建设和发展的过程中，更需要以知识服务为基本的依托，为相关的组织或部门提供更为安全有效的信息化资源情报，以确保社会文化的有序发展；从经济的角度来讲，无论是企业的生存和发展，还是大型经济建设项目的有序实施，都不能离开基础信息情报的支持。公共图书馆作为社会信息情报的聚集地，一方面通过拓展其服务范围，能够为微观经济的发展提供更为安全可靠的服务内容，另一方面也能够为当前社会人才的进步积累更为专业的知识文化体系；从社会发展的角度来讲，创新驱动战略的有效实施，不仅对国民素质提出了新的要求，同时也为科学技术的发展提供了更为明确的方向。公共图书馆有义务、有必要通过知识积累和服务创新的方式，全面提升公众的综合素养，从而为社会的发展提供源源不断的人才储备。

二、新型智库发展的基本方向分析

（一）对知识信息的来源进行多渠道创新

从国家战略的角度来讲，创新的本质不仅在于对科技的推动，同时也在于带动社会各个领域，尤其是服务领域的全方位发展。基于此，公共图书馆建设新型智库知识服务体系也必须朝着数字化和科技化的方向转变。当前，随着我国各类知识结构日益复杂，知识在获取的过程中渠道也逐渐丰富化，公众如何有效分辨各类知识信息的真实性和可靠性，就需要依靠各类服务来执行。基于此，图书馆需要进一步贯彻落实并有效发展质量优先的方针，对各类信息进行整理加工、集合、有效甄别，从而为读者提供更为准确真实的知识信息，以此保证各类信息传播和信息加工等服务的有序展开。

（二）促进驱动方向的创新

公共图书馆本身就是文化服务领域的重要代表，但是由于历史因素，我国公共图书馆的服务发展模式相对缓慢，缺乏创新性。而导致这些因素发生的根本原因主要在于公共图书馆在竞争以及市场调节等方面存在优势不足的情况。在创新驱动战略实施之后，部分图书馆已经认识到完善图书馆建设对于自身发展以及文化建设的重要性，逐渐以市场为主导，主动迎接各类服务机制转变的挑战。

在具体落实的工作中，公共图书馆需要依照实际的情况保证自身自主创新知识服务技术能够有效发挥优势并进行良性竞争，为读者提供更为专业且有效的信息资源服务。同时，图书馆也需要依靠当地的技术、文化等相关产业部门，将市场驱动作为主要的服务研究对象，为相关的技术和知识文化机构提供精准的信息传播服务，从而实现图书馆效益的最大化。

三、公共图书馆新型智库的建设

（一）充分调研用户需求

公共图书馆在发展过程中，若想使新型智库建设的服务能力得以大幅度的提升，需要充分的面向客户，对客户的要求进行综合性的探究由此使图书馆的构建过程当中，新型智库能够拥有更为准确的发展方向，使得智库建设的水平能够得到大幅度的提升，需要以全方位以及深入研究等诸多方式，对用户的需求进行探索，根据不同用户的需求，对其自身的应用方式进行分析，以此使自身的综合创新水平得以提升，需要充分的对图书馆信息资源庞大的优势进行发挥，充分的围绕"互联网＋图书馆"的建设理念，对图书馆的网络服务予以升级，使客户能够拥有具有高度差异性的优质体验环境，并且使得服务系统能够获得全方位的升级。

由此，新型智库在建设过程当中，需要在智慧图书馆全面服务升级的基础之上进行有效的规划，使其自身的创新精神得以大幅度的提升，以此更加充分的融入现代社会的发展过程当中。

（二）提升资源保障能力

目前，我国公共图书馆在构建过程当中，均开始对新型智库进行建设，其主要的目的在于对优质资源进行有效的整合，并且对优质的创新体系予以构建，为了确保其自身机制能够获得有效地实施，需要充分的根据重大事项的分类，将新型智库建设进行综合性的优化，使得新型智库建设能够获得有效的支持，新型智能图书馆智库服务在构建过程当中，需要充分地对其自身所具有的创新思路进行有效的改革，并且需要对晋升机制进行有效的构建，诸多智慧图书馆试点需要充分的建立专家型研究队伍，以此使得智慧图书馆的改革能够获得有效的支持，需要充分地将智库建设作为其发展的契机，全面地对公共图书馆进行智慧化的构建，以优质的人才导入，使智库建设所具有的专业性得以提升，并且以优质的人才对相应的智库进行更加优化化的分析，使得人才保证的背景之下，能够对大数据、物联网等诸多技术进行应用，使得数据库资源的丰富性以及完善性能够得到大幅度的提升。

（三）保证知识支撑服务

现如今，全国各大公共图书馆已经逐渐意识到发展智库服务的重要价值，并按照当地的创新发展策略完善各个服务机构的联系，从而为读者或相关的组织部门提供更具支撑性的知识服务。基于此，依照新型智库建设的标准，公共图书馆的知识服务内容主要应该涵盖三个方面：首先是决策参考服务，其次是竞争情报服务，最后是文献支撑服务。其中，依照不同的服务类型，将服务对象分为政府机构、企业用户以及社会公众。从整体的角度来看，社会公众是公共图书馆新型智库知识服务体系建设的主要服务对象，需要图书馆立足于文献的推送以及知识体系的定制等功能，为读者提供在线搜索和源源不断的服务平台；而针对政府或相关的企业或机构等主体，公共图书馆则需要保证信息服务的保密性和针对性，定期为其更新服务内容，确保知识判断的有效性。

（四）知识咨询服务

在大数据时代背景下，公共图书馆的咨询服务不再是简单参考咨询和信息咨询，而是逐渐发展成为专题定制服务、科研查询服务、情报咨询服务以及定向的知识咨询服务，而且这些服务均实现了网络平台的在线搜索功能，促进了工作效率的升级。这样一来，能够确保学者有效地对当前所研究的学术内容和科研方向进行定期的整改和优化。

（五）知识传播服务

当今时代下，在大多数知识组织以及相应的应用机构当中，公共图书馆依然占据着重要的地位。究其根本原因主要是，公共图书馆在承担着为社会公众提供基础知识服务工作的同时，还具有传播知识文化的重任。基于此，公共图书馆未来的发展方向必然从有限的资源向高智力知识产品传播者的方向发展。从智库输出效果来讲，公共图书馆不仅能够有效提升知识传播的效率，完善知识评价和分析的体系，还能提高新型智库知识服务应用的效果，在科研以及信息服务等环节为论文专题研究以及重大决策项目提供一定的数据参考服务。除此之外，公共图书馆新型智库知识服务的优势主要体现在两个方面：首先，是能够充分利用自身的知识文化传播优势为公众、特定的企业，甚至政府提供专业性、针对性强的服务内容；其次，公共图书馆能够将各个科研群体以及同一组织的知识进行有效整合，进而开展更为具有专业性的知识库构建服务。

四、新型智库创新发展的保障措施

首先，不断完善馆藏资源的建设，进一步促进新型智库知识服务的可持续化发展。公共图书馆馆藏资源是其开展新型智库知识服务体系的重要基础。基于此，图书馆管理者需要进一步将馆藏资源进行重新组合和归类，保证能够突出公共图书馆本身的特色优势。同时，公共图书馆还需要将政府的决策咨询、学者参与以及专家的意见等作为资料建设的理论基础，建立专门专项的馆藏资源库，其中的内容不仅要包含社会发展情况的记录、当地重大经济决策等相关文件，还需要满足公众研究以及科学研究的调研报告需求，进而为开展相同或类似的信息咨询工作提供后续的参考服务。其次，更新和普及发展公共图书馆智库知识服务。主体用户除了社会公众之外，还包括政府、企业或相关得其文化组织。基于此，公共图书馆管理者要进一步优化服务手段和方式，满足各类不同用户和群体的信息服务需求。一方面，要建立信息技术为核心的综合性创新智库知识服务在线平台，将大数据分析技术和云技术等结合在一起，为用户提供更为高端的知识产品；另一方面，图书馆也需要创新打造具有特色化的知识服务品牌，建立针对性强且效率高的信息服务内容，从而为当地经济、政治、文化的和谐发展提供科学可靠的保障。

参考文献

[1] 王波，周春霞，陈凌，等.积极融入新冠肺炎疫情防控大局，切实创新非常时期服务策略——全国高校图书馆疫情防控期间服务创新情况调研报告 [J].大学图书馆学报，2020，38（02）：5-17+29.

[2] 魏大威，廖永霞，柯平，等.重大公共安全突发事件中图书馆应急服务专家笔谈 [J].图书馆杂志，2020，39（03）：4-18.

[3] 刘炜，陈晨，张磊.5G 与智慧图书馆建设 [J].中国图书馆学报，2019，45（05）：42-50.

[4] 周晓英.健康服务：开启公共图书馆服务的新领域 [J].中国图书馆学报，2019，45（04）：61-71.

[5] 金龙.文旅融合背景下公共图书馆研学旅游服务创新策略 [J].图书馆工作与研究，2019（05）：123-128.

[6] 谢蓉，刘炜，朱雯晶.第三代图书馆服务平台：新需求与新突破 [J].中国图书馆学报，2019，45（03）：25-37.

[7] 王世伟.关于公共图书馆文旅深度融合的思考 [J].图书馆，2019（02）：1-6.

[8] 柯平，邹金汇.后知识服务时代的图书馆转型 [J].中国图书馆学报，2019，45（01）：4-17.

[9] 肖珑.支持"双一流"建设的高校图书馆服务创新趋势研究 [J].大学图书馆学报，2018，36（05）：43-51.

[10] 初景利，段美珍.智慧图书馆与智慧服务 [J].图书馆建设，2018（04）：85-90+95.

[11] 傅平，邹小筑，吴丹，等.回顾与展望：人工智能在图书馆的应用 [J].图书情报知识，2018（02）：50-60.

[12] 张晓林.颠覆性变革与后图书馆时代——推动知识服务的供给侧结构性改革 [J].中国图书馆学报，2018，44（01）：4-16.

[13] 陈传夫，陈一.图书馆转型及其风险前瞻 [J].中国图书馆学报，2017，43（04）：32-50.

[14] 冯佳.公共文化服务标准中的公共图书馆 [J].中国图书馆学报，2016，42（03）：91-102.

[15] 陈婧.高校图书馆创客空间建构研究——以美国学术图书馆为例 [J].图书情报知识，2016（03）：47-55.

[16] 朱强，别立谦.面向未来的大学图书馆业务与机构重组——以北京大学图书馆为例 [J].大学图书馆学报，2016，34（02）：20-27.

[17] 郭顺利，张向先，李中梅.高校图书馆微信公众平台传播影响力评价体系研究 [J].图书情报工作，2016，60（04）：29-36+43.

[18] 张晓桦.国内外图书馆创客空间研究综述 [J].国家图书馆学刊，2016，25（01）：30-38.

[19] 何胜，熊太纯，周冰，等.高校图书馆大数据服务现实困境与应用模式分析 [J].图书情报工作，2015，59（22）：50-55.

[20] 李月琳，梁娜，齐雪.从交互维度到交互功能：构建数字图书馆交互评估理论模型 [J].中国图书馆学报，2016，42（01）：66-82.

[21] 陈传夫，冯昌扬，陈一.面向全面小康的图书馆常态化转型发展模式探索 [J].中国图书馆学报，2016，42（01）：4-20.

[22] 欧石燕，唐振贵.面向图书馆关联数据的自动问答技术研究 [J].中国图书馆学报，2015，41（06）：44-60.

[23] 郑德俊，轩双霞，沈军威.用户感知的移动图书馆服务质量测评模型构建 [J].大学图书馆学报，2015，33（05）：83-92.

[24] 巫志南，冯佳.现代公共文化服务体系中的公共图书馆 [J].中国图书馆学报，2015，41（03）：34-41.

[25] 万文娟.我国高校图书馆学科服务团队建设问题与策略分析 [J].国家图书馆学刊，2015，24（02）：63-69.

[26] 吴锦辉.基于功能需求的图书馆微信内容建设分析 [J].国家图书馆学刊，2015，24（01）：52-58.

[27] 崔旭.美国绿色图书馆建设的理论、实践及启示 [J].中国图书馆学报，2015，41（01）：38-49.

[28] 胡昌平，胡媛.高校图书馆信息共享空间用户交互学习行为分析 [J].中国图书馆学报，2014，40（04）：16-29.

[29] 施国洪，夏前龙 . 移动图书馆研究回顾与展望 [J]. 中国图书馆学报，2014，40（02）：78-91.

[30] 傅天珍，郑江平 . 高校图书馆应对 MOOC 挑战的策略探讨 [J]. 大学图书馆学报，2014，32（01）：20-24.